MALEBRANCHE

LES GRANDS PHILOSOPHES
Collection dirigée par CLODIUS PIAT

Publiée chez Félix Alcan
Volumes in-8° de 300 pages environ, *chaque volume* 5 fr.

***

Ont paru :

SOCRATE, par Clodius Piat.

KANT, par Th. Ruyssen, ancien élève de l'École normale, professeur de philosophie au Lycée de Bordeaux.

AVICENNE, par le baron Carra de Vaux, ancien élève de l'École Polytechnique, professeur d'arabe à l'Institut catholique de Paris.

SAINT AUGUSTIN, par l'Abbé J. Martin.

Vont paraître :

Pascal, par Ad. Hatzfeld.

Saint Anselme, par le comte Domet de Vorges.

TYPOGRAPHIE FIRMIN-DIDOT ET Cⁱᵉ. — MESNIL (EURE).

LES GRANDS PHILOSOPHES

MALEBRANCHE

PAR

HENRI JOLY

PARIS
FÉLIX ALCAN, ÉDITEUR
108, BOULEVARD SAINT-GERMAIN, 108
—
1901

AVANT-PROPOS

Quand M. l'abbé Piat, que j'avais eu l'honneur de compter au nombre de mes élèves, dans les conférences d'agrégation de la Sorbonne, vint me demander d'écrire un *Malebranche*, je commençai par décliner résolument sa proposition. Je lui fis observer que depuis dix ans tous mes travaux avaient pris une direction fort différente et que j'avais trop de motifs de ne pas vouloir mettre la main sur un tel sujet, après les deux volumes d'Ollé-Laprune.

De tous les arguments par lesquels son amitié réussit finalement à me convaincre, je retins ceux-ci : c'est qu'à la collection projetée il fallait un volume d'environ 300 pages et non pas deux de 500 chacun, que le problème n'était plus de juger dans tous leurs détails les théories et les controverses de Malebranche, mais d'exposer l'ensemble de sa doctrine et d'en faire comprendre l'unité; qu'ayant publié, d'autre part, en 1882, une nouvelle édition et un commentaire de son *Traité de Morale,* je ne pouvais me donner comme étranger à cette belle philosophie. Je cédai, et n'eus pas à m'en repentir..., tant que durèrent les lectures, les recherches de textes, les comparaisons et les travaux préparatoires où je n'avais qu'à me remettre moi-même à l'école du grand Cartésien. Je pris le plus vif intérêt à lire ou à relire (je ne sais trop) ses *Éclaircissements à la Recherche de la Vérité,* et plus d'un écrit ne figurant pas habituellement dans les éditions classiques de ses œuvres choisies. Là je pris vite l'habitude de ne plus demander qu'à Malebranche l'explication de ses théories, et je dirai même la justification aussi large que possible de plus d'une de ses audaces. Il me parut que de ce commerce, à peu près exclusif de toute critique et de toute glose étrangères, pouvait sortir un certain renouvellement, au moins partiel, des idées généralement répandues. Normalien, agrégé, professeur en exercice, j'avais été en contact avec des maîtres et des collègues nécessairement imbus de quelques préjugés (qui n'en a pas?) et les propageant. Il était convenu, par exemple, que le m élange de la théologie et de la philosophie ne pouvait que nuire gravement à cette dernière, et que qui voulait approfondir l'action de Dieu sur nos âmes avait vite fait de compromettre notre personnalité. Aussi voyait-on le panthéisme, je ne dirai pas partout, mais assurément là où il n'était pas. Malebranche, disait-on, n'y avait échappé que par des contradictions ou des inconséquences; et en tout cas, sa doctrine ne laissait aucune place à notre liberté : il se croyait obligé d'en affirmer l'existence, mais il en donnait une explication qui la détruisait radicalement. Or, aucune de ces critiques ne me paraît aujourd'hui soutenable. J'espère que le lecteur de ce livre, où je me suis effacé le plus que j'ai pu devant celui dont je ne voulais que résumer la doctrine, en sera bientôt convaincu comme moi. Pour ceux qui, n'ayant ni le loisir ni le besoin de faire choix d'un système complet et arrêté dans toutes ses parties, veulent simplement regarder de près différents types de métaphysique, mis en un jour suffisant, comme ils aiment à étudier dans un musée les chefs-d'œuvre des grandes écoles de peinture ou de sculpture, les livres de cette collection, ce semble, doivent suffire. Quant à peser minutieusement la valeur de telle ou telle théorie particulière, pour voir « ce que la philosophie de notre époque doit en conserver ou en rejeter », suivant le formulaire jadis usité dans presque tous les concours; c'est là une tâche que les dimensions adoptées dans ces volumes, sans vouloir parler des autres difficultés, n'eussent point permis de mener à bonne fin. Il ne semble pas d'ailleurs que les préoccupations du public l'imposent à ceux qui ont l'honneur de travailler pour lui. Certes, nous pouvons différer grandement les uns et les autres dans ce que nous pensons de l'étendue de l'inconnaissable et de la valeur plus ou moins symbolique des théories qui expliquent certaines vérités comme elles le peuvent. Mais personne n'a plus la prétention d'emprisonner la science philosophique dans des formules arrêtées et définitives. On se contente le plus souvent — c'est déjà beaucoup — de sentir à travers ces voiles, les uns transparents, les autres, hélas! un peu épais, les réalités dont ils nous séparent. Le penseur que nous allons étudier passe pour avoir donné de l'intelligence et de l'activité humaines des explications d'une précision bien téméraires : aussi s'est-on donné souvent le plaisir facile d'en faire ressortir les insuffisances ou les excès; mais lui-même, on le verra par plus d'une citation topique, n'a jamais rétréci le fond de ses idées par la forme qu'il leur donnait. Il a toujours réservé l'incompréhensibilité non seulement de Dieu, mais de l'âme humaine. Puisse la lecture de ses meilleures pages fortifier en nous le sentiment de cet idéal de perfection dont il a si bien parlé et qui nous atteste sa réalité en nous soutenant comme en nous maintenant. Puisse-t-elle nous replacer dans cette « situation respectueuse » où il voyait la meilleure forme de l'attention scientifique autant que la condition première et de la religion et de la morale.

En 1712, trois ans avant sa mort, Malebranche donnait de la *Recherche de la Vérité* une sixième édition, en 4 volumes in-12 (Paris, chez Michel David), « revue et augmentée de plusieurs Éclaircissements », et dans un *avertissement* de quelques pages il terminait par l'avis suivant :

« Je crois devoir avertir le lecteur que, de toutes les éditions qu'on a faites de la *Recherche de la Vérité*, à Paris et ailleurs, celle-ci est la plus exacte et la plus ample. Car, outre que je me suis servi de l'édition précédente qui était la meilleure de toutes, j'y ai encore ajouté plusieurs éclaircissements aux endroits que j'ai cru en avoir quelque besoin.

« Comme il s'est fait plusieurs éditions différentes de mes livres, dont la plupart sont imparfaites ou peu correctes... je crois devoir avertir que de toutes celles qui sont venues à ma connaissance, les plus exactes pour le sens (car je ne parle pas des fautes qui ne le troublent pas, et que le lecteur peut corriger, comme celles de ponctuation, orthographe et quelques autres) sont :

« Les *Conversations chrétiennes*, de l'édition de Paris en 1702.

« Le *Traité de la Nature et de la Grâce*, de la dernière édition de Rotterdam qui s'est faite cette année (1712).

« Le *Traité de Morale*, imprimé à Lyon en 1707.

« Les *Méditations chrétiennes*, imprimées aussi à Lyon en 1707.

« Les *Réponses à M. Arnauld*, à Paris en 1709.

« Les *Entretiens sur la métaphysique et sur la religion*, à Paris en 1711.

« Le *Traité de l'Amour de Dieu*, et sa suite, à Lyon en 1707. »

A mon tour je dirai que j'ai travaillé sur les éditions de la *Recherche*, du *Traité de la Nature et de la Grâce*, du

Traité de Morale, des *Méditations,* des *Entretiens* et du *Traité de l'Amour de Dieu,* que Malebranche recommande ici. Je le dis une fois pour toutes. Quant aux autres éditions dont j'ai pu me servir, je les indique dans mes notes.

MALEBRANCHE

CHAPITRE PREMIER

L'HOMME ET SON MILIEU

I

Malebranche est né à Paris, le 6 août 1638. Sa famille semble avoir été noble, car on a été jusqu'à discuter ses armoiries. Son père fut secrétaire du Roi en 1658, après avoir été, sous Richelieu, seul trésorier des cinq grosses fermes. Cette origine disposait-elle notre héros à la distinction relevée d'ironie parisienne qui charme si souvent le lecteur de ses écrits? L'hypothèse est au moins permise. Permis aussi de supposer que de sa mère, Catherine de Lauzon, originaire du Poitou (comme la mère de Descartes) et parente de Mme Acarie, il devait tenir à la fois une certaine ténacité méthodique et une tendance marquée à la piété.

Il était le dernier de dix enfants, dit le P. Adry, de treize même, si l'on en croit le P. André. Est-ce là ce qui, malgré la bonté de la race, le fit venir au monde avec une constitution ébranlée d'avance par un certain nombre de misères physiques? Il était certes très bien doué cérébralement, mais le reste de son organisation était assez défectueux, puisqu'il avait l'épine dorsale tortueuse et le sternum très enfoncé. Il a lui-même avoué qu'il souffrit beaucoup, étant enfant, de la jalousie de ses frères, qui cependant réussissaient assez bien de leur côté : ils lui enviaient sa facilité au travail et ses succès dans l'étude : sa patience et sa bonté les désarmèrent.

De bonne heure, si l'on en croit le P. André, il se sentit un véritable éloignement pour le monde. Dès sa première éducation fort soignée, il aspirait même à quelque chose de plus sérieux que la poésie et l'éloquence, telles au moins que ses maîtres les lui enseignaient. A seize ans, il suivit les cours du collège de La Marche, près de la place Maubert, non loin du cloître Notre-Dame où habitaient ses parents. Là, il étudia la philosophie sous la direction de M. Rouillard, « fameux péripatéticien », mais qui ne réussit pas à lui faire goûter le péripatétisme... en décadence. Le jeune écolier voulait toujours voir clair et n'y réussissait pas à son gré. Pas plus que les futurs rédacteurs du célèbre *Arrêt burlesque,* il ne prenait très au sérieux la floraison des « formalités, matérialités, entités, virtualités, ecceités, pétreités, polycarpéités » sous lesquelles les disputes de maîtres médiocres avaient étouffé la vieille sève de la métaphysique et de la psychologie d'Aristote. Il n'en prit pas moins le diplôme de « maître ès arts en l'Université de Stagyre », l'an 1656.

Il pensa trouver plus de satisfaction en allant étudier la théologie en Sorbonne, où il eut la patience de demeurer trois ans. « Il ne pouvait se figurer, dit le P. André[1], que la théologie ne fût pas la science des choses divines, puisée dans l'Écriture et dans les traditions incontestables. Il y fut encore trompé. La théologie n'était principalement en ce temps-là qu'un amas confus d'opinions humaines, de questions badines, de puérilités, de chicanes, de raisonnements à perte de vue pour prouver des mystères incompréhensibles; tout cela sans ordre, sans principes, sans liaison des vérités entre elles; barbarie dans le style, fort peu de sens dans tout le reste. On n'y donnait presque rien aux dogmes de la foi, au lieu qu'on s'arrêtait volontiers à ces disputes vaines que saint Paul nous ordonne d'éviter comme des folies. L'abbé Malebranche (car c'est ainsi qu'on l'appelait alors, ayant pris depuis peu l'habit ecclésiastique) fut surpris, au delà de ce qu'on peut dire, de voir des gens graves traiter sérieusement des questions la plupart du temps si peu sensées. Accoutumé de bonne heure à réfléchir, voici ce qu'il trouvait bizarre dans la méthode des écoles. Dans la philosophie, qui est tout entière du ressort de la raison, on voulait qu'il se payât de l'autorité d'Aristote, et dans la théologie, qui doit être uniquement appuyée sur l'autorité divine, qu'il se payât de raisons ou plutôt de raisonnements qui, pour l'ordinaire, ne sont rien moins que raisonnables. Le voilà donc encore une fois dégoûté de l'école. »

1. *La vie de Malebranche avec l'histoire de ses ouvrages*, par le P. André, de la Compagnie de Jésus. Édition du P. Ingold (Bibliothèque Oratorienne, Paris, Poussielgue, 1886, p. 6).

Sur ces entrefaites il perdit sa mère, personne remarquable et à laquelle on assure qu'il devait beaucoup, puis, quelques semaines après, son père. Il est à peine besoin de dire que ce double deuil, en éprouvant son âme encore jeune et naturellement tendre, dut précipiter ses résolutions. C'est alors que, refusant un canonicat, — car il fut toute sa vie très désintéressé, — il prit le parti d'entrer à l'Oratoire, le 18 janvier 1660.

II

Il n'y a plus, depuis bien longtemps, ni à faire l'éloge de la Compagnie qui l'accueillait, ni à en expliquer le caractère. C'était une congrégation récente (puisqu'elle avait été approuvée par Paul IV en 1613); et on sait, ne fût-ce que par le célèbre passage de l'Oraison funèbre du P. Bourgoing par Bossuet, comment les contemporains ont aimé à voir dans ses statuts, dans son esprit, dans ses habitudes, une sorte de contre-pied de ce qu'ils croyaient connaître des Jésuites. Il est certain que les prêtres de l'Oratoire de France jouissaient et jouissent encore d'une liberté peu commune, puisque « l'autorité suprême de la Congrégation, comme le rappelle le cardinal Perraud [1], réside dans la Compagnie dûment assemblée : le général même y demeure soumis et il est obligé de suivre la pluralité des suffrages en toutes choses, sa voix néanmoins comptant pour deux ». Aussi lorsque, sur des indications vagues ou des témoi-

---

1. Mgr Perraud, *L'Oratoire de France aux XVIIe et XVIIIe siècles.* 1 vol. in-12, Paris, Téqui, 1869.

gnages suspects, il est question de mesures persécutrices, comme un exil infligé à des membres de la Compagnie, les représentants actuels de la tradition[1] se récrient-ils en disant avec une fierté toute filiale : « De pareilles tracasseries sont impossibles à l'Oratoire. » Et ils mettent ainsi fin à une légende qui était encore acceptée il y a quinze ans dans les ouvrages les plus sérieux.

Le cardinal de Bérulle, premier fondateur, était, on le sait, un homme universel, allant aisément du Carmel à Richelieu, de l'ascétisme à la politique, aussi ami de Descartes que de saint François de Sales ou de saint Vincent de Paul. Sous son impulsion, les prêtres de l'Oratoire cultivaient avec succès toutes les sciences d'alors, mathématiques, histoire, philosophie, sciences sacrées. Entre les Jésuites et eux, il y avait émulation pour l'exégèse et l'explication de l'Écriture Sainte. Les premiers venaient d'avoir le P. Petau ; les seconds allaient avoir Richard Simon. En philosophie, si l'Ordre de Saint-Ignace restait attaché à une doctrine expérimentale[2] ou plus rapprochée de l'aristotélisme, l'Oratoire fut plutôt idéaliste, appliqué à retrouver Platon à travers saint Augustin et par saint Augustin[3].

---

1. Notes du P. Ingold à son édition du P. André.
2. Dans le sens que ce mot pouvait avoir à cette époque.
3. Dans son *Histoire de la philosophie cartésienne*, M. F. Bouillier nous a signalé le cours complet de philosophie du P. Fournenc, paru en 1655. L'auteur s'y excusait ou plutôt s'y vantait dans sa préface d'avoir ajouté à la science traditionnelle de l'École beaucoup d'idées platoniciennes (multa ex antiquis monumentis platonicorum excerpta) destinées à relever l'enseignement (ex quibus non parum splendoris ac dignitatis elucubrationibus nostris accessurum putavi).

En 1656 paraissait la grande publication, aujourd'hui encore très estimée, du P. André Martin (Ambrosius Victor, de son pseudonyme) où toute la philosophie de saint Augustin est clairement résumée, où dans le choix et l'arrangement même des citations se sent un effort ingénieux pour accorder saint Augustin avec Descartes. De son côté, le P. de Condren, successeur du cardinal de Bérulle et général de 1629 à 1641, ne s'était point signalé seulement par sa sainteté personnelle [1] : il était ami des idées nouvelles. Ce fut avec son agrément et peut-être sur son initiative que deux Pères, le P. Gibieuf [2] et le P. de la Barde, commencèrent à enseigner, à commenter et à défendre le cartésianisme. Le second avait été d'abord un adversaire ; il était devenu peu à peu un ami si chaud que Descartes éprouva le besoin de le remercier de son zèle en souhaitant à son parti beaucoup de « protecteurs » tels que lui.

Quand Malebranche fut admis dans la Congrégation en 1660, il y entra à peu près en même temps qu'un homme fameux en son siècle et dont le nom n'est pas tout à fait oublié, le P. Poisson. C'était un cartésien, ayant pénétré assez avant dans la doctrine pour en être un ami indépendant. Bien qu'il se fût proposé d'écrire

---

1. Il y a bien des raisons de penser que, si l'Oratoire obtient la canonisation de l'un des siens, le P. de Condren est peut-être le plus désigné.

2. Auteur d'un livre sur *Le franc-arbitre de l'homme*, attaqué vivement par deux P. Jésuites, dont les ouvrages furent mis à l'index : un P. Regnaud, qui traitait les thomistes de calvinistes, et un P. Duchesne, auteur d'une *Histoire du Baïanisme*.

un commentaire général des œuvres du maître, c'était surtout un mathématicien; il traduisit en français les traités relatifs à la mécanique et à la musique. Il était sorti quelque temps de ce cercle d'études pour aller remplir à Rome une sorte de mission théologique; et là, il s'était, dit-on[1], rendu fort suspect aux Jésuites en obtenant la condamnation de soixante-cinq propositions « relâchées » extraites de divers casuistes. De retour à Paris, il avait repris ses travaux ordinaires. Fort libre dans ses jugements, il avait examiné la doctrine de Descartes sur l'essence de la matière : il la combattait comme contraire au dogme de l'Eucharistie, mais il n'en désapprouvait pas moins la défense faite par le Roi d'enseigner la nouvelle philosophie. Trois ans plus tard, venait prendre place à côté de lui le P. Lami[2] à qui un cartésianisme plus ardent devait valoir des lettres de cachet.

De 1660 à 1662, dans les deux premières années du séjour de Malebranche, l'Oratoire était encore gouverné — ou présidé — par le P. Bourgoing dont Bossuet fit, comme nous l'avons déjà rappelé, un si bel éloge, mais dont quelqu'un nous dit[3] : « C'était un homme fort estimable, mais d'un caractère singulier; il avait surtout pour la science des faits une répugnance qui tenait du mépris, et, pour désigner un ignorant, il disait : C'est

1. Voyez l'article *Poisson*, par le P. Tabaraud, dans la Biographie Michaud.
2. Qu'il ne faut pas confondre avec le bénédictin Dom Lamy.
3. *Vie du P. Malebranche,* par L. Th. Hérissant, en tête du petit volume apocryphe *De l'Infini créé.* Amsterdam, M. Michel Rey, 1769.

un historien ! » On voit qu'il y en avait là pour tous les goûts et que, dans sa prévention bien connue contre les érudits, le futur auteur de la *Recherche de la Vérité* ne se trouvait point isolé.

De 1663 à 1672, le généralat était aux mains du P. Senault qui, en 1641, avait écrit et dédié au cardinal de Richelieu son traité de l'*Usage des passions;* il s'efforçait d'y démontrer copieusement, élégamment, que tous les mouvements de l'âme peuvent être utiles selon la direction qu'on leur donne, et que la condamnation absolue de toutes les passions est l'une des erreurs graves du stoïcisme.

Le nouvel arrivant — qui ne devait être ordonné prêtre que quatre ans plus tard — dut travailler tout d'abord dans la « maison d'institution » — nous dirions aujourd'hui dans le séminaire ou le noviciat — établie faubourg Saint-Michel[1]. On a retrouvé le texte authentique de ses notes d'examen. Après le premier, ses maîtres écrivirent de lui tout simplement : « Il donne de bonnes espérances. » Après le deuxième (26 janvier 1661) qui était définitif, on le juge « propre » ... à être reçu, et on le qualifie d'esprit « pieux, méditatif »! Un mot, probablement difficile à déchiffrer, s'y ajoute. D'après un lecteur[2], qui a plus interprété ou rectifié que lu, c'est le mot « craintif ». D'après le P. Ingold, c'est incontestablement le mot « boutif », expression parfaitement inconnue et dont l'Oratorien d'aujourd'hui

---

1. Là où se trouve aujourd'hui l'hospice des Enfants assistés.
2. Bernus, *Thèse sur Richard Simon*, Paris et Lausanne, 1869.

se borne à rapprocher la racine du mot *boutade* (sans parler des coups de *boutoir*). Il est certain en tout cas que des « boutades », notre pieux méditatif en lança plus d'une, même à cette époque, contre ceux qui voulaient l'engager dans des travaux fastidieux pour lui. Qui n'a lu de lui ce mot si répété : « J'aime mieux que les livres qui traitent de ces sciences soient dans votre bibliothèque que dans ma tête! » Et cet autre : « Adam avait-il la science infuse? Oui assurément! et pourtant il ne savait ni histoire ni chronologie[1]! »

Ces réflexions, il les faisait (entre autres) au P. Lecointe, auteur des *Annales ecclésiastiques*, qui lui apprenait l'art de déchiffrer les textes et de commenter les récits des premiers apologistes du christianisme.

Après son passage à la maison d'institution, où il avait reçu les ordres mineurs, et après un très court séjour à Notre-Dame-des-Ardilliers[2] près de Saumur, il vint à la maison que l'Oratoire avait rue Saint-Honoré. Il dut s'y plaire davantage à suivre les cours, non de Thomassin, comme on l'a dit, mais des PP. Chancelier et Fauconier qui « étaient, le second surtout, de très zélés augustiniens ». Cependant il n'est pas hors de propos de parler ici d'hommes plus considérables, dont il put

---

[1]. Sainte-Beuve (dans *Port-Royal*) dit à ce sujet : « Ce qu'Adam avait su! Rien que cela! C'est-à-dire refaire le monde à son idée et raconter la création de première main! »

[2]. D'après le P. Ingold, c'est probablement ce petit séjour qui, par une confusion de dates, donna prétexte à la fausse histoire de son prétendu exil en province.

goûter tout au moins l'esprit et la méthode ; ce fut, en premier lieu, Richard Simon.

Après une éclipse assez longue, Richard Simon est redevenu l'objet d'une faveur marquée. Bien des catholiques à l'esprit large et investigateur ont repris en effet ses traditions exégétiques. Ainsi, M. l'abbé Duchesne reprend et continue la tradition de Launoy, le fameux « dénicheur de saints », dont un prêtre distingué [1] écrivait tout récemment : « Il ne fut en réalité que le défenseur des gloires authentiques de l'Église contre les entreprises des faussaires. »

Richard Simon et Launoy, Malebranche les connut tous les deux. Le premier fut son confrère à l'Oratoire où il était entré une première fois en 1658. Quant au second (mort en 1678), une lettre où Malebranche lui-même dit que « le traité de la Nature et de la Grâce est condamné avec les livres de M. Launoy », nous autorise bien, ce semble, à rapprocher un instant ces trois noms.

Donc, Richard Simon, oratorien, et Launoy, docteur en Sorbonne, étaient deux prêtres normands (l'un de Dieppe, l'autre du diocèse de Coutances). Ils eurent le sort de tous les précurseurs qui dérangent les positions prises et déconcertent les opinions reçues sans réussir à fonder tout de suite et d'un seul coup l'édifice nouveau. Ils parurent téméraires et ne pouvaient guère éviter de l'être en effet quelquefois. Travailleurs acharnés, ils

---

[1]. M. l'abbé Margival, *Revue d'hist. et de litt. relig.*, 1897, 1899.

remuèrent des multitudes de textes, de faits, d'opinions, et ils s'efforcèrent de les passer au crible, avec la ferme conviction qu'ils faisaient l'un et l'autre un travail utile à l'Église. Tous les deux, se souvenant sans doute de leur race, pratiquèrent l'art de se retourner et le don de ne pas trop s'effrayer des contestations, litiges, remontrances ou même condamnations, dont les ressources d'une certaine théologie — non moins variées que celles de la procédure — leur permettaient toujours d'espérer un appel victorieux. « Il est peu d'ouvrages de Launoy, dit fort justement l'un de ses biographes, qui n'aient excité de vives réclamations de la part de quelques corporations séculières ou régulières; cela devait être, ils froissaient beaucoup d'intérêts. » Comment ne pas penser ici à ces passages où Malebranche[1] se plaint que chacun ait « sa dévotion propre » et que toutes les communautés aient une « doctrine particulière qu'il est défendu à leurs membres d'abandonner », de telle sorte que « ce qui est vrai chez les uns est souvent faux chez les autres et qu'ils se font gloire quelquefois de soutenir la doctrine de leur ordre contre la raison et l'expérience[2] ». A coup sûr, il se fût associé à cette épigraphe tirée de Tertullien que le P. Sirmond[3], jésuite, mit en tête d'une dissertation de Launoy sur les deux saint

---

1. *Traité de Morale*, Ire partie, II, 8.
2. Cf. *Recherche de la Vérité*, liv. IV, ch. III, 1.
3. Il faisait partie, avec les PP. Petau et Labbé, de ce groupe de savants Jésuites, qui travailla aussi avec tant de succès à la critique religieuse jusqu'à ce que les craintes trop éloquentes de Bossuet interrompissent brusquement ces beaux efforts.

Denis : *Veritati nemo prescribere potest, non spatium temporum, non patrocinia personarum, non privilegium regionum.*

Le dénicheur de saints fut aussi un théologien philosophe, et il est impossible de jeter un coup d'œil sur quelques-unes des théories qu'il soutint sans penser encore à Malebranche. Non pas qu'il ait formulé les mêmes opinions, mais il a abordé quelquefois les mêmes problèmes et s'est heurté aux mêmes difficultés. En 1636, il faisait paraître un ouvrage où il défendait comme probable l'opinion de Durand de Saint-Pourçain prétendant que Dieu ne concourt pas immédiatement aux mauvaises actions des créatures libres. Il n'est pas douteux que Malebranche dut examiner de près cette idée et qu'il y trouva — comme il arrive si souvent — une occasion de s'enfoncer davantage dans l'idée contraire, avec sa thèse de Dieu unique acteur, s'astreignant à exécuter en ce monde les désirs mêmes de ceux qui l'offensent. Launoy fut encore un théologien très engagé, on est tenté de dire, si le mot n'est pas trop vulgaire, empêtré dans les controverses sur la grâce : car Bossuet a dit de lui qu'il avait trouvé le moyen d'être à la fois semi-pélagien et janséniste. Je dirai encore ici : comment ne pas se rappeler qu'Arnauld, peu justement d'ailleurs, accusa l'auteur du *Traité de la Nature de la Grâce* d'être en même temps pélagien et calviniste? Nous sommes bien dans le même milieu, confus et passionné.

Nous y sommes encore plus avec Richard Simon,

puisque c'était un oratorien et que son illustre confrère apprit de lui, assez péniblement, l'hébreu et le syriaque. Le P. de Valroger[1] dit de Richard Simon : « Son caractère opiniâtre et querelleur contribua encore plus que ses doctrines critiques aux agitations de sa carrière : les protestants et les jansénistes fort maltraités par lui s'unirent à Bossuet pour le combattre chacun à leur point de vue. » Cette opiniâtreté dans ses opinions n'était pas pour effrayer son élève : ils eurent entre eux des rapports suivis et affectueux. Le plus récent historien de l'exégète[2] nous dit comment celui-ci fut un instant tenté de quitter l'Oratoire pour entrer chez les Jésuites, et comment il y renonça. Il ajoute : « Là du moins (à l'Oratoire) il avait quelques confrères dévoués, entre autres le P. Malebranche, hébraïsant médiocre, mais ami tendre et sûr, pour qui Richard Simon garda toujours une affection véritable et qu'il défendit plus tard à son tour avec la plus chaleureuse vivacité. »

Quand on compare aujourd'hui certaines parties des polémiques de Malebranche à ce qui a le mieux survécu de la méthode de Richard Simon, plus d'un rapprochement intéressant s'impose à l'esprit. Pas plus l'un que l'autre ils ne reculaient devant les responsabilités de la recherche personnelle et ne s'effrayaient des contradictions. Sûrs de leur foi et de leur conscience, ils affrontaient vaillamment la lutte, et ils n'étaient pas sans

---

1. *Introduction critique aux livres du Nouveau Testament.* 2 vol. in-8°. Paris, Lecoffre, 1861; I, 20.
2. Voir l'abbé Margival, *Art. cités.*

quelque nuance de dédain pour les esprits timides ou fermés qui refusaient à toute nouveauté l'accès de leur intelligence. Rien ne choquait plus Richard Simon dans sa science et Malebranche dans la sienne, que de voir tant de polémistes justifier leur thèse, non pas par la valeur propre de leurs arguments, mais par la fin où ils visaient, de telle sorte qu'il paraissait suffire à de mauvaises raisons d'être employées pour une bonne cause et que les preuves, quelles qu'elles fussent, des choses de la foi devenaient aussi indiscutables que la foi même. Le travail récent dont nous parlions tout à l'heure fait encore ressortir très finement qu'en insistant avec complaisance sur les difficultés de l'interprétation de la Bible et sur la nécessité d'en faire laborieusement et l'histoire et la critique, l'oratorien érudit ne pensait pas seulement à éclairer la foi des catholiques : il montrait aux protestants tout ce qu'avait de peu sensé leur dogmatisme individuel et cette idée qu'il appartient à la conscience de chacun de tout interpréter dans l'Ancien comme dans le Nouveau Testament. On verra, je crois, que l'oratorien philosophe n'est pas sans laisser apercevoir dans ses fragments apologétiques un brillant reflet de cette ironie légitime, on peut même ajouter scientifique.

III

Ainsi s'écoulaient ses premières années de sacerdoce et de travail dans la maison de l'Oratoire. Spéculatif et ami de la clarté, soucieux des grands problèmes, mais ne voyant guère autour de lui d'esprits vigoureux et neufs que dans certaines régions scientifiques où ses goûts ne le portaient guère, il devait surtout étudier saint Augustin; car pour Descartes, il ne l'entrevoyait encore qu'à travers ses premiers disciples et surtout à travers ses contradicteurs, les uns et les autres présentant la doctrine nouvelle par toutes sortes de petits côtés. Aussi le P. André affirme-t-il que son grand ami était « extrêmement prévenu[1] » contre Descartes, lorsque, en 1668, sur ces matériaux plus ou moins bien préparés tomba l'étincelle fameuse. Elle sortit du *Traité de l'Homme* de Descartes, que le fureteur rencontra par hasard chez un libraire du quai des Augustins — d'autres disent de la rue Saint-Jacques. On lui montra le livre, « il en parcourut quelque chose, il y trouva du bon sens, il en admira la méthode, il l'acheta ». — « Ayant commencé — poursuit le P. André — à lire cet ouvrage tout de suite avec son application ordinaire, il y découvrit des vérités si lumineuses, déduites avec un ordre si merveilleux, et surtout une mécanique du corps humain si admirable et si divine, qu'il en fut

---

1. Voy. *ouvr. cité*, p. 12. — L'assertion peut passer pour étonnante, puisque le *Discours de la Méthode* datait déjà de 20 ans. Mais qu'on songe à tout ce qu'il faut de temps, en général, pour qu'une véritable révolution s'accomplisse, car elle commence par bouleverser toutes les idées de ceux-là même dont elle a besoin pour réussir. Newton ne fut pas compris dans son siècle. — En tout cas, l'assertion du P. André est justifiée par la violence de l'émotion que Malebranche allait éprouver devant une révélation visiblement inattendue.

extasié. Je ne saurais mieux exprimer l'impression qu'il en ressentit qu'en rapportant ce que lui-même a si souvent raconté à ses amis : la joie d'apprendre un si grand nombre de nouvelles découvertes lui causa des palpitations de cœur si violentes, qu'il était obligé de quitter le livre à toute heure et d'en interrompre la lecture pour respirer tout à son aise. »

Que trouvait-il donc dans ce volume? Par-dessus tout, on vient de le lire, une mécanique universelle. Malebranche — ses biographes nous l'ont fait savoir, et lui-même en a donné des preuves nombreuses — était un mathématicien fort distingué. Il poussa très loin l'étude de la géométrie; il aimait la mécanique, non seulement théorique, mais pratique. C'est donc par la porte du mécanisme et du mécanisme enveloppant la vie elle-même, qu'il pénétra dans le cartésianisme.

En présence d'une secousse aussi puissante, il nous est impossible de ne pas nous reporter quelques instants à celui qui l'avait communiquée... Le *Traité de l'Homme* est ce que nous appellerions un traité de physiologie, avec plusieurs chapitres philosophiques sur les sens, sur le système nerveux, sur le cerveau, sur le sommeil, enfin sur la méthode à appliquer à l'étude, tant des corps vivants que des corps en général. Malebranche trouvait là formulés avec une extrême précision, dans la même phrase, et ce grand principe de philosophie naturelle et ce principe de méthode intuitive et construc-

---

1. Voyez *Œuvres philosophiques* de Descartes, éd. Garnier, tome III.

tive dont il allait lui-même faire tant d'usage[1] : « *Sachant que la nature agit toujours par les moyens les plus faciles de tous et les plus simples,* vous ne jugerez peut-être pas qu'il soit *possible d'en trouver de plus semblables à ceux dont elle se sert que ceux qui sont ici proposés.* »

Quant à l'ampleur du champ que le lecteur si ému se sentait invité à parcourir sous un tel guide, on en jugera par la page suivante :

« Je désire que vous considériez après cela que toutes les fonctions que j'ai attribuées à cette machine (le corps), comme la digestion des viandes, le battement du cœur et des artères, la nourriture et la croissance des membres, la respiration, la veille et le sommeil; la réception de la lumière, des sons, des odeurs, des goûts, de la chaleur et de telles autres qualités dans les organes des sens extérieurs; l'impression de leurs idées dans l'organe du sens commun et de l'imagination; la rétention ou l'empreinte de ces idées dans la mémoire; les mouvements intérieurs des appétits et des passions; et enfin les mouvements extérieurs de tous les membres, qui suivent si à propos tant des actions des objets qui se présentent aux sens que des passions et des impressions qui se rencontrent dans la mémoire, qu'ils imitent le plus parfaitement qu'il est possible ceux d'un vrai homme; je désire, dis-je, que vous considériez *que ces fonctions suivent tout naturellement en cette machine de la seule disposition de ses organes,* ni plus ni moins que pour les mouvements d'une horloge ou autre automate de celle de ses contrepoids et de ses roues; en sorte qu'il ne faut point, à leur occasion, concevoir en elle aucune autre âme végétative ni sensitive, ni aucun autre principe de mouvement et de vie, que son sang et ses esprits agités par la chaleur du feu qui brûle continuellement dans son cœur, et qui n'est point d'autre nature que tous les feux qui sont dans les corps inanimés. »

Voilà donc toute une partie de la science humaine révélée à l'élève émancipé déjà du P. Lecointe et même de Richard Simon, voilà les obscures complications des principes multipliés de la scholastique qui s'évanouissent, et l'ordre apparaît dans le dédale. C'est bien là ce qui fait palpiter le cœur du néophyte comme à l'apparition d'une merveille désirée et pourtant inattendue! Ce cartésianisme qui venait de s'offrir ainsi à lui si subitement, il va le retourner sous toutes ses faces; sans vain empressement, car il mettra quatre ans à l'étudier en silence, il va s'en pénétrer pour sa propre satisfaction. Il se l'appropriera d'ailleurs à un tel point qu'il le connaîtra, pour ainsi dire, par cœur et que, dans tout le reste de sa vie, on le trouvera toujours prêt à en donner ou à en rétablir, au cours d'une discussion quelconque, les textes essentiels.

Va-t-il abandonner pour cela tout ce que lui avaient enseigné ses premiers maîtres? Ce qu'ils lui avaient appris de la scholastique, oui, peut-on dire, quoiqu'il soit peut-être plus juste de penser que cette philosophie si déchue n'avait jamais eu pour lui aucun attrait. Mais il lui restait saint Augustin et les quelques parties de saint Thomas où l'auteur de la *Somme* complète son Aristote par quelques-uns des grands aperçus platoniciens. Comment pourrait-il concilier cette dernière métaphysique avec la science de Descartes? On peut croire que ce fut là précisément la tâche à laquelle il se dévoua pendant les quatre années de méditations personnelles qui précédèrent la composition de la *Recherche de la Vérité*.

Le P. André, qui venait de tant analyser et de tant goûter les écrits de son illustre ami, se plaît à dire que l'accord se fit, pour ainsi dire, tout seul. C'est ce qu'on est souvent porté à croire devant tout travail une fois fait, quand il est bien fait. On ne voit que les résultats, on oublie les efforts et les difficultés de la tâche si heureusement exécutée. Donc, dit le P. André, Malebranche ne pouvait goûter quelques endroits de la métaphysique de Descartes sur l'essence des choses, sur la nature des idées, sur les vérités éternelles, etc. « Il avait autrefois lu les ouvrages philosophiques de saint Augustin où ces matières lui avaient paru mieux traitées et plus approfondies. Il les relut, et en effet, après une longue méditation, il trouva que le docteur de la grâce avait mieux connu l'esprit, et que M. Descartes, qu'on peut justement appeler le docteur de la nature, avait mieux connu le corps. Il crut donc que de l'un et de l'autre on pouvait faire quelque chose d'accompli. Dans cette pensée, s'étant rendu maître de leurs principes, il les rapprocha pour les comparer ensemble. La vérité n'a point de peine à se mettre d'accord avec la vérité. La métaphysique sublime de saint Augustin parut toute faite pour la physique de M. Descartes et la physique de M. Descartes pour la métaphysique de saint Augustin. »

— « Parut toute faite! N'a point de peine! » tout cela est vite dit. Malebranche lui-même nous met très en défiance contre cet optimisme scientifique ; car il nous montre que, bien loin de juxtaposer d'emblée les deux systèmes, il fit subir à l'un et à l'autre une critique approfondie.

Nous lisons dans les *Conversations chrétiennes*[1] : « Si M. Descartes est devenu si savant dans la géométrie, dans la physique et dans les autres parties de la philosophie, c'est qu'il a passé vingt-cinq ans dans la retraite, c'est qu'il a parfaitement reconnu les erreurs des sens, c'est qu'il en a évité avec soin l'impression ; en un mot, c'est que, tenant à peu de chose, il a pu s'unir à Dieu d'une manière assez étroite pour en recevoir toutes les lumières nécessaires ; voilà ce qui l'a rendu véritablement savant.

« Que s'il se fût encore davantage détaché de ses sens, s'il eût été encore moins engagé dans le monde, s'il se fût encore plus soigneusement appliqué à la recherche de la vérité, il est certain qu'il aurait poussé plus avant les sciences qu'il a traitées, et que sa métaphysique ne serait pas telle qu'il l'a laissée dans ses écrits. »

Quelle est donc la grande lacune de cette métaphy-

1. *Septième Entretien.*

sique ? La voici : « Je prétends que ce philosophe n'a pas examiné à fond, en quelque sorte, la nature des idées[1]. »

Le lecteur sait déjà — au moins en gros — que la nature des idées, telle que Malebranche et avant lui saint Augustin, et, avant saint Augustin, Platon, l'ont « approfondie », établit entre Dieu et l'homme un rapport étroit, intime, de tous les instants. Mais pour le philosophe chrétien, à plus forte raison pour un théologien catholique, ce Dieu n'est pas uniquement l'être nécessaire et infini ; c'est le Dieu qui s'est incarné et qui a racheté le genre humain, c'est le Dieu qui agit par la grâce et nous demande de coopérer avec lui à l'œuvre de notre salut. Il y a des esprits qui s'appliquent à opposer l'un à l'autre ces deux ordres de conceptions ou qui, tout en les admettant séparément, se refusent à voir entre elles aucun rapport. Malebranche va se borner à les distinguer sans les séparer et à adopter pour les unes et pour les autres des méthodes différentes ; mais jamais il n'oubliera l'unité fondamentale ni du sujet auquel elles s'appliquent, ni de la loi qui les régit, ni du principe souverain dont elles dépendent également. De là pour lui la nécessité d'une étude complexe qui ne néglige rien de ce que l'homme a été, de ce qu'il est actuellement, de ce qu'il est convié à devenir. Toute cette hiérarchie de destinées comporte des conditions, des appels, des secours, des coopérations

---

[1]. *Trois lettres touchant la défense de M. Arnauld sur le livre des vraies et des fausses idées*, p. 43. Éd. de Rotterdam 1685.

de diverse nature; mais c'est à une même vérité, simple et féconde, que, malgré la diversité des efforts dont souffre notre faiblesse, tout doit être définitivement suspendu; car c'est bien d'un seul et même être qu'il convient de dire avec saint Augustin qu'il est *causa subsistendi, ratio intelligendi, ordo vivendi.*

Saint Augustin avait donc bien vu et bien fait voir que les idées dominatrices, tant de la vie que de la science, ne font qu'un avec la vérité éternelle, c'est-à-dire avec Dieu; car il a écrit ces belles paroles : « La sagesse éternelle est le principe de toutes les créatures capables d'intelligence; et cette sagesse demeurant toujours la même, ne cesse jamais de parler à ses créatures dans le plus secret de leur raison, afin qu'elles se tournent vers leur principe; parce qu'il n'y a que la vue de la sagesse éternelle qui donne l'être aux esprits, qui puisse, pour ainsi dire, les achever et leur donner la dernière perfection dont ils sont capables. » Mais ici, son grand disciple du dix-septième siècle lui fait un reproche[1], c'est de n'avoir pas assez distingué l'esprit du corps et d'avoir « attribué aux corps qui nous environnent toutes les qualités sensibles que nous apercevons par leur moyen ».

On sait en effet que saint Augustin s'était éloigné sur ce point de l'idéalisme de Platon. Il lui avait reproché de trop séparer le corps et l'âme, de croire à une âme éternelle ayant existé, devant encore exister sans corps,

---

1. Voyez la préface à la *Recherche de la Vérité.*

ou se logeant, pour ainsi dire, de corps en corps, sans être jamais liée que par accident à l'un ou à l'autre d'entre eux. En cela, saint Augustin était conduit, par la doctrine même du christianisme sur la transmission du péché originel, sur la résurrection et sur la réhabilitation future de la chair, à tempérer Platon par Aristote : c'est ce que fit bien plus largement encore saint Thomas ; c'est ce que fait l'enseignement, désormais fixé, de toute l'Église. Le cartésianisme, auquel Malebranche adhérait si fort, devait seul interrompre pour un temps cette tradition. De là, dans cette école où il entrait, une variété d'idéalisme qu'il acceptait, mais qu'il tenait à compléter. Voir dans les corps une pure étendue mobile, n'impliquant rien que l'étendue et le mouvement, n'agissant en rien sur les esprits, parce qu'entre la pensée et l'étendue il n'y a rien de commun, cela il le trouvait excellent. Mais à ses yeux il restait à expliquer comment l'esprit conçoit tout ce qu'il croit voir et toucher dans les corps. C'est ici qu'il faisait intervenir de nouveau un idéalisme transcendant comme celui de Platon et de saint Augustin.

Telles furent donc les deux grandes sources où il puisa pour composer sa *Recherche de la Vérité*, dont le premier volume parut en 1674, le deuxième en 1675.

IV

Le retentissement de l'ouvrage fut prompt et considérable, et les attaques ne lui manquèrent pas plus que les témoignages d'admiration. Les premières vinrent surtout — comme il fallait s'y attendre — de ceux qui, par devoir professionnel ou par habitude routinière, enseignaient la dernière philosophie scholastique et résistaient au cartésianisme. Parmi les premiers, furent le chanoine Foucher, de Dijon, et le jésuite Le Valois — qui écrivit sous le pseudonyme de Louis de la Ville. Leurs critiques sont d'un intérêt médiocre, attaquant plutôt, dit très bien le P. André, « les propositions incidentes que le fond du livre ».

D'autres compagnies religieuses firent au nouveau livre un meilleur accueil : les bénédictins d'abord, dans la personne de Dom Robert Desgabets, qui réfuta la critique de Foucher ; puis l'Oratoire même et ses chefs ; car justement fiers des succès des siens et peu jaloux de gêner leur liberté par des examens minutieux, ils décidèrent, en une même séance, de faire adresser des félicitations à Malebranche « pour un traité qu'il a publié et qui est estimé de tout le monde » (est-il dit dans la délibération) en même temps qu'aux Pères Quesnel, Richard Simon et Thomassin.

Le philosophe avait donc le vent en poupe, et sa pensée pouvait prendre désormais un essor puissant. Son ouvrage s'était vite répandu « dans tous les États de l'Europe où les sciences ont quelque accès : en Italie, en Espagne, mais principalement en Allemagne, en Hollande, en Angleterre, en un mot partout où la langue française est connue. C'est pourquoi on fut obligé d'en faire d'abord édition sur édition, de sorte que depuis

1674 jusqu'en 1678, il en parut presque tous les ans une nouvelle, quatre de Paris, une de Lyon, sous le nom de Strasbourg, deux d'Amsterdam, sans parler de traductions latines que l'on fit en divers endroits pour mettre l'ouvrage entre les mains de divers savants [1] ».

La haute société qui, malgré l'attention qu'elle donnait à tous les grands problèmes, était plus libre d'esprit que les gens d'école, ne tarda pas à faire à la *Recherche de la Vérité* un accueil enthousiaste. On n'était pas habitué — malgré Descartes — à rencontrer sur son chemin des théories philosophiques de cet aspect et de cette allure, vives et mesurées, nobles et spirituelles, hautes sans orgueil, colorées sans fard, fidèles à la grande tradition et amies de la nouveauté, pieuses envers le dogme, mais tenant avec fermeté pour les droits de la raison et de la recherche, attirant l'esprit tout à la fois par la profondeur des mystères où elles descendaient et par la clarté dont elles semblaient en dorer au moins les premiers abords. La philosophie marquait décidément sa place dans la littérature comme la théologie l'avait fait avec les *Lettres provinciales.*

C'est à dater de ce moment qu'on voit des comtes, des ducs et des marquis, des officiers de mousquetaires, des princes du sang se mêler aux controverses, se porter garants de l'orthodoxie de l'auteur qu'ils admirent, s'interposer entre lui et les évêques, porter des explications, ménager des entrevues, s'armer de

---

1. Le P. André.

citations de saint Augustin et discuter eux-mêmes pour leur propre compte les questions théologiques ou métaphysiques du jour jusque dans les carrosses du Roi. Tel était — entre beaucoup d'autres[1] — ce marquis d'Allemans, dont le P. André nous dit qu'il était un esprit très étendu, très pénétrant, « et même plus théologien qu'il ne sied dans le monde à un homme de qualité ». C'est lui qui, pressant Bossuet de bien pénétrer dans la pensée de Malebranche et en obtenant enfin une analyse moins défavorable, s'écriait : « Ah! pour le coup, Monseigneur, vous voilà bien près du royaume de Dieu! » Mme de Sévigné ne manquera point un peu plus tard de causer de ces belles théories avec sa fille et de marquer spirituellement les réserves de son bon sens gaulois. En attendant, la fameuse princesse palatine Élisabeth, celle à qui Descartes avait dédié ses *Principes de Philosophie,* ne pouvait laisser passer de pareils tournois sans s'y intéresser passionnément et gravement. Par l'intermédiaire de sa sœur, l'abbesse de Maubuisson, elle correspondit avec Malebranche. Celui-ci était avant tout un serviteur de l'Église. Sachant que la princesse était protestante, il entreprit de la convertir au catholicisme, et il eut le regret de la voir mourir avant qu'il n'eût pu réussir en son dessein.

C'est cet esprit de prosélytisme religieux qui le porta à écouter la prière du duc de Chevreuse et à compléter son grand ouvrage par les *Conversations chrétiennes*

---

1. Le duc de Rocroy, le duc de Chevreuse, le comte de Tréville etc., etc.

(1676) et les *Méditations pour l'humilité et la pénitence* (1677). Ce sont là, peut-on dire, des opuscules de piété, sans doute, mais la piété y est bien celle qu'on pouvait attendre d'un métaphysicien inébranlablement attaché à ses théories, les ramenant toujours à lui et sachant, jusque dans les exhortations les plus empreintes de zèle sacerdotal, trouver le moyen de s'expliquer sur la nature des idées, sur le caractère de la volonté, sur l'influence de l'imagination, sur la philosophie de Descartes[1].

Mais ce succès de la *Recherche de la Vérité* et des deux publications suivantes bien acquis, s'ouvre pour leur glorieux auteur — vers 1678 — une nouvelle période qui est une période de lutte. Autour de lui déjà gronde la bataille. C'est en 1672 que Richard Simon est obligé de quitter l'Oratoire : c'est en 1679 que commencent les hostilités entre Malebranche et Arnauld.

V

Il est parfaitement connu que l'origine de la guerre doit être cherchée beaucoup moins dans des dissentiments philosophiques, que dans des querelles de théologie. Comme tous ses amis de Port-Royal, Arnauld était cartésien. A ce premier titre, il avait dû voir tout d'abord, il avait vu en effet dans l'auteur de la *Recherche de la Vérité* un auxiliaire. Puis, combattant comme lui, avec la même sincérité, sinon avec la même

---

1. Voyez la citation que nous avons faite plus haut, page 20.

logique, l'hérésie protestante[1], il espérait l'avoir aussi comme compagnon de lutte dans les combats théologiques. Il devait surtout le souhaiter comme allié dans ses efforts pour interpréter saint Augustin selon les idées de Jansénius. Les cartésiens étaient combattus par les Jésuites, les jansénistes aussi. Par une de ces associations d'idées dont Malebranche a été un des premiers à vouloir une explication, il semblait au fougueux adversaire des Jésuites qu'un cartésien si convaincu n'avait, pour ainsi dire, pas le droit de ne pas être avec lui jusqu'au bout et contre les mêmes adversaires.

Or, Malebranche, en qui tant de critiques ou d'historiens ont voulu voir — peut-être par suite de la même association d'idées — un janséniste intermittent, ne fut pas un des derniers à découvrir et à signaler les inconséquences d'Arnauld. Il comprit parfaitement que tout en s'élevant avec éloquence contre le protestantisme, Port-Royal et son principal porte-parole professaient sur la liberté humaine et sur la grâce des opinions qui se rapprochaient terriblement de l'hérésie. Dans les remarques qu'il en fit, il ne mit pas moins de son esprit légèrement caustique que de son zèle pour la saine interprétation de saint Augustin et de l'enseignement des autres Pères. Bientôt on put rapporter à Arnauld des échos un peu mortifiants des conversations de l'Oratoire. Le mot de « galimatias » avait été prononcé. Plus tard, quand la lutte devint plus ardente, Malebranche lui-même avoua le mot, tout en s'excusant, avec un

---

[1]. C'est surtout l'Eucharistie qu'il défendait contre les calvinistes.

mélange de bonhomie fine et d'ironie, et en protestant qu'*alors* il ne l'avait prononcé qu'en petit comité [1]. « Quoique je fusse éloigné de ces sentiments dangereux et que j'aie dit quelquefois, seulement à quelques amis, que ce que ces Messieurs de Port-Royal avaient écrit sur la grâce était un galimatias où l'on ne pouvait rien comprendre, cependant je vivais avec une telle réserve, que je n'en parlais presque jamais à personne, de peur de rompre la charité et de blesser certaines gens dont la délicatesse est extrême. »

La délicatesse extrême de ces certaines gens fut encore plus blessée, quand ils apprirent que Malebranche non seulement ne les suivait pas, mais leur enlevait des partisans. L'Oratoire de Paris avait alors chez lui un prêtre nommé le P. Levassor qui, tout en étant zélé malebranchiste, passait aussi pour zélé janséniste et ne s'en cachait pas. Malebranche lui donna de saint Augustin de tout autres commentaires et le convertit si bien — au moins pour le moment — que dans des cours faits au séminaire de Saint-Magloire, il prononça ce mot si répété depuis : que Jansénius avait lu saint Augustin avec les lunettes de Calvin. On lui demanda d'où venait ce changement; il nomma son maître, et désireux de répandre la lumière dont il venait d'être éclairé, il provoqua une conférence entre les deux illustres adversaires. Elle se tint chez le marquis de Saint-Preuil [2]; des assistants de marque y

---

1. Voyez les *Œuvres philosophiques* d'Arnauld, éd. Jules Simon, p. 269.
2. Dont le père avait été décapité par ordre de Richelieu, en 1646.

furent convoqués, entre autres le P. Quesnel et un homme de cour très connu, très couru, qui avait été cornette de mousquetaires, possédait le grec à fond, expliquait à tout venant — grand seigneur ou grande dame, laïque ou religieux — tous les systèmes théologiques, toutes les hérésies à l'ordre du jour, M. de Tréville, en un mot, dont La Bruyère et Bourdaloue n'ont pas dédaigné de faire le portrait. Ce fut même lui qui ouvrit la séance par un long discours sur l'autorité de saint Augustin. La tentative de conciliation, est-il besoin de le dire, n'aboutit pas. Arnauld ne pouvait se résoudre à écouter, il interrompait à toute minute et se laissait d'autant plus emporter, que son adversaire, s'il ne craignait personne, la plume à la main, n'aimait pas beaucoup discuter de vive voix. Peu après, Malebranche, plus convaincu que jamais de la nécessité de marquer nettement les situations respectives, composait le *Traité de la Nature et de la Grâce;* mais il ne déchaînait alors que plus violemment les orages des polémiques.

En parlant de ce mémorable ouvrage, le P. André dit parfaitement bien : « Il se proposa principalement dans ce traité deux choses : la première, de justifier les anathèmes des Souverains Pontifes portés contre les cinq fameuses propositions (de Jansénius); et la seconde, d'empêcher les cartésiens, qu'il avait toujours dans le cœur, de se perdre éternellement en outrant les droits

---

1. *Ouvr. cité*, p. 81.

de la raison aux dépens de la foi, dont la raison même démontre la nécessité. » On sait quel est le plan grandiose de ce petit volume : étudier simultanément et faire rentrer dans un même ordre d'idées, unies par des liens nécessaires, la création et l'incarnation, le Dieu de Descartes et Jésus-Christ, la grâce divine et la liberté humaine, bref la nature et la grâce relevant en quelque sorte d'une seule et même métaphysique.

Le plan seul parut déjà téméraire à beaucoup; car beaucoup aimaient mieux obéir tout simplement d'un côté et raisonner, pensaient-ils, plus librement de l'autre. Mais que le jansénisme fût combattu ouvertement, comme il l'était, au nom de la philosophie et au nom du dogme, et cela par un cartésien, voilà surtout ce que Port-Royal ne pouvait souffrir sans une irritation croissante. Il est bien certain que là est l'origine de toutes les attaques passionnées d'Arnauld.

De la part de ce dernier, ce fut une véritable campagne, avec défensive par l'offensive, diversions, recherches d'alliances. Ces dernières n'étaient pas très difficiles à trouver. Si les jansénistes n'étaient point satisfaits de l'exposé si neuf et si hardi du *Traité de la Nature et de la Grâce,* les thomistes ne l'étaient pas non plus, et les molinistes pas davantage : les uns trouvant que l'auteur accordait trop à la nature et au libre arbitre, les autres qu'il ne lui concédait pas assez. Bossuet, qui n'était pas janséniste, mais qui, s'il était cartésien en philosophie, était thomiste en théologie, s'effaroucha, comme on sait, de plus d'une thèse du nouveau livre. A en juger par le récit que fait le P. André de toutes ces entrevues, de tous ces projets de conférence, de tous ces échanges de lettres qui se succédèrent alors à des intervalles assez éloignés, c'était tout l'ensemble du traité qui inquiétait Bossuet. Il ne demandait parfois qu'à le bien entendre. « Pour celui *de la Nature et de la Grâce*, de l'auteur de la *Recherche de la Vérité*, écrivait-il à quelqu'un, je n'ai point été aussi satisfait, et je crois que l'auteur le réformera, car il est modeste, et ses intentions sont pures. » Or, nous savons par une lettre du marquis d'Allemans que, sept ans plus tard (30 octobre 1687), le grand évêque en était encore à se plaindre que Malebranche n'eût pas voulu, par un exposé oral et une discussion sommaire, lui « épargner la peine » de se mettre lui-même au courant des opinions exprimées en tant d'ouvrages ; mais enfin, désireux de bien juger, il allait lui-même, ajoutait-il, « tout lire, tout examiner ». De bonne heure donc il eût souhaité que l'auteur lui-même lui expliquât sa doctrine dans un sens parfaitement orthodoxe. Il faisait quelquefois mine de s'y prêter obligeamment quand il parlait à des amis communs, tels que le marquis d'Allemans. D'autres fois, il s'irritait de voir son adversaire se dérober dans la discussion et le renvoyer à des écrits dont précisément il eût voulu se faire donner une interprétation plus explicite. Mais autant son autorité d'évêque et sa grande renommée le rendaient exigeant et vif, autant le méditatif qu'il pressait tant redoutait ces controverses. Aussi avait-on vu des entretiens se terminer par ce court dialogue : « C'est-à-dire que vous voulez que j'écrive contre vous? Eh bien! il me sera facile de vous satisfaire! — Vous me ferez beaucoup d'honneur. » — Ou bien, c'étaient des pourparlers au cours desquels l'évêque recevait des lettres comme celle-ci (qui l'irritait singulièrement) : « Monseigneur, je ne puis du tout me résoudre à entrer en conférence avec vous sur le sujet que vous savez. J'appréhende ou de manquer au respect que je vous dois ou de ne pas soutenir avec assez de fermeté des sentiments qui me paraissent, et à plusieurs autres, très véritables et très édifiants[1]. » En notre langue contemporaine, c'est ce que nous traduirions à peu près ainsi : « De vive voix la partie n'est pas égale entre nous, puisque vous êtes mon supérieur; mais je réserve tous mes droits de penseur et d'écrivain, et là il me suffit d'avoir pour moi la vérité. »

C'est après ces incidents que de l'oraison funèbre de Marie-Thérèse devait partir cette apostrophe retentissante [2], où la doctrine sur les voies générales de la Providence était visée.

A part cette sortie, et tout en faisant écrire par Fénelon une réfutation pour laquelle il fournit des ma-

---

1. V. le P. André, p. 94, 95.
2. « Que je méprise ces philosophes qui, mesurant les desseins de Dieu à leurs pensées, ne le font auteur que d'un certain ordre général d'où le reste se développe comme il peut ! Comme s'il avait, à notre manière, des vues générales et confuses, et comme si la souveraine intelligence pouvait ne pas comprendre dans ses desseins les choses particulières qui, seules, subsistent véritablement, etc. » Le premier mot était bien vif; le dernier trait avait sa valeur philosophique et portait.

tériaux, jamais Bossuet ne voulut s'engager à fond contre Malebranche. Il supprima même ou garda finalement pour lui certaines lettres très sévères dont on a retrouvé les brouillons. Puis, peu à peu, l'ensemble des écrits de son ancien adversaire et les éclaircissements orthodoxes qui lui en revenaient l'adoucirent, en attendant la réconciliation plus complète des derniers jours.

Arnauld eut-il aussi pour allié le supérieur immédiat de Malebranche, le P. de Sainte-Marthe, son général? Celui-ci fut bien accusé de jansénisme; cette imputation était en quelque sorte monnaie courante. Mais ici on avait tort. M. de Sainte-Marthe était thomiste, ce qui était fort différent, mais ce qui en somme ne le rendait pas des plus favorables aux idées de son subordonné. De plus, en ce temps de lutte où les questions d'État se mêlaient aux questions théologiques, où l'on avait à rendre compte de sa doctrine, non pas seulement à son évêque, mais au roi ou à ses délégués, au Parlement, à la Sorbonne, on ne savait jamais ce qui pouvait sortir d'une polémique. Il est donc certain que les chefs de l'Oratoire trouvèrent cette fois que c'était beaucoup pour un des leurs de se faire attaquer en même temps par Arnauld, par Fénelon et par Bossuet : leur compagnie tout entière pouvait en pâtir. Mais il faut renoncer à parler ici de persécution. Le mot, quoiqu'il ait été employé plusieurs fois dans l'école de Victor Cousin, serait tout à fait excessif. Si, à cette époque, l'Oratoire, usant de son droit, reléguà quelqu'un des siens en province, ce fut le P. Quesnel, à qui son jansénisme de plus en plus déclaré devait valoir, en 1685, une exclusion complète, et qui, en attendant, jouait un rôle un peu louche entre Malebranche et Arnauld.

Pendant ce temps-là, où donc était Arnauld? Craignant pour son repos et peut-être aussi pour son prestige, il s'était réfugié en Hollande. Malebranche — quoiqu'on en ait dit — eut la délicatesse de lui faire passer une copie de son *Traité de la Nature de la Grâce* qu'on imprimait hors de France (pour n'avoir pas de privilège à se faire refuser). Il ne s'agissait plus dès lors de conférences amicales et de controverses en petit comité. Arnauld mit la main à la plume, et dans l'année même où son adversaire publiait un admirable développement de toutes ses théories philosophiques et théologiques dans ses *Méditations chrétiennes*, puis, bientôt après, dans son *Traité de Morale*, lui, de son côté, faisait paraître le *Traité des vraies et des fausses idées*.

Par une tactique dont chacun put admirer l'habileté, le dialecticien janséniste porta son attaque, moins sur la grâce, où il subissait lui-même les coups les plus douloureux pour son parti, que sur les théories métaphysiques de la *Recherche*, la vision en Dieu et tout ce qui en découlait, comme l'étendue intelligible, la subordination de la perception à l'idée, bref tout ce que nous appellerions aujourd'hui l'idéalisme. Sans aller jusqu'au vers de Faydit :

Lui qui voit tout en Dieu n'y voit pas qu'il est fou,

il ne dédaigna pas les plaisanteries comme celles qui remplissaient le *Voyage au monde de Descartes* ou comme celles plus gracieuses qu'on trouve dans Mme de Sévigné sur les âmes vertes ou roses [1]. Ainsi que Dortous de Mairan un peu plus tard, il aperçut assez bien le point si délicat de l'étendue intelligible en Dieu et dirigea de ce côté les traits les plus vifs. Il ne s'agit pas d'entrer ici dans le fond de cette controverse, puisque nous aurons bientôt à expliquer les théories qui en furent l'occasion. Plusieurs années se passèrent où les deux rivaux multiplièrent sous mainte forme différente leurs réponses et répliques : *Réflexions philosophiques et théologiques sur le « Traité de la Nature et de la Grâce »*, par Arnauld (1685). — *Défense de M. Arnauld contre la réponse au livre des vraies et des fausses idées* (id.); — *Trois lettres de l'Auteur de la Recherche de la vérité touchant la défense de M. Arnauld...* (Rotterdam, Reinier Leers, 1685)[2], sans compter les *Éclaircissements* que Malebranche ajoutait aux différentes éditions de son *Traité de la Nature et de la Grâce*.

Au point de vue philosophique, objections et réponses (on les retrouvera tout à l'heure), si elles étaient réduites à l'essentiel, ne tiendraient pas à beaucoup près la place qu'elles occupent dans les livres. Les répétitions y sont nombreuses : Malebranche en

---

1. Il fallait bien, disait-on, qu'il y en eût, puisque la couleur n'est plus dans les corps.
2. Ne pas confondre avec les lettres que J. Simon joint à son édition des œuvres philosophiques d'Arnauld, in-12, Paris, 1843.

particulier reprend presque toujours les mêmes arguments et se plaint toujours qu'on ne l'entende pas. La polémique d'Arnauld est, en apparence, plus variée, et on y sent surtout le désir « d'humilier », comme il l'écrivait lui-même au P. Quesnel, « la fierté, l'enflure et l'impertinence » de son contradicteur [1]. Les digressions, les apologues, les plaisanteries, les arguments *ad hominem* y abondent; or, en réalité, le plus fier et le plus enflé des deux (pour ne plus prononcer le mot d'impertinent) n'est pas celui qu'il pense.

VI

C'est vers la fin de ces controverses que parut commencer pour Malebranche l'apogée de sa répu-

[1]. Nous ne résistons pas ici au désir de donner le portrait que Bourdaloue, dans son sermon sur la *Sévérité chrétienne*, a tracé du héros de Port-Royal (car c'est bien évidemment de lui qu'il s'agit). « On est sévère ; mais en même temps on porte au fond de l'âme une aigreur que rien ne peut adoucir ; on y conserve un poison mortel, des haines implacables, des inimitiés dont on ne revient jamais ; on est sévère, mais en même temps on entretient des partis contre ceux qu'on ne croit pas favorables, on leur suscite des affaires, on les poursuit avec chaleur, on ne leur passe rien, et tout ce qui vient de leur part, on le rend odieux par les fausses interprétations... On est sévère, mais en même temps on est délicat sur le point d'honneur jusqu'à l'excès ;... on est possédé d'une ambition qui vise à tout et qui n'oublie rien pour y parvenir ; on est bizarre dans ses volontés, chagrin dans ses humeurs, piquant dans ses paroles, impitoyable dans ses arrêts, impérieux dans ses ordres, emporté dans ses colères, fâcheux et importun dans toute sa conduite. Ce qu'il y a de plus déplorable, c'est qu'en cela souvent on croit rendre service à Dieu et à son Église, comme si l'on était expressément envoyé dans ces derniers siècles pour faire revivre les premiers, pour corriger des abus imaginaires qui se sont glissés dans la direction des consciences et pour séparer l'ivraie du bon grain. »

tation mondaine et de sa gloire d'écrivain. C'est en février 1688 qu'il acheva — cette fois encore dans la solitude de Raroy — ses *Entretiens sur la métaphysique et la religion* [1]. Plein de ses œuvres antérieures, fortifié par les contradictions qu'il avait subies, convaincu plus que jamais de la vérité de ses opinions, il était à ce moment de la vie où l'on peut encore se résumer sans fatigue et trouver même pour la défense de ses croyances les formules les plus précises en même temps que les plus riches. Aussi est-ce dans ces *Entretiens* qu'il faut chercher l'expression achevée, définitive, de toute sa philosophie ou naturelle ou religieuse.

On apporta le livre à Bossuet qui s'empressa de le lire et en fut si satisfait que, « désabusé », pour prendre l'expression du P. André, il déclara n'avoir plus rien à blâmer dans la doctrine de l'auteur. Quant à celui-ci, la composition de son ouvrage avait dû le contenter lui-même et satisfaire, non son orgueil — il n'en avait pas — mais son amour de la vérité claire et persuasive. Il en retira une telle sécurité d'âme et une telle sérénité qu'il essuya sans broncher plus d'un orage.

Celui qui eût pu l'affliger le plus fut la mise à l'Index de son *Traité de la Nature et de la Grâce*. Était-ce à l'instigation et sur les intrigues d'Arnauld? Fut-ce simplement sur la plainte de ces personnages secondaires, comme on en rencontre encore quelquefois, et qui réussissent à faire tirer argument contre un livre du trouble

---

[1]. Plus connus sous le titre abrégé de *Entretiens métaphysiques*.

même qu'ils affectent, alors que la cause en est moins dans le livre que dans leur façon étroite de le comprendre et de l'interpréter? Quoi qu'il en soit, le *Traité de la Nature et de la Grâce* déplut assez fort à ce qu'on peut appeler — sans manquer de respect à rien ni à personne — la bureaucratie théologique de la Cour de Rome.

Le P. André a retrouvé ce document, assez long et écrit dans un latin parfait. Le consulteur y reprend le philosophe d'avoir publié son livre en Hollande, d'avoir écrit dans un style court, d'une manière peu suivie et en langage vulgaire, « ce qui est suffisant, dit-il, pour faire proscrire le traité ». Viennent ensuite, il faut l'avouer, des reproches beaucoup plus sérieux et qu'on a parfaitement le droit de juger mérités, mais qui ressemblent souvent à ces objections qu'on peut toujours faire dans une controverse ou dans une soutenance, car il est toujours possible d'estimer dangereuse la tendance que paraît révéler telle ou telle formule : il ne s'ensuit pas nécessairement, tant s'en faut, que celui qui l'a écrite aille jusqu'au bout de cette pensée qu'on lui impute et tombe personnellement dans l'hérésie. Remarquons-le d'ailleurs : le rapport du consulteur (dont le manuscrit retrouvé du P. André nous donne une analyse détaillée) n'accuse nullement Malebranche de jansénisme, comme le suppose l'abbé Blampignon ; il le blâme d'avoir témérairement voulu résoudre des questions que les Pères déclaraient insolubles ; il le censure pour avoir entrepris d'éclaircir les mystères par les lumières de la raison, pour avoir avancé des opinions pernicieuses sur la distinction en Dieu des volontés générales et des volontés particulières, sur le mode de distribution de la grâce, sur la distinction de la grâce du Créateur et de la grâce du Sauveur, toutes opinions dont il peut être tiré des conséquences contraires à l'enseignement de l'Église[1].

Quoi qu'il en soit, Malebranche était si sûr de lui-même qu'il annonça cette condamnation dans des termes assez ironiques et où perçait — on ne peut le nier — un certain dédain. Dans une des lettres qu'il écrivit à cette occasion[2] se sent aussi l'influence de cette théorie chère

---

1. Pour qu'on n'exagère ni ne diminue l'importance d'une mise à l'Index, je ne puis mieux faire, je crois, que de reproduire l'extrait suivant d'une communication qui m'est faite par un savant oratorien d'aujourd'hui, le P. Largent :

« Une mise à l'Index est une mesure disciplinaire. Un livre peut être condamné pour les erreurs qu'il renferme (et c'est le cas le plus fréquent); il peut l'être pour l'inopportunité des opinions qu'il exprime. D'où il suit qu'un livre mis à l'Index peut en être retiré. Une mise à l'Index n'est pas, n'a jamais été l'équivalent d'une bulle dogmatique. Sans doute c'est au nom et avec l'autorité du Pape qu'agit la congrégation de l'Index, mais le Pape, qui peut déléguer son pouvoir législatif ou judiciaire, ne saurait déléguer la prérogative de l'infaillibilité doctrinale.

« En ce qui concerne Malebranche, on peut sans doute critiquer, combattre même très fortement sa philosophie; on peut même en signaler les erreurs et les périls; mais on ne saurait l'accuser de spinosisme à cause d'une mise à l'Index. Toute erreur n'est pas une hérésie; toute proposition inopportune n'est pas nécessairement une erreur.

« A propos de Malebranche, permettez-moi de vous signaler une erreur dans laquelle on tombe d'ordinaire. M. Ém. Ollivier, entre autres, dans son nouveau *Manuel du Droit ecclésiastique français*, dit que la *Recherche de la Vérité* est mise à l'Index. Il n'en est rien. Ce qui est à l'Index, ce n'est pas le texte original, c'est la traduction latine qu'en a donnée le protestant Lenfant (*De inquirenda veritate libri sex*, Decr. 4 martii 1709). »

2. « Je vous assure, monsieur, que la seule peine que j'aie de cette nou-

à l'auteur que, s'il faut obéir passivement aux autorités temporelles, chargées de veiller à la paix des sociétés, on a le devoir de discuter avec les puissances spirituelles chargées, elles, d'expliquer, non pas « brutalement », mais rationnellement et intelligiblement, la doctrine de l'Église.

Il ne semble pas d'ailleurs que cette aventure ou cet accident ait beaucoup fait pour compromettre celui qui en pâtissait. L'élan était donné : sa réputation, sa gloire (ce n'est certainement pas trop dire) allait se répandant partout. « Il a, dit en style naïf le P. Cloyseau, reçu dans sa vie plusieurs visites de personnes savantes et d'esprit des pays étrangers, d'Angleterre, de Hollande, d'Allemagne et même de Pologne qui, après avoir lu ses ouvrages, lui ont déclaré être venues exprès à Paris pour l'honneur de le voir comme le plus savant homme de leur siècle et conférer avec lui sur ses beaux traités de la physique et des autres parties de la philosophie. » On peut dire qu'en Angleterre, en Hollande et en Allemagne, une condamnation d'un tribunal romain n'avait

---

velle, c'est qu'il y aura peut-être quelques personnes à qui mes livres pourraient être utiles et qui ne les liront pas, quoique la défense qu'on en a faite à Rome soit une raison pour bien des gens, même en Italie, pour les rechercher. Ce n'est pas au reste que j'approuve cette conduite. Si j'étais en Italie où ces sortes de condamnations ont lieu, je ne voudrais pas lire un livre condamné par l'Inquisition, car il faut obéir à une autorité reçue ; mais ce tribunal n'en ayant point en France, on y lira le traité. Cela sera même cause qu'on l'examinera avec plus de soin, et si j'ai raison, comme je le crois, la vérité s'établira plus promptement. Aimons toujours, monsieur, cette vérité et tâchons de la faire connaître *per infamiam et bonam famam*, de toutes nos forces. »

pas de quoi effrayer les gens; mais en France même, peut-être sous l'action des idées gallicanes, on ne parut pas plus intimidé. Le cardinal de Bouillon s'employa pour faire suspendre la sentence et y réussit quelque temps. Quant à Bossuet, il s'était déjà (dès 1687) rapproché sensiblement de celui qu'il avait jadis « méprisé », et il ne revint point sur ses pas.

Dans ce repos relatif et à travers des correspondances multipliées réapparaît Leibniz. Je dis : réapparaît; car il était déjà intervenu dans la vie philosophique de Malebranche. Il avait séjourné à Paris en 1672, deux ans avant la publication de la *Recherche de la Vérité*. Habitant rue Garancière, il voyait assez souvent celui qui ne faisait alors que préparer ce premier ouvrage. Non content de ses conversations, où probablement le méditatif se dérobait quelque peu, il lui envoyait des billets, des notes, où il lui soumettait par écrit ses vues, ses doutes, ses objections. Nous savons, par les publications de Victor Cousin, que dans cette période même fut agitée entre eux une grande question qui contenait en germe presque toute l'opposition de l'école de Leibniz contre celle de Descartes. Malebranche soutenait, entre autres choses, que la divisibilité entraîne à elle seule la mobilité, la séparation pouvant toujours être conçue comme plus ou moins grande et comme augmentant ou diminuant, ce qui suppose, disait-il, la mobilité. Il est évident qu'une telle explication ne donnait que la possibilité abstraite du mouvement. Restait à expliquer ce que son interlocuteur appelait

« l'élongabilité » ou l'augmentation de la distance. Tout en exprimant ses doutes, le futur auteur de la Monadologie ne voyait rien encore à mettre à la place de la théorie dont il apercevait seulement l'insuffisance. « Je suis assuré, écrivait-il, que vous jugerez vous-même qu'il faut encore quelque chôse pour faire concevoir clairement la nécessité de la mobilité de tout ce qui est étendu, et je souhaite que vous m'en fassiez part, s vous avez en mains quelque chose qui puisse satisfaire. »

D'après V. Cousin, c'est entre 1672 et 1675 que cette lettre fut écrite. En 1675, Leibniz reviendra sur la même idée plus affirmativement, quoique sans plus de détails. Les deux métaphysiciens devaient enfin se rencontrer dans d'autres discussions; elles ne firent que continuer les précédentes, mais elles furent, celles-là, bien autrement sérieuses et courtoises que celles qu'avaient provoquées les Jansénistes. C'est en 1686 que Leibniz attaqua l'école cartésienne au sujet des lois du mouvement. Ces lois, posées d'abord par Descartes, Malebranche, après mûres réflexions, les avait modifiées, mais il en avait conservé les parties principales, à commencer par la constance d'une même quantité de mouvement dans l'univers. On sait comment Leibniz opposait à cette formule celle de la constance de la force vive. C'est à cette controverse que nous devons le *Traité des lois de la communication des mouvements* publié par Malebranche en 1691. Il y faisait à Leibniz des concessions considérables sur lesquelles nous n'avons pas à nous expliquer ici. Le P. André nous affirme que Leibniz n'en fut pas entièrement satisfait, qu'il rédigea des notes critiques où il relevait ce que la métaphysique du mouvement avait encore, à son point de vue, de défectueux dans son éminent contradicteur; mais que, par égard pour celui-ci et de crainte de paraître s'obstiner contre un homme devenu si illustre, il s'était abstenu de publier ces notes[1]. Il voulut même marquer son admiration pour l'ensemble de l'œuvre de Malebranche, en lui écrivant à peu près à cette époque : « Au reste, mon Révérend Père, j'ai toujours estimé et admiré ce que vous nous avez donné sur la métaphysique dans les endroits mêmes où je ne suis pas entièrement d'accord avec vous. Vous avez trouvé le secret de rendre les choses les plus abstraites non seulement sensibles, mais agréables et touchantes; vous en avez fort bien montré l'influence dans la morale, qui effectivement doit être toute fondée sur la véritable métaphysique. »

Nous n'avons plus guère à insister maintenant sur la polémique que Malebranche soutint contre le cartésien Régis au sujet des différentes apparences de grandeur du soleil et de la lune (en 1693). Quant à Arnauld, vieilli — puisqu'il avait dépassé quatre-vingts ans, — aigri, fatigué, il finissait sa vie dans l'exil, en 1694. Fort peu de temps avant, il avait essayé de reprendre la lutte : son adversaire lui avait répondu par un petit traité fort spirituel et fort vif, mais qu'il s'abstint de faire paraître en raison même de la mort d'Arnauld. Ces pages ne

1. « Je les ai entre les mains, » dit le P. André, qui en donne une analyse. V. p. 213, 214, édit. Ingold.

virent le jour que plus tard (en 1704) par une de ces indiscrétions ou « infidélités » si fréquentes alors. Elles étaient intitulées *Traité de la prévention ;* sous un tour constamment ironique, Malebranche y établissait que dans tous les livres écrits contre lui sous le nom d'Arnauld, il y avait tant de chicanes, tant d'interprétations inexactes, tant de textes cités à faux, que de pareils écrits ne pouvaient être en réalité d'un aussi grand homme que celui auquel on les attribuait. Ce fut là comme le dernier résumé de sa lutte contre les Jansénistes.

Après une longue maladie qu'il contracta, dit-on, dans la révision laborieuse du *Traité des infiniment petits* de son ami le marquis de l'Hospital, il jouissait en paix de sa gloire, désormais universelle et incontestée, pensant à la mort, désireux de se donner aux choses de la piété, et heureux de savoir que sa philosophie avait franchi les mers, qu'elle inspirait quelques-uns des missionnaires de la Chine et que son petit traité, l'*Entretien d'un philosophe chrétien et d'un philosophe chinois*, composé sur cette indication même, avait quelques chances de donner à Jésus-Christ de nouveaux adorateurs. A deux autres reprises, il sortit encore de son repos, mais sans les agitations d'autrefois. Tout contribuait si bien à lui rendre la vieillesse heureuse que ses derniers écrits achevèrent de le réconcilier avec les plus illustres de ceux qui l'avaient autrefois le plus combattu. Dans son *Traité de l'amour de Dieu*, il se déclarait contre le quiétisme, et Bossuet en était charmé. Peut-être le grand évêque, qui était thomiste, eût-il été moins partisan du *Traité sur la prémotion physique;* mais quand il parut (en 1715), l'auteur du *Traité du libre arbitre* n'existait plus, et Malebranche allait d'ailleurs s'éteindre après avoir combattu doucement, mais inflexiblement, jusqu'à son dernier jour, cette hérésie janséniste à laquelle on l'a si injustement accusé d'avoir fait de trop fréquentes et trop larges concessions.

VII

Le moment de se recueillir était arrivé pour lui; il le sentait, il le disait, et de ces deux tendances qui s'étaient si souvent heurtées dans son âme, la tendance à la controverse en vue d'établir la vérité devant les autres et la tendance à la spéculation tranquille dans la solitude, c'était la seconde qui cherchait, qui réussissait à se satisfaire de mieux en mieux.

Oh! assurément, il avait mal supporté la contradiction; en bien des circonstances il s'était jeté au-devant de l'adversaire avec un certain mélange de hauteur et d'ironie; et comme il lui en eût coûté de se taire en présence de l'objection, il n'aimait pas non plus que son adversaire se dérobât. « Je ne veux pas affecter, dit-il un jour, un silence fier et méprisant à l'égard de M. de la Ville; je confesse avec sincérité qu'il m'a sensiblement offensé; car je ne suis ni stoïcien ni stupide; je sens quand on me blesse, et je n'ai point de honte de l'avouer[1]. » Et d'autres fois il écrivait au marquis de Roucy : « Savez-vous, Monsieur, que l'on commence à dire que la politique de M. Arnauld, c'est de laisser sans réponse les livres qui l'embarrassent ? Cela est fâcheux pour lui et ne me fait guère d'honneur à moi ! »

Mais la vivacité dans la dispute prouve-t-elle toujours qu'on aime la dispute ? L'irritation qu'on y témoigne ne serait-elle pas quelquefois une preuve de l'impatience avec laquelle on supporte mal de se voir détourné de sa voie propre et d'être obligé de se défendre ? J'incline à croire que ce dernier cas fut bien souvent celui de notre philosophe. Il lui était arrivé de dire d'assez bonne heure[2] : « Je vous avoue que l'opposition que je trouve à la vérité me dégoûte fort d'écrire et qu'il y a longtemps que je désire le repos et la pratique de la vertu. » Ce n'était pas le trouble apporté dans son propre repos qui l'effrayait et le tourmentait : c'était l'abus inévitable de ces polémiques où des hommes, s'accordant sur les grands dogmes et voulant également rester fils de l'Église, se traitaient comme des ennemis acharnés pour des dissentiments secondaires. C'est à ce propos qu'il écrivait cette superbe parole : « La victoire est bien funeste lorsqu'on n'a versé que le sang de ceux de sa nation[3]. » A plus forte raison comprend-on que, vers la fin de sa vie, apprenant qu'un jésuite, le P. Dutertre, allait l'attaquer, il ait

---

1. Voir *Traité de la Nature et de la Grâce*, éd. Elzévir, p. 354.
2. Lettre du 3 mars 1684.
3. *Défense contre M. de la Ville*.

répondu : « Qu'ils triomphent, je ne leur envie point cet honneur, pourvu que la vérité triomphe avec eux ! Mais à l'âge où je suis, mon temps ne doit pas être employé à des disputes. »

Il en donna bien, mais à regret, une partie dans les deux dernières années de son existence, à l'un de ses plus curieux correspondants, Dortoos de Mairan[1]. Autrement il ne voulait même plus l'employer à quelques-uns de ces travaux qui l'avaient le plus charmé. Il avait tout d'abord écrit dans la *Recherche de la Vérité* (V, v) qu'à son avis, et malgré l'opinion de la plupart des gens, l'application à la métaphysique et aux mathématiques était l'application à l'esprit même de Dieu, la plus pure et la plus parfaite dont l'homme fût naturellement capable. » Cette conviction, il l'avait non seulement gardée, mais appliquée pendant de bien longues années. Déjà cependant, à la fin de 1698, il écrivait à un ami : « A l'égard des règles du mouvement, je vous prie, Monsieur, de me dispenser de les examiner. Je n'y ai

1. On trouvera plus loin le résumé de cette correspondance publiée pour la première fois en 1841 par M. Feuillet de Conches, reproduite et commentée par Victor Cousin dans ses *Fragments de philosophie cartésienne*. Dortous de Mairan, né en 1678, devait occuper, en 1718, le poste de secrétaire perpétuel de l'Académie des sciences. Il avait connu Malebranche pendant un séjour à Paris, de 1698 à 1702. C'est en 1713 et 1714 que, de Béziers sa ville natale, il lui écrivit, en apparence pour lui demander une réfutation de Spinoza, en réalité pour prendre à son compte tous les principes spinozistes. La première lettre débutait ainsi : « Le jeune homme à qui vous avez eu la bonté d'expliquer le livre de M. de l'Hospital et de donner plusieurs autres indications de mathématiques et de physique, est celui-là même aujourd'hui qui a l'honneur de vous adresser cette lettre. »

déjà que trop pensé, et je crois que mon temps serait mal employé à cette sorte d'étude. C'est la raison qui doit régler nos études, et la raison m'apprend qu'il faut s'appliquer à la recherche des vérités qui sont les plus nécessaires, soit pour rendre à Dieu ce que nous lui devons, soit pour satisfaire aux devoirs de la société civile. »

Après avoir été ainsi de la métaphysique à la morale, il se repliait enfin dans l'intimité de sa propre conscience et dans la méditation assidue de la mort. Si la métaphysique ne le retenait plus beaucoup, à plus forte raison s'était-il détaché de tout soin terrestre. Les prêtres de l'Oratoire ne sont point astreints à la pauvreté : il leur est loisible de conserver la propriété et l'administration de leur fortune personnelle. Malebranche s'était toujours contenté de modestes mais honorables revenus, sur lesquels il payait sa pension à l'Oratoire. En 1703, il devait hériter de l'un de ses frères ; mais il écrivait (23 février) : « A l'égard des affaires que me laisse la succession de mon frère, je ne sais pas de meilleur expédient pour m'en délivrer que de renoncer à sa succession. J'ai assez de viatique pour le chemin qui me reste à faire. »

Ce « chemin » alla pourtant jusqu'au 13 octobre 1715. La fervente piété, l'humilité, les pensées éternelles des dernières heures n'avaient pas supprimé complètement en son âme les habitudes du philosophe et du raisonneur. « Tout ce que je puis faire, disait-il à l'abbé de Marbeuf, en montrant son crucifix, c'est de lui dire :

Vous êtes le sauveur des pécheurs, je suis un grand pécheur, vous êtes donc mon Sauveur ! » On lui posa de nouveau cette question : ne s'accusait-il pas d'avoir été quelquefois un peu vif dans ses disputes avec Arnauld ? Il réfléchit, puis répondit tout simplement que non, confirmant ce qu'il avait déjà déclaré, qu'il ne convenait pas de faire les stoïciens quand on était attaqué sur la religion[1].

Si l'on fait abstraction de ses travaux et de ses controverses, sa vie avait été bien simple. Il avait trouvé à l'Oratoire ce mélange de liberté et de société pieuse dont son âme avait besoin. On l'y savait ami des récréations familières qui n'étaient point de nature à le déranger de ses spéculations. Il aimait la musique, quelques passages de ses écrits nous le prouveront ; mais, sans doute, il se plaisait surtout, comme Descartes, à en approfondir les combinaisons numériques. Il cultivait avec succès le jeu de billard, et ici encore il n'est pas défendu de croire qu'il y voyait, pour son plus grand agrément, une géométrie mouvante, de même que Descartes, dès qu'il fit de l'escrime, dans sa jeunesse, en prit occasion pour étudier, au point de vue de la mécanique, certains mouvements du corps humain. Un de ses meilleurs plaisirs, c'était de causer et même de jouer avec de petits enfants : il le faisait jusque « dans la sacristie de Saint-Honoré » : et il déclarait que leur conversation, à eux du moins, ne lui laissait jamais aucune trace désa-

---

1. V. le P. Ingold, *La Mort, le Testament et l'Héritage de Malebranche*, in-8º, 12 p. Paris, Poussielgue, 1884.

gréable et ne troublait jamais le cours de ses travaux.

Sa bibliothèque personnelle se composait d'un millier de volumes environ. La partie principale était faite d'ouvrages de philosophie et de mathématiques. On devait y trouver un Bacon et un La Rochefoucauld, puisqu'il les a cités l'un et l'autre. On y trouvait Montaigne, Balzac, Boileau et le *Malade imaginaire*, sans compter des poètes et des orateurs latins. Le philosophe n'était point si ennemi qu'on l'a prétendu de la poésie et de la littérature.

Je sais bien qu'on cite toujours le mot de Fontenelle vantant l'imagination du grand métaphysicien et disant d'elle qu'elle travaillait pour un ingrat. Est-ce tout à fait exact? Il ne lui voulait donner qu'un rang subalterne, rien de plus sûr; et quand il la voyait faire un effort chez qui que ce fût pour substituer ses peintures à la vue claire de la vérité, il s'indignait : « Le stupide et le bel esprit, dit-il quelque part, sont également fermés à la vérité; il y a seulement cette différence, que le stupide la respecte et que le bel esprit la méprise[1]. » Mais dès qu'elle consentait à tenir une place secondaire, il était d'abord plus indulgent. « L'imagination est une folle qui se plaît à faire la folle. Ses saillies et ses mouvements imprévus vous divertissent, *et moi aussi*[2]. » Il allait bientôt un peu plus loin; car

---

1. *Entret. métaph.*, I.
2. *Ibid.* On retrouve son goût pour la musique dans ce passage du troisième Entretien. « — Vous savez la musique, car je vous vois souvent toucher les instruments d'une manière fort savante et fort hardie. —

Théodore, qui le représente dans ses *Entretiens,* se laisse dire sans trop protester : « Votre observation, Théodore, me paraît bien vive pour un entretien de métaphysique. Il me semble que vous excitez en moi des sentiments au lieu d'y faire naître des idées claires. Je me sers de votre langage. » C'est qu'il n'est pas inutile de faire naître des sentiments, cela même est souvent très nécessaire, puisque à côté de la grâce de lumière il y a la grâce de sentiment et que celle-ci agit plus que la première sur la grande majorité des hommes. Ainsi s'explique cette apostrophe mise en tête des *Méditations chrétiennes :* « O Jésus, pénétrez mon esprit de l'éclat de votre lumière ; brûlez mon cœur de votre amour, et donnez-moi dans le cours de cet ouvrage, que je compose uniquement pour votre gloire, des expressions claires et véritables, *vives et animées,* en un mot *dignes de vous,* et telles *qu'elles puissent augmenter en moi* et dans tous ceux qui voudront méditer avec moi la connaissance de vos grandeurs et *le sentiment de vos bienfaits.* »

Celui qui faisait cette belle prière méritait d'être exaucé. — C'est pourtant bien sec, dira-t-on, de tout expliquer par le mécanisme. — Oui, si l'on s'en tient au mécanisme tout seul. Non, si on fait sentir partout un Dieu présent et agissant par ce mécanisme même, dans des fins dignes de lui. Puis ce Dieu n'est pas seulement

---

J'en sais assez pour charmer mon chagrin et chasser la mélancolie ». Remarquons cependant qu'ici c'est Théodore qui fait le compliment, ce n'est pas lui qui le reçoit.

celui qui donne sa chiquenaude à la matière, comme Pascal reprochait tant à Descartes de l'avoir conçu; c'est le Dieu qui a voulu incarner son fils pour la rédemption du genre humain. Aussi ce Jésus que le philosophe invoque, même pour animer son propre style, est-il toujours là, il n'y a rien qui ne rappelle sa perfection; car si la matière ne peut exprimer exactement « les dispositions intérieures de l'âme sainte de Jésus, sa charité, son humilité, sa patience..., elle peut fort bien imiter les divers états où son corps adorable s'est trouvé... Et l'arrangement de la matière qui figure Jésus-Christ et son Église, honore davantage l'amour de Dieu pour son fils que tout arrangement n'honore sa sagesse et ses autres attributs ».

A cet « arrangement majestueux » se mêle incessamment la complexité doublement infinie de la nature et de la grâce dans les mouvements intérieurs de l'âme. Infinies sont les idées qui nous éclairent : infinies sont les propriétés des nombres, infinis les modes de distribution de la grâce, infinis les modes de résistance ou de coopération du cœur de l'homme; et de tous ces infinis réunis sort une autre infinité dont Dieu seul a le secret dans l'unité simple de l'acte créateur où toutes ses perfections sont exprimées. Rien de plus dramatique que ces grandes scènes de l'infini et de l'éternité. Rien de plus pathétique que les accents de celui qui a entrepris de nous y conduire.

Il n'est pas sûr que, comme beaucoup de ceux qui écrivent en dialogue, il n'ait pas en quelque sorte dédoublé sa propre personne, réservant pour l'une ce que sa raison préférait, donnant à l'autre une partie de ce qu'il sentait s'agiter en lui malgré lui. En parlant d'un de ses interlocuteurs, Théodore dit que l'abandon des préjugés fait de la peine à celui-ci, car « il aime le détail et la variété des pensées ». — « Je vous prie, ajoute-t-il, d'appuyer toujours sur la nécessité qu'il y a à bien comprendre les principes, afin d'arrêter la vivacité de son esprit. » Lui aussi, Théodore, c'est-à-dire Malebranche, s'est efforcé d'arrêter par la vue des immuables principes la vivacité de son imagination et celle de son cœur. Par bonheur pour l'agrément de son style et l'originalité de ses écrits, il n'y a point réussi toujours.

CHAPITRE II

LE MÉTAPHYSICIEN

LE MONDE DIVIN. — LE MONDE DES ESPRITS.
LE MONDE DES CORPS.

I

Dans une lettre du 26 décembre 1686, peu de temps avant l'apparition de ses *Entretiens métaphysiques*, c'est-à-dire de l'œuvre où il faut chercher le fruit le plus substantiel de sa pleine maturité, Malebranche écrivait à l'un de ses amis :

« On veut que je fasse une métaphysique. Je crois en effet que cela est fort nécessaire et que j'y aurais plus de facilité que bien des gens. C'est la bonne métaphysique qui doit tout régler, et je tâcherai d'y bien établir les principales vérités qui sont le fondement de la religion et de la morale. »

Ainsi, ce n'est ni par la psychologie, ni par la logique, ni par la science proprement dite, et ce n'est pas non plus par la théologie que doivent débuter ceux qui veulent comprendre Malebranche. Pour lui la métaphysique est le fondement unique de tout le reste : ce n'est pas à elle qu'on doit aboutir, c'est d'elle qu'il faut que l'on parte pour élever quelque édifice que ce soit. Beaucoup ont cru pouvoir distinguer l'ordre des connaissances et l'ordre des existences : le métaphysicien les unit inséparablement. Sans doute, il est impossible de ne pas faire un retour sur soi-même et sur sa propre intelligence pour se rendre compte des erreurs auxquelles elle est exposée et de leurs causes. Mais précisément on trouve là très vite, si on réfléchit, la preuve de cette nécessité où l'on est d'aller tout droit au principe immuable et nécessaire de toute vérité.

Ce principe, voici en effet comment on l'aborde et comment on le reconnaît. « Rien n'est plus évident, que toutes les créatures sont des êtres particuliers et que la raison est universelle et commune à tous les esprits [1]. » Remarquer cette opposition, c'est commencer à philosopher. Or, ce qui est particulier n'est tel que par une multitude de circonstances dont nous ne pouvons pas trouver le compte, qui ne se renouvelleront jamais dans les mêmes relations ni dans le même nombre, et dont le lien réel nous échappera toujours. Ce qui est universel enveloppe bien une infinité de cas, mais il les a sous sa dépendance au lieu de dépendre d'eux : il les régit également et immuablement; voilà pourquoi nous en avons une idée claire et une idée communicable : les deux se tiennent. La douleur que je sens, vous ne la sentez pas; car elle est mienne et non vôtre; mais la vérité que je vois clairement et distinctement, n'est pas exclusivement la mienne; elle est aussi la vôtre;

---

[1]. Préface des *Entretiens*.

car vous la voyez et vous la comprenez comme moi. Du moins puis-je arriver à vous la faire voir et comprendre. Ce qui se rapporte à chacun de nous en particulier, dans nos sens ou même dans notre conscience, nous le sentons ainsi d'une façon très variable, forte quelquefois, mais toujours obscure. Ce qui est universel, nous le connaissons et nous pouvons arriver à le concevoir distinctement et à le faire concevoir aux autres. Donc malgré nos diversités, nous pouvons nous comprendre, il y a une même raison qui nous éclaire tous sans appartenir en propre à aucun de nous. Autrement dit, « l'homme n'est pas à lui-même sa propre lumière ». Relisez cette dernière phrase, empruntée à saint Augustin. Notre auteur vous la répétera bien souvent; c'est en elle qu'il a condensé sa métaphysique tout entière.

Cette lumière en effet qui nous est commune, d'où nous vient-elle? Est-ce de nous? Y a-t-il en nous une raison qui soit à nous? Non! bien loin de pouvoir nous éclairer, notre substance à nous nous demeure inintelligible, tant que nous voulons nous en tenir à elle. Qu'est-ce en effet que la substance de l'âme? Y a-t-il en elle quelque chose qui précède la pensée? Nous n'en savons absolument rien. Personne ne connaît son âme que par la pensée. Or, la pensée va d'un élan immédiat à la Raison, sans laquelle il n'y aurait pour nous ni relation, ni mesure, ni ordre, ni vérité, ni par conséquent aucune clarté, bref, aucune pensée véritable.

Pour l'ordre de la connaissance, voilà qui suffit. Passons maintenant à l'ordre de l'existence ou plutôt insistons sur ce que nous en avons trouvé déjà; car nous y sommes arrivés promptement et sans détour.

Où et comment cette raison existe-t-elle? Si elle existe, elle ne peut pas ne pas se confondre avec l'Être. Par cela seul que nous pensons, nous pensons l'Être, car penser rien serait ne pas penser du tout : donc du moment où nous pensons, indubitablement l'Être existe. Mais cet être que nous pensons ainsi, il est au-dessus des êtres particuliers, de leurs modifications et de leurs fragments. C'est l'être pur et simple, autrement dit l'Être sans restriction. Comme une raison n'est qu'un rayon particulier de la raison universelle, ainsi mon être n'est qu'un fragment de cet être total : ces deux propositions n'en font qu'une. « Tous les êtres particuliers participent à l'Être, mais nul ne l'égale. L'Être renferme toutes choses, mais tous les êtres et créés et possibles, avec toute leur multiplicité, ne peuvent remplir la vaste étendue de l'Être[1]. »

Cette étendue est vaste, assurément, puisqu'elle est sans restriction, sans divisions, sans limitation.

Disons mieux, d'un seul mot : cette étendue est infinie. L'infini, l'esprit humain le trouve partout où va sa pensée. Il le voit « aussi bien dans le petit que dans le grand ». Il le voit « non par la division ou la multiplication réitérée de ses idées finies, qui ne pourront jamais

---

1. *Entretiens mét.*, II, 4.

atteindre à l'infini, mais par l'infinité même qu'il découvre dans ses idées et qui leur appartient [1] ».

Il découvre l'infini dans ses idées! — Oui, et dans toutes; car autant il y a d'idées, autant il y a d'infinis. L'esprit humain ne voit rien qu'il ne le conçoive sans limites et avec un fond inépuisable. Toutes les fois qu'à l'occasion d'idées particulières il s'élève à la généralité par les formes abstraites de genres et d'espèces, il y met immédiatement l'infini. Prenons les éléments dont se forme tout ce qui est étendu ou matériel, les nombres, les figures : c'est surtout là que l'infini nous apparaît avec sa pleine évidence dans les notions que nous en concevons. On ne peut penser à un cercle en général sans avoir l'idée de l'infini. Or il y a une infinité de figures autres que le cercle : chacune de ces figures est conçue comme pouvant s'agrandir à l'infini, et chacune de ses propriétés est également conçue comme ayant une infinité d'applications possibles.

Ainsi l'infini nous enveloppe, c'est en lui que respire et que se meut notre intelligence. L'esprit a un nombre infini d'idées. Que dis-je, un nombre infini? Il a autant de nombres infinis d'idées qu'il y a de différentes figures; de sorte que, puisqu'il y a un nombre infini de différentes figures, il faut, pour connaître seulement les figures, que l'esprit ait une infinité de nombres infinis d'idées [2]. » Et ailleurs : « Il est certain que les propriétés des nombres ne sont pas seulement infinies,

---

1. *Entret. mét.*, I, 8.
2. *Rech.*, III, IIe p., ch. 4.

mais infiniment infinies. » Ou encore : « Les infinis peuvent avoir entre eux des rapports infinis, car l'esprit se représente des infinis infiniment plus grands les uns que les autres[1]. »

Mais dire que l'homme découvre ainsi l'infini dans ses idées, est-ce assez dire? Non. Il faut ajouter que cette notion de l'infini ne suit pas, mais précède les autres et qu'elle est la source d'où elles émanent. Le vulgaire croit que nos idées sont les modifications successives de notre esprit mis en contact avec les choses. Mais ces modifications n'aboutiraient qu'à un composé confus si notre esprit n'y mettait l'ordre par la généralité; et cette généralité, nous venons de le voir, ce n'est pas de notre fond que nous la tirons : « elle a trop de réalité; il faut que l'infini nous la fournisse de son abondance[2] ».

II

A quoi tout cela revient-il, sinon à proclamer que l'Être est infini ou qu'il est Dieu? Et en effet, telle est bien la voie simple, directe, par laquelle Malebranche arrive immédiatement à Dieu. Il y arrive plus directement encore que Descartes n'arrive à l'âme et à son immatérialité. Par la divinité, il n'est aucun de nous qui n'entende[3] « l'Infini, l'Être sans restriction, l'Être

---

1. *Médit. chr.*, IV, 11.
2. *Entr. mét.*, II, 10.
3. *Ibid.*, VIII, 1.

infiniment parfait ». Mais par cela seul que nous pensons un tel Être, il existe; car l'existence est nécessairement comprise dans l'idée que nous en avons. De toutes les preuves de l'existence de Dieu qui ont été données par les philosophes, celle-ci est la plus simple et en même temps la plus sûre. Disons même qu'elle est la seule sûre. D'où en effet pourrions-nous partir? De l'idée de notre propre être? Elle est obscure. De la connaissance des choses elles-mêmes et de la prétendue infinité du monde? Mais « tu n'as pas de raison de croire qu'il y ait seulement un pied d'étendue matérielle, bien loin que tu doives juger que le monde est infini comme font quelques philosophes[1] ». L'infini, encore une fois, c'est dans nos idées que nous le rencontrons et que nous le voyons. S'est-il réalisé dans la nature, est-il matériellement dans les choses distinctes et limitées, imparfaites et finies de la création? Rien ne nous le démontre; car il n'est point nécessaire qu'il y ait eu effectivement passage de l'idée de ces choses en tant que possibles ou de leur essence à leur existence. Mais quand il s'agit de l'infini ou de l'Être sans restriction, il en va tout autrement : « On ne peut le voir que dans lui-même, car il n'y a rien de fini qui puisse représenter l'infini. L'on ne peut donc voir Dieu, qu'il n'existe : on ne peut voir l'essence d'un être infiniment parfait sans en voir l'existence : on ne le peut voir simplement comme un être possible : rien ne le comprend, rien ne

---

1. *Méd. chr.*, IX, 12.

peut le représenter. Si donc on y pense, il faut qu'il soit[1] ».

Non seulement cette preuve est pour Malebranche plus solide que toutes les autres et « de la dernière évidence », mais il y voit la plus certaine de toutes les vérités. « Vous voyez bien, conclut-il, que cette proposition — il y a un Dieu — est par elle-même la plus claire de toutes les propositions qui affirment l'existence de quelque chose et qu'elle est même aussi certaine que celle-ci : je pense, donc je suis. Vous voyez de plus ce que c'est que Dieu, puisque Dieu et l'Être ou l'Infini ne sont qu'une seule et même chose[2]. »

Ainsi cet être sans restrictions, cet être absolu, cet être infini, cet être que nous pensons et affirmons quand nous pensons quoi que ce soit de clair, cet être nécessaire et par conséquent éternel, cet être en qui aucune distinction ne peut être faite entre le possible et le réel, entre l'essence et l'existence, c'est aussi l'Être parfait. Toutes ces expressions sont synonymes.

On s'est curieusement appliqué de nos jours à disjoindre l'idée de l'infini de celle du parfait. Est-ce seulement par rigueur et par subtilité d'analyse[3] ? Il ne le semble pas. L'infini, sans le parfait, devient ou une conception abstraite et mathématique, ou une représentation toute naturaliste d'un monde livré à des trans-

---

1. *Rech.*, IV, ch. II.
2. *Entret. mét.*, II, 5.
3. C'était peut-être le cas de M. Paul Janet. Ce n'était malheureusement pas celui de M. Vacherot.

formations sans commencement, sans fin, sans limites et sans mesure. D'autre part, la perfection simplement pensée n'est plus que la catégorie de l'idéal, et on l'oppose si bien à la réalité qu'on juge les deux idées contradictoires. On se flatte d'avoir ainsi creusé les deux conceptions fondamentales de l'esprit humain sans avoir sacrifié ni l'une ni l'autre. On ne sacrifie qu'une chose en effet : c'est la réalité vivante de l'Être divin en qui on ne voit plus ou qu'un infini quantitatif sans bonté ou qu'une perfection sans existence. Telle ne pouvait être ni la pensée de Descartes ni, à plus forte raison, celle de Malebranche. Descartes distingue bien l'indéfini de l'infini, mais il pose que le seul véritable infini, c'est le parfait. Son grand disciple ne change rien à ces distinctions et à ces rapprochements. Pour lui, c'est un axiome, que l'être, en tant qu'être, l'être qui peut dire de lui « je suis celui qui suis », est en même temps infinité et perfection et qu'il l'est dans tous les sens. En lui rien ne saurait être séparé de ce qu'on serait tenté d'appeler grossièrement le reste de son être, car la séparation est la marque du fini. « La propriété essentielle à l'être infini, c'est d'être en même temps un et toutes choses, composé, pour ainsi dire, d'une infinité de perfections différentes, et tellement simple qu'en lui chaque perfection renferme toutes les autres, sans aucune distinction réelle[1]. »

---

1. *Entret. mét.*, VIII, 8.

III

S'il n'y a pas en Dieu de distinction réelle, il en est toutefois que nous sommes obligés de supposer ou de feindre, et enfin de considérer à part nous; car d'abord, nous devons avoir égard aux rapports que ses créatures, distinctes, séparées et limitées comme elles le sont, ne peuvent pas ne pas avoir avec lui; puis, avant que ces distinctions, résultat des restrictions et des limitations de l'être fini, ne fussent produites, Dieu les concevait comme possibles hors de lui. Il en connaissait nécessairement une infinité, puisque c'est de sa perfection infinie que devaient, par voie de communication, sortir les créatures. L'ensemble de ces relations, réglées par sa sagesse éternelle, ne sont autre chose que l'Ordre universel ou la Vérité qui subsiste éternellement, parce qu'elle est éternellement unie à l'Être infini.

Nous autres, hommes du commun, nous ne portons pas notre pensée si haut : nous jugeons les choses par le rapport qu'elles ont avec nous. « C'est le moyen de donner à la pointe d'une épine plus de réalité qu'à tout le reste de l'Univers [1]. » En toute vérité « on ne connaît les choses que par les rapports qu'elles ont entre elles [2] », mais ces rapports n'ont pu être établis que dans et par l'Être infini dont elles dérivent.

L'ordre qu'ils forment comprend deux classes de rap-

1. *Entr. mét.*, II, 12.
2. *Id.* V, 11.

ports, les rapports de grandeur et les rapports de perfection : les uns, qui font, par exemple, que deux et deux font quatre ou que le rayon est la moitié du diamètre, existent entre des êtres de même nature; les autres existent entre des êtres différents, ils nous apprennent que l'âme vaut mieux que le corps, que nous devons préférer la vie de notre ami à celle de notre chien et la vie de notre cocher à celle de notre cheval. L'ensemble des premiers constitue la science proprement dite; des seconds, qui ont une valeur non seulement spéculative, mais impérative, relèvent la religion et la morale.

Tous ces rapports, Dieu les fait-il? Les crée-t-il par un acte de sa volonté indifférente? On sait que c'est là un des points sur lesquels Malebranche s'est le plus profondément séparé de Descartes. Aux yeux du disciple, les vérités dont on vient de lire les formules si simples sont immuables et universelles, ce qui revient à dire qu'elles sont nécessaires. Il a toujours été vrai, écrit-il, que deux et deux font quatre, et il est impossible que cela devienne faux, comme il est impossible que Dieu punisse un innocent et qu'il veuille, de sa volonté première, assujettir l'âme au corps. « Cela est clair, sans qu'il soit besoin que Dieu, comme souverain législateur, ait établi ces vérités, ainsi que le veut M. Descartes[1]. » Or, ajoute-t-il quelques pages plus bas, « pour moi je ne puis concevoir de nécessité dans l'indifférence, je ne

---

1. *Entr. mét.*, V, 11.
2. *Éclairc. à la Rech.*, 10ᵉ Écl.

puis accorder ensemble deux choses si opposées ».

On peut objecter sans doute, et Malebranche connaissait trop bien son Descartes pour ne pas le prévoir, que si Dieu a été libre dans le décret par lequel il a établi les lois du monde, ce décret une fois rendu, rien n'est plus en état de s'y soustraire, et que dès lors, dans le gouvernement de la nature, tout devient immuable, universel et nécessaire. Mais pour l'auteur de la *Recherche de la Vérité*[1] un tel décret « est une fiction de l'esprit, une imagination sans fondement ». — « Quand on pense à l'ordre, aux lois, aux vérités éternelles, on n'en cherche point naturellement de cause, car elles n'en ont point. On ne voit point clairement la nécessité de ce décret, on n'y pense jamais d'abord ; on aperçoit au contraire, d'une simple vue et avec évidence, que la nature des nombres et des idées intelligibles est immuable, nécessaire et *indépendante*. »

Indépendante? Ce mot choqua plus d'un esprit. Fénelon le releva et en prit argument pour reprocher au philosophe d'assujettir la volonté divine à un ordre nécessaire et éternel. En cela cependant Malebranche tenait une position à la fois hardie et sage entre celle de Descartes et celle où allait bientôt se placer Leibniz.

Le premier de ces trois grands métaphysiciens met à l'origine des choses une liberté si absolue et — au rebours de ce qu'il enseigne sur notre liberté à nous — si indifférente, que la justification des desseins et des

---

1. *Éclairciss. à la Rech.*, 10° *Écl.*

voies de la providence est impossible à essayer. Aussi le second s'écriera-t-il que, si l'on prend au pied de la lettre ce faux principe que Dieu produit l'ordre et la vérité par une volonté entièrement libre, « tout est renversé ; il n'y a plus de science, plus de morale, plus de preuves incontestables de la religion ». Donc, chose étrange, mais facile à constater plus d'une fois, c'est le pur philosophe qui juge nécessaire, et peut-être aussi plus commode, d'adorer en se taisant, tandis que c'est le religieux qui voit là une sorte d'aberration de la raison et une tentation de pyrrhonisme ; dans celui-ci la volonté même de Dieu demande à être métaphysiquement expliquée, et elle peut l'être par des raisons que notre raison connaît ; car notre intelligence est, non pas certes égale, mais semblable à l'intelligence divine, toutes les deux connaissant, consultant, aimant le même ordre, la même justice, la même vérité.

Cette Vérité, Leibniz, qui aura lu Malebranche, la tiendra, lui aussi, pour « indépendante » ; mais il ira plus loin, car il mettra dans les possibles ou essences éternelles une « prétention », une tension interne à l'existence qui agira, comme du dehors, sur la volonté du créateur : il les montrera soumettant à Dieu leurs titres et leurs droits et obtenant de lui, par leur vertu intrinsèque, qu'il les appelle à la vie, comme un juge ou comme un maître qui ne fait que constater les mérites et qui, pour les consacrer, n'a en quelque sorte

---

1. 8ᵉ *Écl. à la Rech. de la V.*

qu'à les reconnaître. Il fraiera ainsi la route à Hegel pour qui l'idée même du ressort intime et de cette tendance efficace à la réalité suffira si bien qu'il se passera de Dieu. Chez l'auteur de l'harmonie préétablie, ce Dieu est nécessaire pour peser les « compossibilités », pour exclure les contradictoires et assurer ainsi l'harmonie du monde, tandis que chez Hegel les contradictoires auront jusqu'au pouvoir de se réconcilier d'eux-mêmes et de faire succéder l'accord final à leur apparente opposition. En disant que Dieu consulte en lui, dans sa propre nature, un ordre existant, qu'il n'a pas été libre de faire ou de ne pas faire, Malebranche échappe à toutes ces conséquences; car pour lui, cet ordre se confond avec la sagesse divine et lui est coéternel; c'est tout ce qu'il veut dire quand il avance que pour que cet ordre fût ce qu'il était de toute éternité, Dieu n'a pas eu besoin d'un « décret ».

Le décret, où intervient-il? Dans l'appel de certaines essences à l'existence; car dans son infinie perfection Dieu se suffit; pour que les êtres soient, il faut donc qu'il le veuille et qu'il les appelle librement. Mais pour que la perfection totale et les rapports des différentes perfections soient en lui, pour qu'il les voie et les connaisse comme elles subsistent dans sa nature, est-il donc besoin d'un décret? Autant dire que Dieu s'est créé lui-même et qu'il s'est donné à lui-même la perfection par un acte libre, ce qui serait pure logomachie.

Telles sont les principales explications que donnait déjà Malebranche de sa théorie de l'indépendance des vérités nécessaires, dans ses *Éclaircissements sur la Recherche de la Vérité*. Trente ans plus tard, environ, dans son *Entretien d'un philosophe chrétien et d'un philosophe chinois,* il les accentuera et les précisera plus heureusement encore, mais sans atténuer son opposition à la thèse de Descartes.

L'hypothèse qu'il y aurait un ordre immuable, une loi éternelle qui seraient par soi la règle et la justice même et devant qui Dieu devrait s'incliner, c'est dans la bouche du Chinois qu'il la met. Si Dieu est juste, dit ce dernier, il ne peut l'être que par la justice, de même que c'est la sagesse qui rend sage. A quoi le chrétien répond :

« Je vois bien que vous imaginez qu'il y a des formes et des qualités abstraites et qui ne sont les formes et les qualités d'aucun sujet, qu'il y a une sagesse, une justice, une bonté abstraite et qui n'est la sagesse d'aucun être. Vos abstractions vous trompent. Il n'y a pas plus de justice se proposant aux desseins de Dieu, qu'il n'y a quelque part une rondeur abstraite s'appliquant à la boule pour la rendre ronde, comme s'il ne suffisait pas, pour qu'elle le fût, que tous les points de sa surface soient également éloignés des autres! Pour que Dieu soit juste, il suffit qu'il soit : car s'il est, il est parfait ; et s'il est parfait, il se connaît ; s'il se connaît, il connaît ses perfections ; s'il connaît ses perfections, il les aime ; et tout ce qui, par sa volonté toute-puissante, y participera, il l'aimera à proportion qu'il y verra une participation plus ou moins grande. Voilà la vérité, voilà la sagesse, la justice. Voilà comment Dieu est à lui-même sa sagesse ;

comment il est la nôtre... La loi éternelle est en Dieu et Dieu même, puisque cette loi ne consiste que dans l'ordre éternel et immuable des perfections divines. » Cette belle discussion se continue avec une abondance et une fermeté incomparables. On ne peut mieux la résumer que par ce passage décisif.

« Rendez justice au vrai Ly, en avouant de bonne foi qu'il est essentiellement juste, puisque aimant nécessairement son essence, il aime aussi toutes choses à proportion qu'elles sont plus parfaites, puisqu'elles ne sont plus parfaites que parce qu'elles y participent davantage. Dites aussi qu'il est la justice même, la loi éternelle, la règle immuable, puisque cette loi éternelle n'est que l'ordre immuable des perfections qu'il renferme dans l'infinité et la simplicité de son essence : ordre qui est la loi de Dieu même et la règle de sa volonté et celle de toutes les volontés créées. Mais défiez-vous de vos abstractions, vaines subtilités de vos docteurs. Il n'y a point de ces formes ou de ces qualités abstraites. Toutes les qualités ne sont que des manières d'être de quelques substances. Si nous aimons Dieu sur toutes choses et notre prochain comme nous-mêmes, en cela nous serons justes, sans être, si cela se peut dire, informés d'une forme abstraite de justice qui ne subsiste nulle part. »

IV

Bref, dans l'infinité et dans la simplicité de son essence, Dieu renferme éternellement des perfections dont l'ensemble forme un ordre, non pas abstrait, mais vivant. Que sont ces perfections, sinon ce que les platoniciens de l'antiquité et ceux des temps modernes ont appelé les idées? Ici Malebranche ne discute et ne prouve, pour ainsi dire, pas; il rappelle, il formule, il invoque une vérité qui, à ses yeux, s'impose par son évidence même et par la double autorité de saint Augustin et de saint Thomas. Pour lui, cette vérité domine si bien et de si haut toutes les spéculations philosophiques, qu'il s'y arrête à peine dans le cours de ses grands ouvrages [1]. Si on veut en trouver chez lui l'expression pleine, quoique résumée, il faut aller à ses préfaces et à quelques fragments de ses polémiques, alors qu'il est obligé de rétablir, par exemple, contre Arnauld, ce qui ne devrait même pas se discuter.

« Il est clair que saint Augustin a cru [2] » que les idées sont éternelles et immuables, qu'elles sont les exemplaires ou les archétypes des créatures, qu'elles sont en Dieu. Il n'est pas moins clair que tout cela s'accorde parfaitement avec ce qu'a écrit saint Thomas : très certainement, d'après la *Somme*, les idées divines ne sont que l'essence divine, en tant que les créatures peuvent l'imiter ou y participer, et que les deux mots — *ideæ* et

1. Dans la *Recherche de la Vérité*, livre III, il s'explique avec quelque abondance sur ce que les idées *ne sont pas* et sur l'origine qu'il *ne faut pas* leur attribuer.

2. Voir la préface des *Entretiens métaphysiques*. — Malebranche aime encore à citer cette définition de saint Augustin : « Les idées sont certains premiers modèles ou archétypes stables et immuables de toutes choses, lesquels n'ont point été faits, et qui par conséquent sont éternels et demeurent toujours les mêmes dans la sagesse éternelle qui les renferme. »

rationes — sont synonymes. Quand on a cité ces textes, on a donné toute la démonstration qui a paru nécessaire au philosophe, et on n'a plus, ce semble, qu'à en tirer les conséquences.

Peut-être cependant allons-nous trop vite et y a-t-il d'abord, en dépit de cette belle confiance, à s'expliquer sur certaines difficultés. On voit à quels problèmes nous nous tenons pour le moment. Quand on traite de la philosophie de Malebranche, on a l'habitude d'aller tout de suite à la *Vision de Dieu*. Mais avant de savoir comment nous voyons tout en Dieu, il faut savoir comment tout *est* en Dieu, puis comment Dieu voit ce qui est en lui et comment il le réalise partiellement hors de lui. Quand ces questions sont résolues, les autres et particulièrement celle de la vision en Dieu, deviennent faciles, si nous en croyons celui qui nous les propose.

Est-il aisé d'expliquer comment s'accordent en Dieu l'unité, la simplicité nécessaire de sa nature et la multiplicité de ses perfections ou de ses idées? Non. Il faut sincèrement avouer que la nature de Dieu nous est incompréhensible, et cela par essence. Ainsi, nous croyons que Dieu est; nous ne voyons pas ce qu'il est : du moins nous ne le voyons ni dans la pureté ni dans la plénitude de la vérité absolue; car, par définition, Dieu a des perfections infinies, infinies en nombre, infinies en intensité. Mais tout cela ne fait pas que ces deux termes, simplicité de nature, infinité de perfections, — diverses et inégales, parce qu'elles correspondent à des degrés différents de la perfection totale, — ne soient aussi fortement établis l'un que l'autre, quoique nous n'en comprenions pas le mode d'union.

A cette distinction correspond celle des attributs absolus de Dieu et de ceux qu'on peut appeler relatifs.

Les attributs absolus sont ceux que nous voyons clairement convenir à l'idée de l'être infiniment parfait : l'infinie perfection, l'indépendance, l'immutabilité, l'éternité, l'immensité... Il semble d'abord que le philosophe doit se borner à ceux-là, car il dit quelque part[1] : « Si vous voulez juger des attributs divins, consultez l'infini, la notion de l'être infiniment parfait, et ne vous arrêtez pas aux idées des êtres particuliers et finis. » Et cependant il est d'autres attributs auxquels nous pouvons remonter par une autre voie : ce sont ceux qui sont « *relatifs* à ses créatures : je veux dire les idées intelligibles de tous les ouvrages possibles[2] ». Que ce dernier mot ne nous égare pas; qu'il ne nous fasse pas introduire en Dieu une possibilité que son infinie perfection essentiellement actuelle paraît exclure. Dieu, encore une fois, considéré dans son essence éternelle, ne contient, par devers lui, rien qui puisse être qualifié de possible. Tout ce qu'il peut être, il l'est éternellement, parfaitement, infiniment : le contraire impliquerait contradiction. Mais parmi les degrés de cette infinie perfection, il en est qui sont inégalement communicables hors de lui : par rapport au monde, ils existent donc en Dieu à l'état de

---

1. *Entr. mét.*, VIII, 5.
2. *Ibid.*, 8.

possibles; ce sont ces possibilités qui constituent les idées, et il a fallu, pour celles-là, qu'il y eût, comme nous l'avons dit, un passage voulu de l'essence à l'existence.

Comment les créatures participent-elles à la réalité de ces idées divines ou, ce qui revient au même, à la nature divine? Pour le coup, voilà le mystère, Malebranche en convient : « Que si l'on me demande que j'explique clairement comment le Verbe divin renferme les corps d'une manière intelligible ou comment il se peut faire que la substance divine soit représentée dans les créatures ou participable par les créatures, je répondrai que c'est une propriété de l'infini qui me paraît incompréhensible, et j'en demeurerai là [1]. »

Cependant la raison humaine est-elle obligée de s'en tenir à cette croyance que tout est en Dieu et qu'il n'est rien dans la nature qui ne soit représentation ou participation de ce qui est dans la divinité? Non, elle est en droit d'affirmer que cette participation, Dieu la connaît et la veut. « ARISTE. Je ne doute nullement, que Dieu ne connaisse et qu'il ne veuille. — THÉODORE. D'où vient que vous n'en doutez pas? Est-ce à cause que vous connaissez et que vous voulez vous-même? — ARISTE. Non, Théodore, c'est que je sais que connaître et vouloir sont des perfections. — THÉODORE... Nous ne savons pas comment nous connaissons nous-mêmes et comment nous voulons... A plus forte raison nous ne nous expliquerons

---

1. *Trois lettres touchant la défense de M. Arnaud.* Lettre II, p. 24 de l'édit. de Rotterdam 1685.

pas la manière dont Dieu connaît et dont il veut. Néanmoins consultez la notion de l'Être infiniment parfait. — Je vous dis hardiment que Dieu est à lui-même sa propre lumière, qu'il découvre dans sa substance les essences de tous les êtres et toutes leurs modalités possibles, et dans ses décrets, leur existence et toutes leurs modalités actuelles [1]. »

Précisons, s'il se peut, davantage. En voulant ainsi que sa créature participe à quelque chose de ce qu'il est, Dieu communique-t-il sa substance ? Malebranche a soin ici de distinguer. Non. « Dieu ne communique pas sa substance aux créatures ; il ne leur communique que ses perfections, non telles qu'elles sont dans sa substance, mais *en tant que* sa substance les représente et que la limitation des créatures le peut porter [2]. » « En tant que », voilà une expression que notre métaphysicien ne se lasse pas de répéter : elle est comme le fondement de cette théorie où il est également préoccupé de sauvegarder tout à la fois l'union et la distinction de Dieu et de la nature. Mais voici une occasion de pénétrer avec lui plus avant dans ces problèmes : elle nous est fournie par l'une de ses théories les plus discutées dans les controverses du dix-septième siècle, je veux dire la théorie de l'étendue intelligible.

Ce qui augmente pour nous l'importance de la question n'est pas seulement qu'on a cru trouver dans la solution de Malebranche un spinozisme déguisé : c'est

---

1. *Entr. mét.*, VIII, 10.
2. *Ibid.*, II, 6.

que l'idée de l'étendue, avec ou sans épithète, a, comme on sait, dans tout le cartésianisme, une portée considérable. L'étendue et le mécanisme, c'est tout un : or, combien le mécanisme n'est-il pas envahissant chez le maître et chez le disciple! La métaphysique mise à part, c'est de lui que relèvent toutes les sciences, y compris ce que nous appelons aujourd'hui la physiologie, puis la plus grande partie de la psychologie, puis enfin l'esthétique même, telle que l'école l'entrevoit, car tout s'y réduit, en somme, à un certain ordre des mouvements dans l'étendue, et l'agrément qu'y ajoutent les sens pour constituer l'art, est sans valeur scientifique. Donc, au sein de ce mécanisme auquel n'échappe rien dans la nature, placez une âme que Dieu touche par le contact immatériel de son idée, voilà l'univers entier.

En vingt occasions différentes, Malebranche s'applique à distinguer l'immensité divine, l'étendue intelligible et enfin l'étendue matérielle et sensible.

« Quoi, Théotime, est-ce que vous confondez l'immensité divine avec l'étendue intelligible? Ne voyez-vous pas qu'il y a entre les deux choses une différence infinie? L'immensité de Dieu c'est sa substance même répandue partout et partout tout entière, remplissant tous les lieux sans extension locale. Voilà ce que je prétends être tout à fait incompréhensible. Mais l'étendue intelligible n'est que la substance de Dieu *en tant que* représentative des corps et participable par eux avec les limitations ou les imperfections qui leur conviennent et que représente cette même étendue intelligible, qui est leur idée ou leur archétype... Nul esprit fini ne peut comprendre l'immensité de Dieu ; mais rien n'est plus clair que l'étendue intelligible. Rien n'est plus intelligible que les idées des corps, puisque c'est par elles que nous connaissons fort distinctement, non la nature de Dieu, mais la nature de la matière[1]. »

« Les idées des corps » ; inutile d'insister sur le sens qu'a ici cette expression. Il ne s'agit nullement des idées au sens vulgaire du mot ou des perceptions que nous avons des différents corps de la nature, tels qu'ils s'offrent à nos regards. Cette espèce d'étendue matérielle dont le monde est composé, n'a qu'une existence contingente, nous pouvons même ajouter incertaine aux yeux du philosophe, puisqu'il n'y a que la foi qui nous en assure[2]. Quand donc il est question des « idées », des corps comprenons bien qu'il s'agit des idées, telles que Platon et saint Augustin les ont caractérisées, et que ces idées se confondent avec l'étendue intelligible. Or, « l'étendue intelligible n'est pas une modification de l'âme, elle ne se trouve qu'en Dieu, parce que cette étendue est infinie et que notre esprit est fini, qu'elle est immense, nécessaire, éternelle, commune à toutes les intelligences, qualités assurément qui ne peuvent convenir aux modifications des créatures [3]. »

1. *Entret. mét.*, VIII, 8.
2. *Médit. chrét.*, IX, 10.
3. *Entretiens sur la mort*, II.

Faut-il croire alors que cette étendue intelligible est Dieu même? N'est-ce point là la pensée du philosophe, puisqu'il dit : « l'étendue intelligible est éternelle, immense, nécessaire, c'est l'immensité de l'être divin »? Mais, comme l'auteur lui-même nous en avertit très explicitement au cours d'une polémique avec Arnauld [1], ne séparons pas ces mots des textes qui les encadrent. Ces textes sans doute ont tous en vue d'établir, toujours dans les mêmes termes, que l'étendue intelligible, infinie, n'est pas l'immensité d'une matière éternelle, mais l'immensité de l'être divin. N'omettons pas toutefois cette restriction capitale : l'immensité de l'être divin *en tant* que représentative [2] d'une matière infiniment étendue, est surtout « l'idée intelligible d'une infinité de mondes possibles [3] ».

Ainsi, l'idée, l'archétype de l'étendue ou l'étendue intelligible (c'est tout un), Dieu la possède, Dieu la voit dans son immensité à laquelle elle est liée sans cependant lui être adéquate; et de cette étendue intelligible dépend à son tour, sans se confondre avec elle, l'étendue que Dieu a pu créer, mais qui, si elle est son ouvrage, n'est pas cependant sa substance. « N'attribue pas, dit Jésus à l'âme fidèle, n'attribue pas à la créature ce qui n'appartient qu'au créateur, et ne confonds pas une substance que Dieu engendre par la nécessité de son être, avec mon ouvrage que je produis avec

---

1. *Trois lettres,* p. 77.
2. Cette représentation-là est plutôt un modèle, préexistant.
3. *Médit. chrét.,* IX, 9.

le Père et le Saint-Esprit par une action entièrement libre[1]. »

Ces dernières explications n'auraient-elles pas dû éviter à Malebranche l'accusation portée contre lui par Arnauld de mettre en Dieu une étendue corporelle? Le reproche devait sembler étrange à un métaphysicien qui croyait à peine à l'étendue matérielle, telle que les sens nous le montrent dans la nature créée. Mais l'entente ne pouvait être que bien difficile entre les deux adversaires. Quand ils prononcent le mot de « représentation », l'un entend une opération postérieure à l'existence et au mouvement des choses dans l'esprit de l'homme, l'autre entend une idée antérieure aux choses et subsistante en la pensée divine. Le premier affecte donc de confondre la représentation avec la perception. Le second lui répond : « *Représenter et apercevoir* sont aussi peu la même chose que donner et recevoir. Comment donc peut-on dire que les *perceptions* représentent[2]? » L'un ramène toute idée à « la perception que les natures intelligentes ont de leurs objets »; pour lui donc, l'étendue intelligible n'est rien ou n'est que l'étendue perçue par l'esprit dans des corps réels, puis élaborée par ce même esprit dans le travail de l'abstraction. L'autre pose que la perception est un phénomène tout secondaire, tout subordonné, et que la vérité réside avant tout dans une idée, sortie, non de l'abstraction opérée par un esprit fini, mais de

---

1. *Entret. mét.*, VIII, 10.
2. *Réponse à la 3ᵉ lettre d'Arnauld*, p. 47.

l'ordre vu par l'être infini dans les degrés de sa propre perfection. Il reconnaît avec saint Augustin que l'abstraction *rencontre* bien les nombres immuables et divins, mais il maintient qu'elle ne saurait les *former*[1]. Le premier enfin partait de l'étendue matérielle qu'il croyait connaître, et il s'imaginait ne pouvoir retrouver que celle-là partout où le mot d'étendue était prononcé.

Le second partait de l'infini et du parfait, et il ne pouvait que s'irriter ou sourire avec dédain, quand on lui prêtait ou l'impiété de rabaisser le nécessaire au contingent, le spirituel au charnel, la raison des choses aux choses que seule elle explique, ou bien la sottise de donner à l'immuable vérité du monde intelligible les apparences changeantes du monde sensible où nous vivons.

Les objections spinozistes de Dortous de Mairan[2] étaient plus scientifiques et aussi plus embarrassantes. Elles ne lui reprochaient pas de matérialiser Dieu : elles lui reprochaient plutôt de ne pas diviniser la nature. Tel est du moins le résumé qu'on peut donner, sous une forme un peu grossie, de cette polémique pressante et courtoise, subtile et sincère. Peut-être en rendrait-on mieux l'esprit, en la réduisant à cette suite de questions : Si vous mettez l'infini dans l'étendue intelligible, comment ne le mettez-vous pas dans l'étendue réelle qui en sort? Comment ne les unissez-vous pas in-

---

1. « Neque id est invenire quod facere aut gignere; alioquin æterna gigneris inventione temporali. » V. *ibid.*, p. 61.
2. V. plus haut, page 48, note 1.

dissolublement l'un et l'autre, ainsi que l'a fait Spinoza, dont les conclusions s'imposent à vos prémisses? Pourquoi enfin ces deux étendues que vous vous obstinez à vouloir distinguer, alors qu'il est si logique et si simple de n'en voir qu'une, infinie, nécessaire, éternelle, etc...?

Résumons maintenant la réponse de Malebranche. La voici également en gros. Dieu ne s'épuise pas dans l'étendue intelligible ni dans les essences que nous connaissons; à plus forte raison ne peut-on l'identifier avec la nature qu'il a bien voulu créer par une participation limitée à quelques-unes de ses perfections. Quant à confondre les deux étendues, cela revient à confondre l'ouvrier avec son ouvrage, et c'est là une erreur telle qu'il n'y a pas lieu de s'y arrêter.

A la rigueur, ce court aperçu pourrait suffire. Cependant une controverse aussi longue, aussi variée, tour à tour spirituelle et profonde, et poursuivie d'un bout à l'autre en un si beau langage, mérite d'être reprise point par point. Voici donc d'abord, avec plus de détail et de précision, les arguments de Dortous de Mairan.

1. Il n'y a pas d'idée sans *ideatum;* à l'idée de l'étendue correspond donc une étendue réelle. (Cette objection se rapproche sensiblement de celle d'Arnauld.)

2. L'intelligible séparé de la réalité concrète n'est qu'une abstraction; s'il y a en Dieu une étendue qui ne soit pas un pur abstrait, cette étendue est nécessairement concrète, c'est-à-dire avec « extension locale », de même qu'en dehors du mouvement tout abstrait, le mouvement réel n'existe qu'avec vitesse et direction.

3. On doit affirmer d'une idée tout ce que cette idée contient, et de l'objet de cette idée tout ce qui est renfermé dans l'idée même de l'objet. Si donc l'idée de l'étendue est immense, nécessaire, éternelle, infinie, tels doivent être également les caractères de l'étendue réelle.

4. Cette conséquence est d'autant plus inévitable que les substances ne peuvent être distinguées les unes des autres; autrement dit, qu'il ne peut y en avoir qu'une, ainsi que l'a démontré Spinoza.

Devant ces assauts répétés, Malebranche se dérobe-t-il, ainsi que l'ont prétendu certains critiques? Peut-être le vieillard, dérangé subitement de ses méditations pieuses, manifeste-t-il un peu trop une certaine lassitude d'avoir à répéter toujours les mêmes principes, et renvoie-t-il trop volontiers son ardent contradicteur à ses précédents ouvrages. Mais enfin ses réponses, complétées par les textes qu'il rappelle, sont, au fond, très nettes.

1. Assurément toute idée répond à quelque chose de réel, est quelque chose de réel, si l'on voit en elle, comme on le doit faire, une perfection de Dieu vue par Dieu dans sa sagesse éternelle. Mais il est arbitraire de vouloir unir et surtout identifier l'idée avec ce que Mairan appelle son *ideatum*, si l'on entend par ce mot un objet sensible. Non pas que le monde soit certainement une idée sans *ideatum*, comme Mairan reproche à Malebranche de l'enseigner; mais c'est une idée sans *ideatum* nécessaire. Peut-être en effet n'y en a-t-il

aucun, ce qui n'empêcherait pas l'idée de subsister en Dieu ! « Quand il n'y aurait pas de corps et qu'il n'y aurait rien de créé que mon âme, Dieu pourrait me faire voir et sentir comme je vois et comme je sens. »

2. L'intelligible est-il un pur abstrait, et tout ce qui n'est pas simple abstrait est-il concret au sens naturel ? L'affirmer, c'est faire une pétition de principe ; car c'est poser que l'intelligible est fabriqué en quelque sorte par l'esprit de l'homme. A quoi Malebranche oppose, comme toujours, sa démonstration, tirée de saint Augustin, de l'impossibilité où est un être fini, borné, contingent, de créer lui-même des idées où entre l'infini et le nécessaire : c'est sa métaphysique tout entière. De cette métaphysique ressort précisément qu'il y a en Dieu une idée de l'étendue et des relations mathématiques, « sans extension locale », comme il y a en lui une idée des lois à imposer au mouvement réel, sans que cette idée implique en son être un mouvement avec vitesse et direction, ni soit d'autre part un pur abstrait tiré par l'esprit humain du mouvement perçu par lui dans la nature[1].

3. Le principe cartésien, que tout ce qu'on perçoit directement est nécessaire, n'est incontestable que par rapport aux idées, qu'on voit immédiatement et directement, et non par rapport aux choses, qu'on ne voit pas

---

[1]. Cf. *Éclairc. à la Rech.* (Éclairc. sur le IIIe livre). Il n'y a pas en Dieu d'étendue mobile et figurée mais « des figures intelligibles et par conséquent intelligiblement mobiles ». Dieu voit le mouvement des corps, non dans sa substance à lui, mais dans ses volontés à leur égard.

en elles-mêmes. Il est bon dans les mathématiques, il n'est pas le premier principe de la physique.

C'est une autre forme de la même erreur que de poser sans restriction ce prétendu principe : On peut affirmer d'une chose ce que renferme son idée. Qu'on affirme d'une figure géométrique tout ce que contient la définition de cette figure, c'est à merveille; mais toutes ces déductions ne nous font point passer nécessairement de l'essence de la figure à l'existence de la figure. Ce qui est vrai du cercle est vrai de l'essence du cercle, mais ne nous donne pas un cercle réel. Eh quoi, dira-t-on, est-ce que de l'idée de Dieu vous n'avez pas conclu son existence nécessaire? Assurément, mais c'est de Dieu seul qu'on peut dire que l'essence entraîne l'existence, car il est contradictoire qu'on puisse passer d'une perfection possible à une perfection réelle : la perfection est actuelle ou elle n'est pas. Mais l'être parfait « voit dans son essence une infinité de mondes possibles de différents genres dont nous n'avons aucune idée, parce que nous ne connaissons pas toutes les manières dont son essence peut être participée ou imparfaitement imitée; en peut-on conclure l'existence nécessaire des êtres dont ces idées sont les modèles[1] »?

Tout plein de Spinoza, Mairan insiste ou plutôt il s'enfonce de plus en plus dans son hypothèse. Il part toujours obstinément de cette conception, qu'il tient pour

---

1. *Entretien d'un philosophe chrétien et d'un philosophe chinois.* Fin. — Nous citons ici ce texte parce que c'est à lui que Malebranche renvoie expressément son contradicteur.

commune à Malebranche et à Spinoza, que l'étendue nous est représentée par son idée comme infinie; et dès lors il lui applique le raisonnement que Descartes, Malebranche et Leibniz réservent à l'idée de leur Dieu; et il voit dans cette étendue nécessaire, éternelle, infinie, cette substance dont son auteur favori a démontré qu'il ne peut y en avoir qu'une. Or, c'est précisément cette conception que Malebranche repousse. Non! de l'idée qu'on a des êtres on ne peut conclure l'existence de ces êtres. « De l'idée éternelle, nécessaire, infinie, de l'étendue, on ne peut en conclure qu'il y a une autre étendue nécessaire, éternelle, infinie; on n'en peut même pas conclure qu'il y ait aucun corps [2]. » Ses contradicteurs commettent, à son sens, une double erreur. D'une part ils confondent les corps avec leurs idées et prennent « les idées des créatures pour les créatures mêmes ». D'autre part ils ne voient pas que ces idées, si elles sont en Dieu, ne sont pas Dieu même : ils confondent l'étendue intelligible ou l'idée de l'étendue avec l'immensité de Dieu : ils mettent ainsi Dieu là où il n'est pas, où il n'est pas du moins tout entier. Car « Dieu n'est qu'en lui-même, dans son immensité ». On a beau faire l'étendue infinie, on n'en exclut pas l'imperfection, et par conséquent elle reste distincte de la substance divine.

1. Cf. 2e *Entretien sur la mort :* « Deux erreurs tout opposées : l'une, que l'idée de l'étendue n'est rien; l'autre, que la matière est éternelle et infinie parce que telle est son idée. »
2. *Ibid.* Pour les textes qui suivent, v. *Entretiens mét.*, VIII, 7.

C'est ici qu'il faudrait discuter, ce semble, le point de départ de Spinoza : la substance est nécessairement unique, il ne peut y avoir de substances distinctes les unes des autres. C'est là ce que Leibniz combattra plus explicitement. Il s'efforcera de démontrer que les substances sont au contraire essentiellement distinctes. Il le prouvera d'abord par leur propre être positif, qui enveloppe une tendance efficace à l'action individuelle; il le prouvera ensuite par ce qu'il y a en elles de négatif, car toutes, sauf une seule, ont en elles un principe d'imperfection qui les limite inégalement et qui par conséquent les distingue. Ni Malebranche ni Mairan n'ont longuement discuté ce point, capital pourtant. Chacun des deux pose sa thèse et s'abstient de la développer.

« Pour ce qui est de la création, dit Mairan, que vous dites qu'il suppose impossible, si vous entendez par là l'action par laquelle de nouvelles substances sont produites, il n'y a qu'à ouvrir son livre pour voir qu'il ne s'est pas contenté d'une simple supposition, mais qu'il en démontre l'impossibilité avec la dernière évidence. » A cette assertion Malebranche se contente d'opposer que la définition de la substance, telle que l'Éthique la donne, est équivoque. Puis il estime avoir prouvé, quant à lui, « avec la dernière évidence », comment la notion de l'être parfait implique que cet être se suffit à lui-même et, en conséquence, « ne renferme point de rapport nécessaire aux créatures »; la matière n'est donc pas une émanation de la divinité. Devant l'admiration que son correspondant professe pour le métaphysicien du panthéisme, il ne répète point qu'avoir jugé la création impossible est la cause première des « égarements » où la logique même a dû précipiter « le misérable Spinoza ». Mais il est évident qu'il s'en tient à ce jugement. A nous maintenant de revenir sur la théorie qu'il donne de la création.

VI

Écartons d'abord, ici du moins, la question du pourquoi. Certainement, il y en a un, car les volontés des intelligences ont nécessairement une fin et une fin proportionnée à leur nature. Mais comment l'être parfait a-t-il pu trouver une fin digne de lui? Comment un être qui se suffit à lui-même est-il amené à vouloir créer? Ce n'est pas la métaphysique proprement dite, c'est la théologie qui peut résoudre ce problème, en nous indiquant à quelles conditions la création est digne de Dieu.

Le comment nous est encore plus impénétrable : car si Dieu nous donne des idées de sa sagesse en nous y faisant participer, il ne nous donne point part à son efficace, et nous n'en pouvons pas connaître la nature. Nous ne pouvons même pas comprendre comment Dieu remue un fétu[1]. Pourrions-nous comprendre comment il a créé les mondes?

Aussi ne sommes-nous guère en état de prouver la

---

1. *Méd. chrét.*, IX.

création que par des arguments négatifs, tels que ceux-ci. Si Dieu n'avait pas donné lui-même l'être à la matière, il ne pourrait ni la connaître ni la mouvoir. En effet, « Dieu ne peut remuer la matière ni l'arranger sans la connaître. Or, Dieu ne peut la connaître s'il ne lui donne l'être; car Dieu ne peut tirer sa connaissance que de lui-même; rien ne peut agir en lui ni l'éclairer[1] ». « Dieu ne voit rien que dans sa propre substance. » — Il est lui-même sa propre lumière; c'est le principe fondamental.

Tous ces principes, dira-t-on, resteraient saufs si Dieu et ce qu'on appelle la création ne faisaient qu'un. Mais écoutons Malebranche : une telle « chimère », une telle « extravagance », une telle « impiété », qui compose Dieu de tous les désordres de l'univers, est incompatible avec l'idée de l'être infiniment parfait[2]. Tenons-nous-en donc à ces quelques vérités évidentes : nous sommes, c'est un fait constant, et Dieu seul est parfait. Donc, nous dépendons de lui; nous ne sommes pas malgré lui, nous ne sommes que parce qu'il veut

1. *Entr. mét.*, VIII, 11.
2. Voyez *Entr. mét.*, IX, 2 et 3. « Quel monstre, Ariste! Quelle épouvantable et ridicule chimère! Un Dieu nécessairement haï, blasphémé, méprisé, ou du moins ignoré par la meilleure partie de ce qu'il est; car combien peu de gens s'avisent de connaître une telle divinité! Un Dieu nécessairement ou malheureux ou insensible dans le plus grand nombre de ses parties ou de ses modifications; un Dieu se punissant ou se vengeant de soi-même... assurément, s'il y a des gens capables de se forger un Dieu sur une idée si monstrueuse, ou c'est qu'ils ne veulent point voir, ou bien ce sont des esprits nés pour chercher dans l'idée du cercle toutes les propriétés du triangle. »

que nous soyons. Voilà le fondement solide et suffisant de la vérité de la création.

Cette vérité ainsi posée, reste à en creuser l'idée avec tout ce qu'elle renferme aux yeux du métaphysicien, bref à en donner la théorie. De là trois propositions qui gouvernent en quelque sorte tout le système que nous étudions et que l'on peut formuler ainsi :

Dieu fait tout.
Il fait tout pour sa gloire.
Il fait tout par des voies simples.

Dieu fait tout! Ce principe paraît si évident à Malebranche que sa grande préoccupation est moins de le démontrer que d'en tirer toutes les conséquences. Dieu est créateur, cela est acquis. Mais en un Dieu actuellement tout parfait et par conséquent immuable, la distinction des desseins et des actes n'est pas possible. L'acte créateur et l'acte conservateur, l'acte providentiel, tout cela ne fait qu'un; la providence n'est que la création continuée; et encore le mot de « continuée » doit-il être entendu sainement, la continuité ou la succession existant bien dans la créature, mais répondant à une résolution simple, indivisible, éternelle de l'auteur suprême de toutes choses.

Cette création providentielle n'implique donc pas seulement une volonté, pour ainsi dire, nue. La volonté de Dieu est essentiellement efficace, rien ne se fait sans elle, rien non plus ne se peut faire que par l'efficacité de son action. « Il n'y a que le créateur des corps qui puisse en être le moteur, que celui qui donne l'être aux corps qui puisse les placer dans les endroits qu'ils occupent » et leur faire accomplir tous les actes, produire tous les effets par lesquels l'existence qu'il a voulu leur donner se manifeste dans l'univers.

Mais qu'est-ce donc que cette existence? N'est-elle pas une pure apparence? Que sont ces fantômes d'être sans efficacité? A quoi servent-ils? Toujours plus empressé de lier ses affirmations que de les démontrer, ou plutôt croyant que dans cette liaison même est la démonstration la plus convaincante, Malebranche ne s'arrête pas à ces objections. Les êtres de l'univers sont pour lui comme les sujets d'un prince absolu : il faut qu'ils soient nombreux, il faut qu'ils soient divers; et néanmoins il faut que dans le rôle qu'ils sont appelés à jouer tout paraisse comme une émanation directe de la majesté sans laquelle ils ne seraient rien. Cette comparaison même ne nous donne qu'une explication bien incomplète; car l'action du roi du ciel suffit à ce que ne pourraient jamais accomplir tous les rois de la terre. « Dieu a établi toutes les puissances, les causes secondes, les hiérarchies visibles ou invisibles immédiatement par lui-même ou par l'entremise d'autres puissances, afin d'exécuter ses desseins par des lois générales, dont l'efficace soit déterminée par l'action de ces mêmes puissances. — Car il n'agit pas comme les rois de la terre qui donnent des ordres et ne font plus rien. Dieu fait généralement tout ce que font les

---

1. *Entr. mét.*, VIII, 11-14. Cf. X, 9.

causes secondes. La matière n'a pas par elle-même la force mouvante dont dépend son efficace ; et il n'y a pas de liaison nécessaire entre la volonté des esprits et les effets qu'elle produit. Dieu fait tout ; mais il agit par les créatures, parce qu'il a voulu leur communiquer sa puissance pour exécuter son ouvrage par des lois dignes de lui[1]. »

Qu'on ne parle donc pas de « la nature » ! Le cartésien, conséquent avec lui-même, écarte ce qu'on appelle de ce nom, d'une façon générale, comme il écarte dans chaque groupe de phénomènes, dans chaque corps, ce qu'on est convenu d'appeler les vertus, les formes, les forces, les qualités, les énergies, les facultés. En appeler à une efficace d'essence indépendante et d'ordre fini, c'est une véritable idolâtrie ; elle fait littéralement « horreur » à notre philosophe, car il la juge aussi insensée et aussi impie, je ne sais s'il ne va pas jusqu'à dire aussi diabolique que celle qui, dans le paganisme, personnifiait et divinisait les prétendues forces de l'univers.

Entendons bien tout ceci. Ces causes secondes, ces « puissances » par lesquelles et sous l'apparence desquelles Dieu agit, sont, dira-t-on, liées entre elles, et n'est-ce pas ce lien réciproque de leurs actions qui réalise l'harmonie du monde ? A coup sûr. Mais si Dieu fait lui-même l'efficace de leurs actions, comment ne serait-il pas également l'auteur ou, plus exactement encore,

---

1. *Tr. de la Nat. et de la Gr.*, p. 350.

« l'acteur » de ces relations? Si c'est par Dieu qu'un être agit, c'est par lui qu'il agit sur les autres; ou plutôt Dieu agit dans cet être et hors de cet être. « Je ne tiens rien de la nature imaginaire des philosophes, tout de Dieu et de ses décrets. Dieu a lié ensemble tous ses ouvrages, non qu'il ait produit en eux des entités liantes. Il les a subordonnés les uns aux autres sans les revêtir de qualités efficaces.[1]. » — « L'âme n'est unie immédiatement qu'à Dieu. » — Et plus loin : « Voilà le dénouement du mystère : c'est que toutes les créatures ne sont unies qu'à Dieu d'une manière immédiate. Elles ne dépendent essentiellement et directement que de lui. Comme elles sont toutes également impuissantes, elles ne dépendent pas mutuellement les unes des autres[2]. »

Donc, « Dieu unique acteur », unique acteur de ce qui est positivement et réellement efficace, dans l'existence des êtres, dans leur situation, dans leurs mouvements, dans leur action interne ou externe et dans leurs relations réciproques!

Dieu fait tout pour sa gloire; second principe non moins évident que le premier aux yeux du philosophe. S'agit-il ici d'une sorte d'égoïsme et d'indifférence qui serait contraire à l'idée chrétienne et populaire de la bonté de Dieu? Certes, nous croyons aujourd'hui que nous avons tout au moins le besoin et même le devoir de nous arrêter à cette objection un peu plus longtemps

---

1. *Entr. mét.*, VII, 13.
2. *Ibid.*

que ne le fait le grand chrétien du dix-septième siècle. Pour celui-ci, une considération domine tout. Dieu a nécessairement en vue la perfection et elle seule : le contraire impliquerait contradiction. Or, la perfection, c'est lui-même. Donc, alors que nous, êtres finis et bornés, nous sacrifions la perfection quand nous aimons notre propre être, en Dieu c'est le contraire; en lui « tout autre amour que l'amour-propre serait déréglé[1] »; car s'il ne mettait pas sa gloire au-dessus de tout, il sacrifierait la perfection. Mais ce n'est pas la sacrifier, ce n'est pas l'amoindrir, c'est la servir que de nous en assigner la possession comme fin de notre existence. Par là se retrouve en Dieu la bonté qui paraissait d'abord oubliée. Oui, il fait tout pour sa gloire, mais « pour cette gloire, dis-je, qu'il trouve à agir selon ce qu'il est, à former son Église, à sanctifier les hommes, à les conduire à leur fin, la jouissance éternelle de la Vérité[2] ».

Vient enfin le dernier principe dont Théodore dit, au cours du *9ᵉ Entretien métaphysique* : « Embrassez bien ce principe, mon cher Ariste, de peur qu'il ne vous échappe, car de tous les principes, c'est peut-être le plus fécond : *Dieu fait tout par des voies simples.* »

« Non content que l'univers l'honore par son excellence et sa beauté, il veut que ses voies le glorifient par leur simplicité, leur fécondité, leur universalité, par tous les

---

1. *Entr. mét.*, IX, 3.
2. *Rép. à la 3ᵉ lettre de M. Arnauld*, p. 297.

caractères qui expriment des qualités qu'il se glorifie de posséder[1]. » Il faut dire plus encore. Dieu n'a pas dû produire l'ouvrage le plus parfait qui fût possible, mais seulement le plus parfait qui pût être produit par de semblables voies, les plus sages, les plus divines, donc les plus dignes de lui[2].

Cette théorie mérite-t-elle très exactement le nom d'optimisme sous lequel elle est généralement connue? L'idée du *meilleur* possible n'est-elle pas un peu sacrifiée à l'idée du plus *beau* possible ? La question se pose pour Malebranche plus que pour Leibniz. On retrouve certainement dans Leibniz la théorie des voies simples comme on y retrouve celle du choix divin dans l'infinité des essences. Chez lui cependant le mot d'optimisme se justifie davantage par la préoccupation de nous montrer que, même à un point de vue tout humain, les biens, les commodités, les plaisirs dominent beaucoup plus qu'on ne croit dans la vie. Son prédécesseur aurait cru rabaisser le débat s'il était descendu à ces calculs. Non pas — nous le verrons plus tard — qu'il demande à notre nature de se désintéresser de son propre bonheur. Nullement! Mais que nous soyons appelés graduellement à jouir, selon nos mérites, de l'amour, de la contemplation, de l'intelligence, de la possession enfin de cette beauté de l'ordre éternel, en vérité, cela ne suffit-il pas? Ce n'est donc pas nous demander, loin de là, un sacrifice impossible, injuste, que de nous dire :

---

1. *Entr. mét.*, X.
2. V. particulièrement *Traité de la Nat. et de la Gr.*, 1ᵉʳ dis., Iʳᵉ partie.

Avant toutes choses, adhérez sans réserve à ce que demande la simplicité, la majesté de l'art divin. Un « honnête homme » qui se fait bâtir une maison ne sacrifie pas la beauté de son édifice à des usages subalternes et à des plaisirs de fantaisie. Ce sont plutôt ces derniers qu'il sacrifiera, s'il le faut, à la régularité des lignes, à l'ampleur simple et visible des proportions. Car n'est-ce point là ce dont jouit la partie la plus noble de lui-même? Telle a été nécessairement la règle que le créateur a suivie. Si, au lieu de préférer sa sagesse à son ouvrage, il avait préféré « son ouvrage à sa sagesse », ce qui veut dire, s'il avait sacrifié quoi que ce soit de la simplicité et de la beauté de ses voies propres pour épargner à l'univers quelque imperfection, la raison de son choix eût été hors de lui-même, et c'est là ce qui est impossible. Du moment où il fait tout pour sa gloire, il fait tout par les moyens qui expriment le mieux ses propres attributs. Voilà pourquoi Malebranche a proclamé ce principe le plus fécond de tous : cette méthode créatrice s'impose en effet au créateur, non seulement dans l'ordre de la nature, mais dans celui même de la grâce, dans le temps et dans l'éternité.

Aussi ne semble-t-il pas hors de propos de dire dès maintenant quel est l'esprit de l'esthétique de Malebranche; car cette esthétique est toute métaphysique, et elle est étroitement liée à la théorie de la création.

Le prix de l'art est-il dans la sensation? Non. Il n'en est pas absolument séparé, en ce sens que l'homme étant fait pour l'ordre en toutes choses, Dieu a voulu qu'il souffrît quand il verrait le désordre ou quand il ne verrait pas l'ordre, quand, par exemple, s'offriraient à lui des mouvements incommensurables et incompréhensibles [1]. Il a voulu, par contre, qu'il trouvât du plaisir à tout ce qui est ordonné et mesuré. Il imprime ainsi dans l'âme tous les sentiments agréables ou désagréables « qu'elle se donnerait à elle-même si, ayant beaucoup d'amour pour la vérité et pour l'ordre, elle pouvait agir en elle et connaître exactement tous les mouvements qui se produisent dans son corps ». Bien interprété, le plaisir sensible peut donc être un signe du beau, comme, dans l'ordre pratique, il peut être un signe du bien, tandis que la douleur est un signe du mal. Seulement il ne faut pas prendre le signe pour la réalité. « Prends bien garde, est-il dit à l'âme chrétienne, à ne pas aimer les beautés sensibles ni à te rendre le goût trop fin et trop délicat pour le discerner. Il n'y a rien qui affaiblisse tant l'esprit et qui corrompe tant le cœur. Comme les rapports sensibles se découvrent avec plaisir, tu négligerais bientôt la recherche des plaisirs intelligibles qui peuvent seuls éclairer ton esprit [2]. » Celui qui fait parler ainsi la Raison suprême était musicien et il ne dédaignait pas, d'après le mot qu'il prête à l'un des interlocuteurs de ses dialogues, le recours à l'harmonie des instruments « pour calmer le chagrin et dissiper la mélancolie ». Mais la mathématique de la musique était bien pour lui la raison profonde de ce

---

1. V. *Méd. chrét.*, IV, 13-15.
2. *Ibid.*

plaisir superficiel et surtout l'objet de la jouissance de quiconque découvrait intelligiblement cet ordre caché. « L'ordre, la vérité se rencontrent même dans les beautés sensibles, bien qu'il soit extrêmement difficile de l'y découvrir; car ces sortes de beautés ne sont que des proportions, c'est-à-dire des vérités ordonnées ou des rapports justes et réglés. Par exemple, une voix est belle lorsque les vibrations ou les secousses que cette voix produit dans l'air sont commensurables entre elles; et plus ces rapports se rapprochent de l'égalité, plus les consonances en sont douces, quoiqu'elles ne continuent pas toujours d'être les plus agréables, à cause que l'oreille, sentant des rapports trop simples, s'en dégoûte par la même raison que l'esprit se lasse de contempler des vérités trop faciles à découvrir. ».

Mais les rapports de grandeur ou de quantité ne sont pas — nous l'avons vu — les seuls qui constituent l'ordre. A côté d'eux ou au-dessus d'eux sont les rapports de perfection. Tout ce qui représente les choses de la vie, comme la peinture, devra respecter ces rapports et les exprimer : un tableau sera beau, comme la réalité sera belle, quand tout, lignes et couleurs, rendra les mouvements intérieurs de chaque âme selon l'ordre adopté et que tout, par exemple, tendra bien à mettre en relief et en lumière l'action du personnage principal.

Tel est le fond commun et de l'optimisme de Malebranche et de son esthétique. Dieu est un grand artiste. Dans son œuvre rien n'est vain, rien n'est inutile; ce qui peut s'y accomplir par des voies simples et sans efforts ne s'y accomplit pas par des voies composées. Rien ne s'y fait, à plus forte raison rien ne s'y crée en dehors de lui; mais rien non plus ne s'y anéantit. Par là, le monde porte le caractère des attributs de son auteur. Il montre, non pas précisément pour qui il est fait, mais qui l'a fait. C'est là l'essentiel. Dieu n'a pu agir que pour lui-même : c'est notre devoir, que dis-je! c'est notre suprême intérêt d'intelligences raisonnables de le reconnaître et de le proclamer. Quel avantage aurions-nous à ce que l'Être souverain se fût rabaissé à agir pour nous, autrement dit à ce que notre misère fût le terme de ses opérations infinies? La supposition n'est pas seulement contradictoire, elle n'est pas seulement injurieuse pour Dieu, elle serait décevante, même pour nous. Maintenons donc fortement que la perfection infinie n'a pu avoir en vue que cette perfection, et, au lieu de l'abaisser jusqu'à nous, c'est nous que nous relèverons par l'espérance du partage qu'elle réserve librement à ses élus.

VII

Si ce dernier principe est bien, comme le prétend le philosophe, le plus fécond de tous, il nous reste à voir cette fécondité se développer.

Puisque Dieu fait tout et tout par des voies simples, nous ne pouvons admettre entre lui et ses créatures aucun intermédiaire inutile.

Donc, Dieu seul agit. « Nous dépendons de lui en toutes façons. C'est lui qui nous fait sentir le plaisir et la douleur; c'est lui qui nous fait voir la vérité, c'est lui qui nous fait agir. Il est le nœud intelligible ou le lien des esprits, de même que le monde matériel est le lien des corps; c'est de sa puissance qu'ils reçoivent toutes leurs modifications, c'est dans sa sagesse qu'ils trouvent toutes leurs idées, c'est par son amour qu'ils sont agités de tous leurs mouvements réglés. »

En d'autres termes, *Dieu seul agit sur nous*, et de là toute une série de conséquences, dont la principale est la *Vision en Dieu*.

Dieu seul agit pour nous, et de là un autre groupe où la première place appartient aux *Causes occasionnelles*.

Nous arrivons ainsi à ces grandes théories dans lesquelles on a l'habitude de résumer toute la doctrine de l'auteur de la *Recherche de la Vérité*. Cependant nous n'avons plus désormais à nous y arrêter longtemps; car dans l'esprit de leur auteur, c'est tout ce que nous venons d'exposer qui, je ne dirai pas les prépare, mais les établit. — Il ne s'agit pas seulement, observera-t-on, de dire que nous voyons tout en Dieu, il faut expliquer comment nous voyons tout en Dieu. — Soit! mais nous sommes bien obligés de remarquer qu'ici précisément le sincère métaphysicien avoue son impuissance : il déclare avec la plus grande netteté que ce comment lui échappe et qu'il ne cherche même pas à le saisir. Donc, d'un côté, un fait qui en lui-même n'a plus besoin de démonstration; de l'autre, une explication qu'il est inutile et chimérique d'espérer : il y a là, fût-ce au prix d'une déception pour plus d'un lecteur, de quoi simplifier notre exposé.

Ce qui importe le plus, c'est de bien établir sur ces divers points, dans toute son exactitude, la pensée que nous étudions. Deux principes nous sont donnés comme évidents par eux-mêmes.

Il n'y a rien dans la créature qui soit efficace.

Il n'y a rien en Dieu qui soit impuissant.

Ainsi, en premier lieu, les corps ne peuvent exercer sur nos âmes aucune action, pas même celle qui consisterait à nous faire connaître leur existence par leur contact. « *Il est évident* que les corps ne sont pas visibles par eux-mêmes, qu'ils ne peuvent agir sur notre esprit ni se représenter à lui. *Cela n'a pas besoin de démonstration*[1]. » — « Il n'y a que Dieu qui agisse dans les esprits, il n'y a que lui qui puisse les éclairer, les toucher[2]. »

Arrêtons-nous un instant. Celui qui a écrit ces lignes pense-t-il que les sens ne servent de rien pour l'intelligence et qu'ils n'établissent entre les corps et nous aucune communication? Soutient-il d'autre part que nous voyons en Dieu, comme existant réellement, les formes, les couleurs, les mouvements, en un mot tout ce qui est, croyons-nous, objet de sensation?

Certainement, il ne saurait être question de prendre le mot vision dans son acception toute sensible, de pré-

---

1. 10° *Éclaircissement à la Rech. de la V.*
2. *Médit. chrét.*, X, 9.

tendre que nous voyons en Dieu des yeux du corps d'autres corps semblables à nous. Malebranche a eu besoin de prévenir[1] cette interprétation et, comme il l'écrit, « cette erreur grossière que l'on voit le soleil, un cheval, un homme pour chacune des idées que Dieu en a lui-même ». La vision qui est à expliquer, c'est l'intelligence. Mais si l'intelligence de Dieu est simple, celle de l'homme ne peut pas l'être.

A l'occasion de certains mouvements des corps, l'âme « répand différentes sensations[2] » sur les idées qui l'affectent. De là une connaissance toute de sentiment, c'est-à-dire obscure et confuse et dont nous ne pouvons donner aucune explication. Ce que nous « voyons » véritablement par lumière et par idée claire, ce que nous voyons en Dieu, ce sont les essences des choses, les nombres et l'étendue intelligible. C'est là ce qui non seulement nous éclaire, mais donne à notre intelligence un essor indéfini.

On a vu plus haut quelle place l'idée de l'étendue intelligible tient dans la connaissance de la nature divine. Elle n'en tient pas moins (la conséquence était forcée) dans tout le système de nos connaissances. La géométrie en effet, science en laquelle se résument toutes les sciences du monde créé, — car la mécanique en relève, et la physique aussi dans ce qu'elle a de clair et de positif, — n'a pas d'autre objet que l'étendue in-

---

1. *Trois lettres à M. Arnauld*, p. 96.
2. Voir 10ᵉ *Éclaircissement à la Rech.*, 3ᵉ obj.

telligible [1]. Or, là, où sommes-nous? En Dieu même, puisque tout ce qui est infini, nécessaire, éternel, immuablement ordonné, ne peut être qu'en lui. Donc selon Malebranche comme « selon saint Augustin, l'étendue intelligible, l'objet des géomètres, l'idée par laquelle tous les corps sont connus et sur laquelle ils sont tous créés, est, aussi bien que les nombres, d'une nature immuable, nécessaire, éternelle, qu'on ne peut voir qu'en Dieu [2] ». Or, si nous l'y voyons, par quelle vertu y réussissons-nous? Ce n'est point par la nôtre, à coup sûr ; car un être fini ne peut avoir la force d'embrasser l'infini. Mais l'infini au contraire a toute vertu pour agir sur les esprits, les toucher, les émouvoir, les éclairer et multiplier en eux les marques suivies de son efficacité.

« Je pense que vous êtes aujourd'hui convaincu que l'idée d'étendue ou l'étendue intelligible n'est pas une modification de l'âme et qu'elle ne se trouve qu'en Dieu, parce que cette étendue est infinie et que notre esprit est fini ; qu'elle est immuable, nécessaire, éternelle, commune à toutes les intelligences, qualités assurément qui ne peuvent convenir aux modifications d'une créature. Or, cette étendue est efficace ; elle peut agir dans l'esprit. Elle peut l'éclairer, le toucher, le modifier de mille manières, car cette étendue qui est l'archétype de la matière n'est que la substance de Dieu en tant que re-

---

1. « L'idée de l'étendue est si claire, si intelligible, si féconde en vérités, que les géomètres et les physiciens tirent d'elle toute la connaissance qu'ils ont de la géométrie et de la physique. » (*Réponse à M. Régis*, ch. II.)
2. Voir *Œuvres philosophiques* d'Arnauld, éd. J. Simon, p. 327 sq.

présentative des corps, et il n'y a rien en Dieu d'impuissant. La substance divine renferme dans sa simplicité, d'une manière qui nous passe, toutes les perfections des créatures, mais sans limitations et sans impuissance... Les perfections, en tant que relatives aux créatures, sont les archétypes de ces mêmes créatures, et elles sont les idées des esprits lorsqu'elles agissent en eux et qu'elles les éclairent[1]. »

Après des affirmations si fortes et si claires, on se demande toujours, à la vérité, si le grand esprit qui nous les produit ne va pas les expliquer davantage. Mais il faut en prendre son parti : le mystère sera maintenu. Et comment ne le serait-il pas? « Je suis la Vérité éternelle, dit Dieu à l'âme, parce qu'il n'y a rien d'intelligible hors de moi... J'unis immédiatement les esprits à moi-même comme à la Raison qui les rend raisonnables... Je me donne tout entier à chacun d'eux : je les pénètre et je remplis toute la capacité qu'ils ont de me recevoir. *Mais tu n'es pas en état de comprendre clairement comment je me communique aux hommes*[2]. »

« Je me donne tout entier », — l'expression a sans doute dépassé ici la pensée de l'écrivain : il la restreindra dans d'autres passages, mais tout en répétant que le grand fait de la communication des deux natures demeure impossible à expliquer. Pressé par un autre cartésien, il lui répond : « Les idées des objets sont préalables aux perceptions que nous en avons. Ce ne

---
1. *Deuxième Entretien sur la mort.*
2. *Méd. chr.*, VI, 4.

sont donc pas de simples modifications de l'esprit, mais les causes véritables de ces modifications, c'est-à-dire que nos idées ne se trouvent qu'en Dieu qui seul peut agir dans notre âme et la modifie de diverses perceptions par sa propre substance ; non telle qu'elle est en elle-même, mais en tant qu'elle est la lumière ou la Raison universelle des esprits, en tant qu'elle est représentative des créatures et participable par elles ; en tant, en un mot, qu'elle contient l'étendue intelligible, l'archétype de la matière. On ne doit pas *exiger de moi que j'explique plus clairement la manière dont Dieu agit sans cesse sur les esprits : j'avoue que je n'en sais pas davantage* [1]. »

C'est déjà la déclaration qu'il avait faite, on s'en souvient, au sujet de la participation de la substance divine par les créatures.

Tout incompréhensible qu'elle est cependant, cette action de Dieu sur nos esprits (car la Vision en Dieu, c'est surtout cela) peut et doit être analysée. Elle comprend plusieurs phases ou plusieurs opérations qui, unies en Dieu, se montrent en nous distinctes l'une de l'autre.

Le principe général, dont il n'est pas superflu de renouveler l'expression, est celui-ci : « Il est donc clair que l'âme n'est unie immédiatement ni à son corps, ni au monde matériel, mais à l'idée de son corps et au monde intelligible, en un mot à Dieu, à la substance

---

1. *Rép. à Régis*, ch. III (Tome III de la *Rech.*, édit. de 1712).

intelligible de la Raison universelle qui seule peut éclairer les intelligences et agir dans nos esprits en mille manières différentes[1]. »

La première de ces « manières » est la vue directe des essences géométriques et de ce que le métaphysicien appelle les nombres nombrants. Figure et nombre ne sont donc autre chose que l'étendue intelligible : car qu'y a-t-il, encore une fois, d'intelligible dans l'étendue, sinon précisément ces relations mathématiques dont la vue est si claire, la démonstration si certaine, la fécondité si illimitée ? « En elles réside » le fonds inépuisable des vérités géométriques. En elles sont contenus l'infinité des mondes possibles que Dieu a vus, mais qu'il n'a pas faits... Or, ces figures et ces nombres n'ont pas besoin d'idées qui les fassent voir ; ils sont à eux-mêmes, pour ainsi dire, leurs propres idées, immédiatement et directement intelligibles. « Voilà pourquoi, est-il ajouté, je dis avec saint Augustin et par les mêmes raisons que lui, que les figures géométriques et les nombres ne sont et ne se voient qu'en Dieu[2]. »

Descendons d'un degré. Ces figures et ces nombres nombrants seront maintenant des idées qui serviront à nous faire voir les figures et les nombres que les hommes appellent réels et véritables. Mettez sous mes yeux un carré matériel et un certain nombre d'objets : je ne les *verrai* à l'état géométrique de carré et à l'état ma-

---

1. *Deuxième Entretien sur la mort.*
2. *Réponse à la 3ᵉ lettre de M. Arnauld*, p. 141 et 142 de l'édit. d'Amsterdam 1704.

thématique de nombres que par l'action de l'idée antérieure qui les « représente [1] ».

De l'idée de la figure descendons maintenant (car c'est bien descendre) à la perception de cette figure. En vain Arnauld confond-il les deux choses; en vain s'efforce-t-il de pallier cette confusion par une distinction toute verbale, la perception désignant plus directement l'âme percevante ou modifiée, l'idée désignant plutôt le rapport à l'objet perçu. Ce qui importe à son adversaire, c'est ceci : que l'homme ne peut avoir de perception d'un carré sans une idée, différente de la modification de l'esprit et « préalable » à cette modification; de telle sorte qu'au lieu d'aller de la sensation à l'image et de l'image à l'idée, comme Arnauld le croit, c'est la marche inverse que nous suivons.

Nos perceptions ne sont-elles donc pas constituées par certains rapports sensibles qui les lient à des objets extérieurs? Non! Les objets sont nécessairement conformes aux idées selon lesquelles ils ont été créés; et ces idées étant communes à tous les esprits unis à la souveraine raison, les esprits entrent bien en rapport avec les objets par les idées; « mais je nie que nos perceptions aient essentiellement rapport aux objets du dehors, parce que ces objets ne peuvent affecter l'âme ni être reçus dans l'âme : ils n'en peuvent être directement aperçus, et ainsi, en eux-mêmes où

---

1. Un moderne dirait : dont elles représentent l'intelligibilité sous une forme matérielle.

par eux-mêmes, ils sont tout à fait inintelligibles [1] ».

Soit! insistera-t-on, s'il s'agit de ce qu'il y a d'explicable, de mesurable, de théorisable, d'intelligible enfin, dans l'objet; car il est clair que ce n'est pas l'oreille qui fait du son quelque chose d'intelligible, ni l'œil qui fait des couleurs ce que nous découvrent la physique et la géométrie; mais ces objets, ajoutera-t-on, ne les voit-on pas de ses yeux, au sens ordinaire du mot? Et comment les voit-on?

A parler rigoureusement, nous ne voyons pas les corps en eux-mêmes, rien de créé ne pouvant être l'objet immédiat de nos connaissances. Ce qu'on appelle voir les corps, c'est percevoir en soi différentes couleurs qu'on attribue à l'étendue. Autrement dit, lorsqu'on ouvre les yeux, l'étendue intelligible devient sensible par les couleurs qui nous affectent en conséquence des lois de l'union de l'âme et du corps. Est-ce donc que le corps mû par les autres corps meut le nôtre à son tour et fait ainsi arriver jusqu'à notre esprit une impression qui le modifie? Erreur capitale! répétera Malebranche, Dieu seul agit sur notre esprit; c'est donc lui qui seul modifie notre âme, de manière à nous faire découvrir les créatures.

S'il nous affecte d'une perception que le philosophe appellera « toute pure » (nous dirions de nos jours une représentation interne et immatérielle), il nous découvre la créature comme possible.

---

1. *Rép. à la 3ᵉ lettre d'Arnauld*, p. 31.

S'il nous affecte d'une perception sensible, cette créature nous est découverte comme existante.

Enfin, « elle nous est découverte comme faisant partie de nous-mêmes, si elle est fort intéressante et fort vive, telle que l'est la douleur [1] ». Car si, dans l'opinion commune, nous jouissons ou souffrons de l'état de notre corps parce qu'il est véritablement nôtre et uni à nous substantiellement, dans l'opinion du métaphysicien l'ordre est retourné : c'est parce qu'il a plu à Dieu de nous faire jouir ou souffrir à propos de ce corps et de ses mouvements, que nous le jugeons nôtre — sans avoir d'ailleurs aucune raison nécessaire à donner à l'appui de ce jugement.

Dans ces phases différentes d'une action de plus en plus complexe en nous, nous avons beau aller de l'intelligible au sensible, c'est toujours Dieu qui agit sur nous ; c'est véritablement entre lui et nous que tout se passe. Il y a seulement cette différence, que les idées nous mettent directement en rapport avec la sagesse de Dieu, nous font connaître ce qu'il connaît et établissent ainsi entre lui et nous une société dans laquelle entreront nécessairement les intelligences de nos semblables,

---

1. Voir 6ᵉ *Éclaircissement sur la Rech.* — Cf. *Rép. à la 3ᵉ lettre d'Arnauld*, p. 126 : « C'est à cause de ces sentiments intéressants qu'elle regarde son corps comme étant uni avec elle et souvent même comme faisant partie de son être propre. Si la perception indirecte que j'ai de ce papier sur lequel j'écris mes *visions*, au lieu d'être blancheur, perception indifférente, j'en avais une perception intéressante, plaisir ou douleur, je le regarderais, ce papier, non comme un corps séparé du mien, mais comme un corps auquel mon âme serait physiquement unie, comme un corps que je devrais ménager aussi soigneusement que le mien propre, etc. »

tandis que les modifications sensibles qu'il imprime en nous ne nous mettent en rapports qu'avec sa puissance, dont il ne nous a rien communiqué.

Combien donc est-il téméraire de vouloir ramener les unes aux autres nos perceptions et nos idées ! Jamais celles-là ne répondent à la réalité de celles-ci. « Quand je me pique ou quand je me brûle, j'ai une perception très vive et très grande d'une idée pour ainsi dire fort petite ; et quand j'imagine les cieux, j'ai une perception fort petite d'une très vaste idée [1]. »

VIII

Si c'est de Dieu et non des choses que nous viennent nos idées, c'est également de lui que nous vient l'amour principe des mouvements de notre âme. « Corps, esprit, pure intelligence, tout cela ne peut rien. C'est celui qui a fait les esprits qui les éclaire et qui les agite. C'est celui qui a créé le ciel et la terre qui en règle les mouvements [2]. »

Mais qu'est-ce qu' « agiter » les esprits ? C'est leur communiquer une impression qui les meut sans cesse. Car, en vertu des principes posés, Dieu ne peut faire un esprit, qu'il ne le fasse et ne le conserve avec tels ou tels mouvements spirituels, de même qu'il ne peut créer un corps qu'il ne le mette ici ou là et ne lui imprime un mouvement déterminé dans l'espace. Nous appelons en

---

1. *Réponse à Régis*, II, 1.
2. *Rech. de la Vérité*, l. VI, IIe p., ch. III.

nous amour ou volonté, cette impression continuelle que celui qui nous a créés nous communique : et il n'est pas besoin de demander où elle nous porte. Puisque Dieu seul agit, il n'agit que pour lui et pour sa gloire, et la fin du mouvement qu'il nous imprime ne peut être que le bien général dont il est la substance. Ainsi, « nul homme n'est à lui-même ni le principe de son amour, ni l'inspiration qui l'anime et qui le conduit ». Il n'est pas plus à lui-même sa propre force et son propre élan qu'il n'est à lui-même sa propre lumière. C'est Celui qui est sa raison et sa lumière qui est en même temps la substance de son bien et l'excitateur de son amour.

Le bien général vers lequel l'homme est ainsi porté tout d'abord par un mouvement direct, n'existe pleinement et parfaitement qu'en Dieu. Mais comme l'étendue intelligible se retrouve dans les créatures qui y participent inégalement, ainsi le bien général est participé ou imité par des biens particuliers. Aller à ces biens et s'y laisser prendre, voilà le propre de l'agitation ou de l'inquiétude de l'âme humaine. Ce n'est pas qu'elle ait tantôt plus, tantôt moins de ressort et d'énergie. « Dieu nous pousse toujours vers lui d'une force égale; l'impression ou le mouvement naturel qui nous porte vers le bien [1] n'augmente ni ne diminue jamais. » On sait comment pour les cartésiens la quantité du mouvement reste la même dans les corps : la direction qu'elle reçoit varie seule. Ainsi, d'après Malebranche, l'âme, elle

---

1. 1ᵉʳ *Écl. à la Rech. de la V.*

aussi, garde toujours la même quantité de force qu'elle a reçue : seulement elle la disperse, elle l'égare ; elle ne suit pas, dans sa ligne droite, le mouvement initial auquel elle devrait céder. Quand elle se détourne et surtout s'arrête à un bien particulier, elle sent qu'elle a « du mouvement pour aller plus loin [1] » ; voilà ce qui fait son péché. Elle va donc d'objets en objets, voyant confusément quelque bien dans les uns et dans les autres ; et en effet il y en a un. Mais aucun de ces biens incomplets n'est capable de la satisfaire ; aussi, après avoir dévié un instant vers celui-ci ou vers celui-là, après s'être arrêtée ou reposée, reprend-elle vite son inquiétude. « *Il n'y a rien qui puisse arrêter le mouvement de l'âme que Celui qui le lui imprime.* »

Cependant, par l'action même de Dieu, nos inclinations nous portent malgré nous et doivent nous porter vers le bien des autres ; car Dieu aimant sans cesse les ouvrages qu'il produit, il imprime aussi sans cesse dans notre cœur un amour pareil au sien. Pour que l'amour naturel que nous avons pour nous n'affaiblisse pas trop celui qu'il veut nous faire éprouver pour les autres créatures, il nous a liés à elles de telle sorte que naturellement leurs maux nous affligent et leurs joies nous réjouissent, que leur grandeur ou leur abaissement grandit ou humilie notre propre être, bref, que nous aimons un être d'autant plus qu'il est une part plus considérable du tout que nous composons avec lui [2].

---

1. 1ᵉʳ *Écl. à la Rech. de la V.*
2. *Rech. de la Vérité*, l. IV.

Telle est l'origine, telle est la fin, telle est la nature des inclinations naturelles. Jusqu'ici, tout nous est commun avec les pures intelligences. Mais dans l'être total de l'homme, ces inclinations reçoivent par les mouvements extraordinaires des esprits animaux et du sang, des stimulants, des résistances, des épreuves qui les surexcitent ou qui les troublent[1]. A ces phénomènes, l'auteur de la *Recherche de la Vérité* donne indifféremment le nom d'émotions et de passions. Mais il y voit toujours des impressions continuelles que l'auteur de la nature produit en nous à propos ou à l'*occasion* des mouvements corporels qui nous agitent.

IX

Ce mot d' « occasion », il a donc été déjà prononcé souvent, et il nous a même été expliqué autant qu'il peut l'être. Rappelons d'abord un peu plus explicitement quelle est l'étendue et la portée de cette hypothèse métaphysique.

Ceux qui l'ont étudiée semblent n'avoir eu généralement en vue que la volonté humaine considérée, non comme une cause efficace et productrice, mais comme simple cause occasionnelle d'un mouvement que la seule efficace de Dieu peut produire en nous. En réalité cependant, elle s'applique à l'intelligence autant qu'à la volonté, aux actions que nous croyons recevoir autant

---

1. Cette portion de la passion est donc plus empirique; aussi devons-nous en ajourner l'exposé.

qu'à celles que nous croyons exercer. Elle enveloppe tout ce qui, aux regards des sens et selon les préjugés vulgaires, paraît être une cause, cause seconde, mais toutefois cause réelle, dit-on. Souvenons-nous-en, la cause réelle est unique, et c'est toujours la même qui agit partout. Ainsi, lisons-nous dans le *12ᵉ Entretien métaphysique*, « les ébranlements qui s'excitent dans mon cerveau sont la cause occasionnelle ou naturelle de mes sentiments ; la cause occasionnelle de la présence de mes idées à mon esprit, c'est mon attention ». En d'autres termes, que les actions semblent aboutir à nous ou en partir, les mouvements qui les expriment ne sont jamais que l'occasion que Dieu s'est éternellement réservée pour nous faire ou produire ou subir, par lui, quelque état que ce soit.

Du moment où Malebranche présente ainsi sa théorie, on s'attend bien à ce qu'il l'étaie comme toutes les autres sur le petit nombre de principes dont il retrouve partout les applications. Prétendre que les êtres de la création — l'homme compris — soient capables d'une action efficace, c'est traîner dans l'ornière de tous les scholastiques. A la suite de « ce misérable et pitoyable philosophe [1] » appelé Aristote, ils s'ingénient à établir en dehors de Dieu une « nature » à laquelle ils donnent vingt noms

---

1. 15ᵉ *Éclaircissement*. Jamais Malebranche n'a parlé autant des scholastiques ; c'est là surtout qu'on doit se reporter pour se rendre compte du degré de connaissance qu'il pouvait avoir des doctrines de l'École. C'est là, en effet, qu'il disserte sur Avicenne et Avicembron, sur Suarez, Fonseca, Ruvio, d'Ailly et quelques autres.

divers : nature, âme universelle, âme des bêtes, force, forme, etc.; ils ne s'aperçoivent pas que cette diversité même est une preuve de l'embarras où ils se sont mis. Qu'on revienne donc, une fois pour toutes, aux idées simples et claires.

Il est contradictoire que les corps puissent agir sur les corps; « ils ne peuvent rien d'eux-mêmes ». « La force mouvante d'un corps n'est que l'efficace de la volonté de Dieu qui le conserve successivement en différents lieux. » « La matière n'a qu'une capacité passive de mouvement [1]. »

Enfin « l'esprit même n'agit pas autant qu'on se l'imagine... Je nie que ma volonté soit la cause véritable du mouvement de mon bras, des idées de mon esprit et des autres choses qui accompagnent mes volontés; car je ne vois aucun rapport entre des choses si différentes. Je vois même très clairement qu'il ne peut y avoir de rapport entre la volonté que j'ai de remuer le bras et entre l'agitation des esprits animaux, c'est-à-dire de quelques petits corps dont je ne sais ni le mouvement ni la figure, lesquels vont choisir certains canaux des nerfs entre un million d'autres que je ne connais pas, afin de causer en moi le mouvement que je souhaite par une infinité de mouvements que je ne souhaite pas [2] ».

Donc ce n'est pas un simple « concours » que Dieu nous donne, ainsi que beaucoup de philosophes et de

---

1. *Entret. mét.*, VII ; *ibid.*, XII. — Cf. 15ᵉ *Éclairc. sur la Rech.*
2. 15 *Écl.*

théologiens l'ont prétendu. « Il fait tout comme cause véritable et il ne communique sa puissance aux créatures qu'en les établissant causes occasionnelles de l'exercice de la sienne en conséquence de lois générales [1]. »

Parmi ces lois générales sont celles qui donnent aux hommes peu réfléchis l'illusion de ce qu'ils appellent l'union de l'âme et du corps. Il y a sans aucun doute entre le corps et l'âme des relations continuelles et très étroites, car s'ils n'agissent pas l'un sur l'autre, « leurs modalités sont réciproques [2] »; mais l'âme n'est pas plus dans le corps ou dans une partie du corps, fût-ce le cerveau, que le corps n'est dans l'âme. Non, l'on ne peut pas plus dire que l'âme est dans le corps, sous prétexte qu'elle y souffre de la douleur, que l'on ne peut dire qu'elle est dans le soleil, dans les nues, dans les corps qui l'environnent, dans la fleur qu'elle respire, sous prétexte qu'elle y voit la lumière et les couleurs et qu'elle y sent les odeurs [3]. L'âme et le corps sont également en Dieu, l'un dans sa Raison, l'autre dans son immensité. S'il y a entre eux des rapports, objets de nos perceptions, c'est uniquement parce qu'ils sont ainsi tous les deux dans le Dieu qui les a créés et qui agit constamment sur eux. Ne parlons donc pas de véritable union, mais « d'alliance »; et disons que cette alliance consiste dans une correspondance mutuelle des pensées

---

1. *Rép. à la 3ᵉ lettre d'Arnauld*, p. 254.
2. *Entret. mét.*, VII, 4.
3. *Entret. sur la mort*, II.

de l'âme avec les traces du cerveau et des émotions de l'âme avec les mouvements des esprits animaux ; mais il faut toujours recourir à celui qui réalise pratiquement cette correspondance. Car « ôtez l'efficace divine, tout est mort et sans mouvement. Que dis-je ? Tout rentre aussitôt dans le néant [1] ». Il est donc évident que mon bras est mû, « non par ma volonté, qui est impuissante en elle-même, mais par celle de Dieu qui ne peut jamais manquer d'avoir son effet ». Pour le produire, cet effet, il n'a besoin d'aucun secours, d'aucun instrument. Il y a contradiction qu'il veuille et que ce qu'il veut ne soit pas. Cela suffit !

X

Dieu partout, Dieu acteur unique de tout ce que les êtres particuliers semblent accomplir, voilà donc ce qui remplit jusqu'à présent la métaphysique dont nous cherchons l'intelligence. Mais alors se posent à nous des questions dont celui qui nous les suggère nous doit la solution. Il le sait, et il ne recule pas, autant qu'on l'a dit quelquefois, devant ce devoir, ajoutons, si l'on veut, devant cette difficulté. Ces questions sont les suivantes :

Qu'est-ce que la réalité des corps ? Est-elle ou non une illusion ? Dieu, pour nous conduire comme il le fait, a-t-il eu besoin de créer de véritables corps matériels,

---

1. 15ᵉ *Éclairciss. sur la Rech.* Toutes ces propositions ne sont du reste que des applications nécessaires des principes généraux qu'on a lus plus haut.

avec extension locale, et peut-on prouver qu'il l'a fait?

Qu'est-ce que la science que nous avons ou croyons avoir des corps? Est-elle certaine? Et où faut-il chercher le fondement solide sur lequel repose cette certitude?

Qu'est-ce que l'âme?

Enfin, à supposer que nous ayons trouvé une base à la science spéculative, pouvons-nous d'autre part en trouver une à notre action pratique, ce qui veut dire : Sommes-nous ou ne sommes-nous pas libres et responsables de nos destinées?

Examinons d'abord ce que la matière est aux yeux — sinon du sens commun vulgaire — au moins du sens commun réfléchi et déjà éclairé par certaines considérations scientifiques. Depuis Descartes, il n'y a point à hésiter. La matière, c'est de l'étendue. — Voilà son essence, ce qui ne veut pas dire : voilà tout ce qu'elle est; car l'essence d'une chose n'épuise pas tout ce que cette chose est ou peut être. L'essence d'une chose « est ce que l'on conçoit *de premier* dans cette chose » et de quoi dépendent toutes ces modifications qu'on y remarque [1]. Ajoutons maintenant : c'est de l'étendue figurée — et c'est par conséquent de l'étendue mobile.

C'est de l'étendue : la proposition est tenue pour évidente par elle-même. Il suffit, dit Malebranche, de consulter avec application l'idée de l'étendue pour « reconnaître que l'étendue n'est pas une manière

---

1. *Rech. de la Vérité*, l. III, V^e partie, ch. I, 1, note.

d'être du corps, mais le corps même, parce qu'elle nous est représentée comme une chose subsistante et comme le principe de tout ce que nous concevons clairement dans les corps[1] ». Donc la matière pourrait, à la rigueur, n'être ni figurée ni mobile. Elle ne peut pas ne pas être étendue. Il n'en faut pas demander ici davantage.

Qu'est-ce maintenant que la figure ? Rien autre chose que « le terme de l'étendue ». Entendons par là ce qui la détermine, l'empêche de rester à l'état de masse confuse et indistincte et lui donne ces formes variées et successives qui font la beauté de l'univers [2].

Comment enfin ces figures sont-elles produites ? Par le mouvement. « Les corps n'ont pas d'autres qualités que celles qui résultent de leurs figures ni d'autre action que leurs mouvements divers[3]. » Imaginer davantage n'est pas moins aventuré ni moins arbitraire que de concevoir une divinité sous le feu de la foudre et sous l'eau des fontaines. Une figure ne diffère d'une figure et n'est définie que par des rapports de distance.

1. *Éclairciss. sur le III° livre de la Rech.* — Cf. *Entret. mét.*, III, 2. « Nous pouvons penser à l'étendue sans penser à autre chose. C'est donc un être ou une substance et non une manière d'être. »

2. *Rech. de la Vérité*, IV, i, 1.

3. *Entret. mét.*, IV. — C'est ce qu'avait enseigné Descartes : « Je pense que tous les corps sont faits d'une même matière et qu'il n'y a rien qui fasse de la diversité entre eux, sinon que les petites parties de cette matière qui compose les unes ont d'autres figures ou sont autrement arrangées que celles qui composent les autres » (Lettre XXIV). — Et encore : « Toutes les qualités sensibles des corps consistent dans le seul mouvement ou le seul repos de ces petites parties » (Lettre XXVI de l'éd. Garnier).

On l'aperçoit « tournant sur son centre » ou « s'approchant successivement d'une autre ». Voilà ce que nous trouvons dans l'idée que nous en avons. Supposons donc que Dieu l'ait appelée à l'existence ; il l'a fait exister telle qu'il nous en fait concevoir l'idée, claire, simple et nécessaire. Si cela est, tout ce qu'on appelle vertus ou propriétés dans les corps a là son origine. Notre métaphysicien est avant tout géomètre et il paraît mépriser beaucoup la physique [2]. C'est donc à ces propriétés mathématiques des figures qu'il est d'avis de tout ramener. On peut être certain que s'il eût devancé son époque dans la connaissance des propriétés physiques et chimiques des corps, c'est par des rapports de distances et des modes de groupement des molécules qu'il eût tout expliqué. A ses yeux, en effet, c'est bien la « figure intérieure » ou « configuration » des parties qui distingue, par exemple, un morceau de cire d'un morceau de fer et fait que chacun des deux « est ce qu'il est [3] ».

Cette mobilité, qui dans une même étendue engendre des figures d'une diversité infinie, est-elle une conséquence nécessaire de la nature de l'étendue ? Autrement dit, l'étendue se meut-elle elle-même ? Nous savons que telle doit être bientôt la pensée de Leibniz ; mais nous savons aussi que telle n'est pas précisément celle de

---

1. *Entret. mét.*, III, 11.

2. « Les géomètres se trompent rarement et les physiciens presque toujours. » *Entr. mét.*, III, 17.

3. *Rech. de la Vérité*, liv. Ier, I, 1.

Malebranche. L'inertie absolue de la matière est un dogme que le cartésien ne discute même pas. Les corps « ne peuvent avoir d'autres propriétés que la faculté *passive* de *recevoir* diverses figures et divers mouvements[1] ». En effet, ce que notre esprit conçoit, ce qu'il déduit de ses idées claires et distinctes, c'est que « les parties d'un corps *peuvent* ne pas garder la même situation » et que *pour former* l'univers que nous voyons ou croyons voir, il est nécessaire[2] qu'elles ne la gardent pas. Le mouvement est au monde des corps ce que les inclinations ou l'amour qui les inspire sont au monde des esprits, la condition des rapprochements, des relations, de la diversité, de la vie et de la beauté. Cela aussi doit nous suffire ; car ce qui est nécessaire aux fins qu'il se propose, Dieu, qui n'est pas comme ces rois de la terre déléguant leur pouvoir à des ministres, ne laisse point à sa créature le soin de le faire, il le fait par la seule efficace de sa volonté. A-t-il dû vouloir le faire ? Là est la question, et une considération suffit à la trancher : il n'est pas possible qu'un être intelligent ait voulu laisser la matière en un état d'immobilité où elle n'aurait eu ni utilité, ni variété, ni beauté[3].

Ce mécanisme universel, nous ne nous arrêtons pas à établir qu'il englobe non seulement la vie, mais la sensibilité apparente et l'activité des animaux. Toute cette

---

1. *Entr. mét.*, VII, 2.
2. D'une nécessité hypothétique ou secondaire, non d'une nécessité première.
3. *Rech. de la Vérité*, III, 1.

partie du cartésianisme, telle qu'elle a passé dans Malebranche, est trop connue et a été trop élucidée pour qu'il y ait intérêt à y revenir. Ce que Malebranche a appris du *Traité de l'Homme*[1] avec son enthousiasme encore juvénile, il l'a retenu toute sa vie. Et son raisonnement ne varie pas. Du moment où le mécanisme institué par Dieu a suffi pour faire sortir un poulet d'un œuf, sans qu'on place une intelligence et une âme à l'intérieur de l'œuf, il doit suffire aussi pour faire accomplir au poulet une fois formé tout ce qui est nécessaire à la conservation de sa vie. « Car de même qu'il faut plus d'esprit pour faire une montre d'un morceau de fer que pour la faire aller quand elle est tout achevée, il faudrait plutôt admettre une âme dans un œuf pour en former un poulet que pour faire vivre ce poulet quand il est tout à fait formé[2]. »

Ce mécanisme cependant se prête-t-il, ouvre-t-il un chemin à certaines théories qu'on a cherché de nos jours à en faire sortir, soit, par exemple, l'apparition toute naturelle des formes supérieures de la vie par le développement spontané des formes inférieures? La formule même que nous venons de résumer suffit à nous éclairer, car elle se caractérise par deux mots que toute la philosophie des causes occasionnelles repousse avec la dernière énergie : ce sont les mots de « toute naturelle » et de « spontané ». A parler rigoureusement, nous a-t-il été dit, il n'y a point de nature, et les êtres créés

1. Voyez plus haut, p. 16 et 17.
2. *Rech. de la Vérité*, IV, 11.

sont radicalement incapables d'exercer d'eux-mêmes et par eux-mêmes aucune action « physique ». Aussi va-t-on pouvoir se convaincre que de cette déclaration sort très logiquement la condamnation la plus explicite et de la théorie de la génération spontanée et de la théorie de la transformation des espèces les unes dans les autres.

Le philosophe entrevoyait-il que chacune de ces deux hypothèses met dans la matière un principe original de développement et d'arrangement, une tendance efficace à l'adaptation et au renouvellement? Il paraît difficile de ne le pas croire. Rappelons d'autre part que, contre Descartes, il admettait non seulement l'existence d'une finalité, mais la possibilité d'en déchiffrer les vues principales. C'est ce mélange de finalité et de mécanisme qui fait l'originalité de ses vues sur la nature de la vie.

On a reproché souvent à Descartes d'avoir abordé de biais et avec des allures peu franches le problème de la création. Car, dit-on, après avoir résumé toutes les lois de la nature en quelques formules de mécanique, il prétend n'expliquer ainsi que la suite des phénomènes du monde une fois créé, non la première apparition du monde même, sorti tout entier et d'un seul coup des mains du créateur. D'importants chapitres de la *Recherche de la Vérité* et des *Entretiens métaphysiques*[1] sont consacrés à démontrer que ce n'est là ni une contradiction ni une feinte : « M. Descartes a pensé que Dieu avait

---

1. *Rech.*, VI, II, 4; *Entr. mét.*, XI.

formé le monde tout d'un coup, mais il a cru aussi qu'il l'avait formé dans le même état, dans le même ordre et dans le même arrangement des parties où il aurait été s'il l'avait formé peu à peu par les voies les plus simples. Et cette pensée est digne de la puissance et de la sagesse de Dieu : de sa puissance, puisqu'il a fait en un moment tous ses ouvrages dans leur plus grande perfection ; de sa sagesse, puisque par là il a fait connaître qu'il prévoyait parfaitement tout ce qui devait arriver nécessairement dans la matière, si elle était agitée par les voies les plus simples, et encore parce que l'ordre de la nature n'eût pu subsister, si le monde eût été produit d'une manière contraire aux lois de mouvement par lesquelles il est conservé. »

Cela est d'autant plus vrai, ajoutent les *Entretiens métaphysiques*, que si on comprend parfaitement que les lois du mouvement suffisent pour faire croître les parties d'un animal, ces lois ne sauraient suffire à les former et à les lier toutes ensemble[1]. D'abord ces parties sont en nombre infini ; puis, ce qui est plus décisif encore, elles ne sont pas seulement « liées », comme il vient d'être dit ; il faut considérer que cette liaison comprend et leurs ajustements réciproques dans l'infinité d'un même être, et l'ajustement de ces êtres à la série indéfinie de ceux qui doivent en sortir (car Malebranche

---

[1]. Claude Bernard a enseigné quelque chose d'analogue en disant que si les phénomènes de la vie, dans l'organisme une fois donné, se réduisent à des faits physico-chimiques, ni la physique ni la chimie ne peuvent expliquer la création de l'organisme.

soutient la théorie de l'emboîtement des germes) et l'ajustement de l'espèce à toutes les fins voulues par Dieu dans l'infinité de sa création. Plantes et animaux, animalité et humanité, ordre naturel et ordre surnaturel, tout en effet se tient, tout est lié, tout fait partie d'un plan infini dans lequel rien n'a été soustrait ni à la sagesse ni à la puissance du Père souverain de toutes choses.

Dans cette manière de voir, tout organisme vivant est comme une montre qui contiendrait une infinité de montres infiniment petites, toutes construites, toutes déjà montées de la même manière, toutes éternellement destinées à s'en détacher à un moment donné pour reproduire exactement les mêmes mouvements selon les mêmes lois simples de la mécanique. Mais pour que ces lois mécaniques opèrent, encore faut-il que le mécanisme soit donné. Celui qui le donne avait en vue les principes d'après lesquels il voulait qu'il marchât; voilà ce qu'a bien vu Descartes : il a eu seulement tort de ne voir ni là ni ailleurs des marques évidentes de finalité. Quoi qu'il en soit, une double conclusion s'impose. De pareils organismes peuvent bien s'altérer, se démonter, par suite d'un conflit dans les lois générales de la nature : c'est ce qui fait qu'il y a des maladies et des monstruosités; mais ils ne peuvent ni se produire ni se transformer harmonieusement et utilement.

Et en effet les deux fausses hypothèses se tiennent. Théotime parle de la transformation de la fourmi-lion en demoiselle. — « Je sais ce que c'est, répond Théodore. Mais vous vous trompez de croire qu'elle se transforme en demoiselle. — Je l'ai vu, Théodore, ce fait est constant. — Et moi, Théotime, je vis l'autre jour une taupe qui se transforma en merle. Comment voulez-vous qu'un animal se transforme dans un autre? Il est aussi difficile que cela se fasse que d'un peu de chair pourrie il se forme des insectes.[1] »

La discussion reprend sur ce dernier point. Théodore expliqua que là où le commun des hommes croit à la production d'animalcules nouveaux par la simple pourriture (nous dirions aujourd'hui à la génération spontanée), il y avait des œufs préalablement déposés. — Et Théotime se rend : « Ce que vous dites est sûr, car j'ai renfermé plusieurs fois de la chair où les mouches n'avaient point été, dans une bouteille fermée hermétiquement, et je n'y ai jamais trouvé de vers. » Ce ne sont pas encore là les expériences de Pasteur, assurément ; mais c'en est comme un essai qui ne mérite pas trop d'être appelé grossier. Et Théodore continue à arguer de la perfection du mécanisme pour nier qu'il sorte d'autre chose que d'un acte combiné de la sagesse créatrice. « Il est infiniment plus facile, conclut-il, de concevoir qu'un morceau de fer rouillé se change en une montre parfaitement bonne » que de concevoir qu'un animal complet se forme naturellement de la pourriture ; « car il y a infiniment plus de ressorts et de plus délicats » dans le plus vil des animaux que « dans la pendule la mieux composée ».

---

1. *Entr. mét.*, XI, 6.

XI

Quelle que soit la place que ces théories naturalistes ou cosmologiques occupent dans la philosophie de l'illustre cartésien, c'est surtout aux grands problèmes métaphysiques qu'elles nous ramènent, comme d'ailleurs tout chez lui nous y ramène promptement. Tout ce que nous recueillons en effet de sa pensée, en tout ordre de sujets, nous oblige à nous demander de nouveau : où voyons-nous tout cela? — Et de nouveau nous ne pouvons que nous répondre : en Dieu ! Nous voyons cela en Dieu, parce que cela est en lui avec une efficacité qui, agissant directement sur nous, se révèle à nous par là même. Rappelons-nous l'analyse de l'étendue, qui en Dieu représente le monde sa créature. Dieu voit d'abord l'étendue intelligible ou incréée qui est en lui : il la voit dans sa substance éternelle; puis il voit, dans sa volonté, l'étendue créée. La première, il la voit immuable, incorruptible, parce qu'elle est telle de son essence; la seconde, il la voit changeante et corruptible, parce qu'elle est telle dans ses décrets.

« Dieu a en lui-même l'idée de l'étendue parce qu'il la voit et qu'il l'a faite, et cette idée est incorruptible. Il a voulu qu'il y eût des êtres étendus, et ces êtres ont été produits. Il a voulu aussi que ces parties étendues fussent agitées sans cesse et qu'elles se communiquassent naturellement leurs mouvements. Or, cette communication des mouvements que Dieu ne peut ignorer, puisqu'il ne peut ignorer les volontés qui en sont la cause, est l'origine de la mutabilité, de la corruption et de la génération des différents corps. Ainsi Dieu voit en lui-même la corruption de toutes choses, bien qu'il soit incorruptible : car s'il voit dans sa sagesse les idées incorruptibles, il voit dans ses volontés toutes les choses corruptibles, puisqu'il n'arrive rien qu'il ne fasse[1]. »

Que cette doctrine ait été appelée mainte et mainte fois idéalisme, il n'y a qu'à ouvrir le premier manuel venu pour le constater. Mais il y a des idéalismes de plus d'un genre, et il est tout à fait à propos de se demander quel est celui que nous trouvons ici.

L'idéalisme contemporain professe que c'est notre esprit qui fait ses sensations et qui les construit, et que rien ne nous dit que l'idée que nous nous formons ainsi d'un monde extérieur réponde en effet à un monde extérieur réel. La position prise par Malebranche en face de ce problème n'est ni très simple ni très facile à saisir. Pour bien savoir à quoi répond pour lui la conception du monde, il faut regarder successivement et en nous et en Dieu, mais surtout en Dieu.

Supposer que nous soyons capables de nous donner des sensations et de les organiser par une vertu qui nous soit propre, c'est là une hypothèse écartée d'avance, tout autant que celle qui mettrait dans la matière une vie et une action productrices de phénomènes. Les

---

1. *Conver. chrét.*, 3ᵉ Entretien.

créatures, les choses et les figures géométriques qui leur constituent leurs qualités apparentes, sont en Dieu. Elles y sont *idéalement* et non réellement, lui objecte Arnauld. — J'accepte le mot, répond son adversaire, quitte à l'expliquer. Ainsi, à défaut du substantif « idéalisme » qui ne fera son avènement que plus tard, voici l'adverbe de même racine; et autour de ce mot se livre un petit combat intéressant.

Oui, toutes choses sont en Dieu idéalement; mais il faut se rappeler la différence du mot idée appliqué à Dieu et appliqué à l'homme. Je consens, lisons-nous dans la polémique contre Arnauld, que les choses soient en Dieu *idéalement*, « pourvu que ce mot marque qu'elles y sont *effectivement* et tout autrement qu'elles sont en moi, qui ne suis pas ma lumière à moi-même; pourvu que cet *idéalement* marque suffisamment que la substance divine est représentative de toutes choses à l'égard de toutes les intelligences, parce qu'effectivement elle renferme d'une manière intelligible tous les êtres et créés et possibles...

« Mais si par idéalement on veut marquer qu'elles ne sont en Dieu qu'objectivement ou que Dieu les voit hors de lui, comme je prétends que[1] je ne les vois que hors de

---

1. Nous lisons dans Descartes (*Réponses aux secondes objections*) : « Par réalité objective d'une idée, j'entends l'entité ou l'être de la chose représentée par cette idée, en tant que cette entité est dans l'idée... Tout ce que nous concevons comme étant dans les objets des idées, tout cela est objectivement ou par représentation dans les idées mêmes. » C'est à ce sens cartésien du mot « objectivement » qu'il faut se reporter ici, non au sens qu'il a de nos jours.

moi dans la substance du Verbe auquel je suis uni, je soutiens que c'est la plus grande des impiétés, parce que c'est soutenir que Dieu n'est pas à lui-même sa sagesse et sa lumière[1]. »

Une telle doctrine, on s'en rend aisément compte, est moins de l'idéalisme (tel qu'on l'a compris dans la majorité des écoles) qu'une sorte de réalisme d'origine, d'essence et de valeur divines, si l'on me permet ces expressions. Le problème que le sens commun réfléchi se pose n'est donc point encore résolu. Car de nouveau on se demande : dans la nature et au regard de nos sens, cette étendue, que Dieu ne voit qu'en lui, est-elle réelle? Les corps existent-ils en dehors de ce que Dieu nous fait voir par l'action qu'il exerce directement sur nous?

Il faut bien le reconnaître, l'auteur des *Entretiens métaphysiques* et du *Traité de la Nature et de la Grâce*, est ici dans une situation analogue à celle où nous le verrons bientôt devant la question des miracles. Il y croit, dit-il, mais avec toutes sortes de réticences, et on peut presque dire, d'arrière-pensées. Pour la plupart des hommes, la matière et ses lois sont réalité et objet de science certaine, tandis que la métaphysique est un mystère devant lequel ils demeurent au moins perplexes. Pour le penseur qui nous occupe, c'est l'inverse qui est le vrai : l'intelligible, voilà — sans vouloir jouer sur les mots — ce qui est vraiment intelligible : la matière

---

1. *Trois lettres à Arnauld*, p. 34.

avec extension locale, voilà ce qui ne se démontre pas et ne peut pas se démontrer; on peut même sous-entendre : voilà ce qui ne se comprend pas[1]. L'existence des corps est arbitraire. S'il y en a, c'est que Dieu a « bien voulu », a toléré qu'il y en eût; et sa raison, si on peut aller en chercher et en découvrir une, c'est qu'il a entendu nous donner dans notre corps à nous, une victime à sacrifier pour satisfaire à sa justice et mériter son pardon.

D'autre part, la révélation et les grands faits de l'histoire religieuse, tels qu'une autorité infaillible nous les donne, l'Incarnation, la Passion, l'Ascension, la Prédication des apôtres et son heureux succès, l'établissement de l'Église, semblent bien nous commander la croyance qu'il y a quelque chose d'interposé entre Dieu et nous. Assurément! Mais enfin Dieu n'a-t-il pu donner à toutes ces choses une réalité suffisante en en produisant en nous les images? Le fait que ces images dépendraient directement, exclusivement de la volonté divine et de son action, sans intermédiaire grossier, en diminuerait-il la valeur? — Il est difficile de se défendre du soupçon que telle était bien la solution à laquelle inclinait le grand « Visionnaire » comme il n'était point trop fâché qu'on l'appelât; car la révélation une fois écartée ou l'interprétation que nous venons d'indiquer une fois passée sous silence, rien absolument, au point de vue philosophique et naturel, ne lui semble pouvoir établir l'existence des corps.

---

1. Voyez *Entr. mét.*, **IV**, 5.

Il le croit d'autant plus que mille expériences établissent comment nous pouvons entendre des sons qui ne sont pas émis, voir des couleurs et des formes là où cependant il n'y a rien, souffrir même d'un membre qui n'existe plus. La révélation naturelle de nos sens est faillible. Tel croit avoir quatre pattes qui n'a que deux jambes : tel sent de la douleur dans un bras qu'on lui a coupé il y a longtemps. Bref, les sensations sont des modifications de notre âme, et des modifications qui, ne supposant pas toujours d'objet extérieur correspondant, peuvent très bien n'en supposer jamais. Ce ne sont pas les objets qui sont visibles et qui sont vus : car Dieu peut les anéantir et cependant nous les faire voir en excitant en nous les mêmes mouvements cérébraux. L'accumulation répétée de ces faits, voilà le grand argument de Malebranche. Il le pousse même très loin à l'aide d'un exemple qui ne laisse pas que d'être assez curieux.

Pour ce qui est des qualités dites secondes ou secondaires, il n'y a plus guère aujourd'hui de discussion sérieuse : tout le monde, je crois, les tient pour subjectives. Il n'en est pas de même pour la résistance, qui atteste, dit-on, le conflit évident de deux forces. Malebranche connaît ou tout au moins prévoit l'argument ; et, loin de s'en inquiéter, il y trouve un motif de plus de s'enfoncer dans son doute. La vraie résistance, la résistance invincible, indubitable, lumineuse, certes elle existe, c'est celle que la vérité intelligible oppose aux esprits. Essayez donc seulement de concevoir que deux et deux font cinq et qu'il y a dans un même cercle deux diamètres inégaux... avec toutes les propositions qui en dépendent! Vous verrez clairement et distinctement que vous ne le pouvez pas, et vous en conclurez nécessairement l'existence d'une vérité victorieuse de vos vains efforts. Mais la résistance de la matière supposée n'est pas plus à l'abri des illusions, que les autres qualités sensibles. Elle est donc aussi faillible et là aussi le sens est « un faux témoin » que nous sommes obligés de récuser. Écoutez cette histoire.

« Il n'y a pas longtemps qu'il y avait un homme, fort sage d'ailleurs, qui croyait toujours avoir de l'eau jusqu'au milieu du corps et qui appréhendait sans cesse qu'elle ne s'augmentât et ne le noyât. Il la sentait, comme vous votre terre; il la trouvait froide, et il se promenait toujours fort lentement, parce que l'eau, disait-il, l'empêchait d'aller plus vite. Quand on lui parlait néanmoins, et qu'il écoutait attentivement, on le détrompait. Mais il retombait aussitôt dans son erreur. Quand un homme se croit transformé en coq, en lièvre, en loup ou en bœuf, comme Nabuchodonosor, il sent en lui, au lieu de ses jambes, les pieds du coq; au lieu de ses bras, les jarrets d'un bœuf; et, au lieu de ses cheveux, une crête ou des cornes. Comment ne voyez-vous pas que la résistance de notre plancher n'est qu'un sentiment qui frappe l'âme, et qu'absolument parlant, nous pouvons avoir tous nos sentiments indépendamment des objets[1]? »

---

1. *Entret. mét.*, I, 8.

De tels exemples autorisent donc au moins des doutes et suffisent à « réprimer », comme dira Kant, la tendance que nous avons à consulter nos sens et à nous contenter de leurs trompeuses réponses. Revenons-en dès lors à la vérité intelligible. Les mystères mêmes de la religion, avec l'appareil terrestre et corporel qu'ils mettent en mouvement, ne valent que par l'immuable vérité dont ils sont très certainement les figures. A plus forte raison devons-nous, en raisonnant sur les corps, tenir compte des idées que nous en avons, plus que des témoignages physiques que nous nous figurons en recevoir. « On peut assurer d'une chose ce qui est renfermé dans l'idée claire qu'on en a, c'est-à-dire on peut assurer de ce qu'on aperçoit immédiatement que cela est tel qu'on l'aperçoit. Je dis immédiatement; car, que les objets représentés par les idées soient ou ne soient pas actuellement, on ne laisse pas d'apercevoir également ce qu'on aperçoit immédiatement. Ces objets peuvent n'être pas; mais aussi ce ne sont pas eux qui sont aperçus ou reçus dans l'âme, ce ne sont pas eux qui sont objectivement présents à l'esprit; ce ne sont pas eux que l'on aperçoit véritablement, immédiatement, directement[1]. »

S'il en est ainsi, nous pouvons, dans l'ordre scientifique, travailler en toute sécurité sur nos idées sans nous préoccuper de savoir si elles répondent à des réalités terrestres. Elles répondent à des réalités divines, cela vaut mieux; cela suffit pour nous donner la certi-

---

1. *Rép. à la 3ᵉ lettre d'Arnauld,* p. 108.

tude. Pour les mathématiques, on l'avoue sans peine ; mais il faut aller plus loin et se défier, par exemple en physique, de ce qui n'est que témoignage des sens. Pour la physique, il ne faut admettre que les notions communes à tous les hommes, c'est-à-dire les axiomes de géométrie et les idées claires d'étendue, de figure, de mouvement et de repos, et s'il y en a d'autres aussi claires que celles-là.

« ... Il n'est pas nécessaire d'examiner s'il y a en effet au dehors des êtres qui répondent à ces idées ; car nous ne raisonnons pas sur ces êtres, mais sur leurs idées. » Toute science expérimentale est-elle donc supprimée ? Tout se construira-t-il a priori ? Non, car il ne faut pas confondre la question méthodologique ou logique avec la question métaphysique. Écoutons en effet ce qui suit. « Nous devons seulement prendre garde que les raisonnements que nous faisons sur les propriétés des choses s'accordent avec les sentiments que nous en avons, c'est-à-dire que ce que nous pensons s'accorde parfaitement avec l'expérience, parce que nous tâchons, dans la physique, de découvrir l'ordre et la liaison des effets avec leurs causes, *ou dans les corps, s'il y en a, ou dans les sentiments que nous en avons, s'ils n'existent pas*[1]. »

XII

Une telle doctrine — c'est là une des conséquences

---

1. *Rech. de la V.*, VI, II, 6.

auxquelles l'auteur de la *Recherche de la Vérité* attache le plus de prix — doit nous faire comprendre à quel point nous aurions tort de nous effrayer de la mort. On dit le plus souvent qu'elle est une séparation, la séparation d'avec le corps et d'avec tout ce qui le charme et le séduit en ce monde. Mais pour qu'il y eût séparation, il faudrait qu'il y eût union. Or, on l'a vu, le corps et l'âme ne sont pas réellement unis. L'âme n'est unie qu'aux idées, aux idées qui sont en Dieu. La mort ne nous sépare-t-elle donc de rien? Si! Elle nous sépare de l'idée que nous avions de notre corps, « je veux dire de la moins noble, de la moins féconde et de la moins lumineuse des idées divines », mais elle ne pourra pas se séparer d'avec elle-même. D'autre part, elle purifiera, elle accroîtra l'union trop imparfaite de nos esprits avec la substance divine. « Au lieu d'être unis à cette substance en tant que relative aux êtres les plus méprisables, nous serons unis à cette substance prise absolument et en elle-même et en tant que relative à une infinité d'excellentes créatures[1]. »

Il était bien conforme à toute la méthode métaphysique de notre auteur de déduire ainsi de l'idée de Dieu et de l'idée des idées, la destinée de notre âme. Demandons-nous maintenant ce qu'elle est, autant que nous pouvons le savoir, et en quoi consiste son action propre et personnelle.

Qu'est-ce que l'âme? Une substance formée sur une

---

[1]. Voyez les beaux *Entretiens sur la mort* et particulièrement le deuxième.

idée divine. Pouvons-nous en dire beaucoup plus? Son existence est certaine : elle est même la première de nos connaissances[1] : toutes nos pensées en sont des démonstrations incontestables. Mais s'il est facile de connaître l'existence de l'âme, il n'est point facile d'en connaître la nature. On ne peut en parler que par voie d'élimination et d'exclusion. Ainsi, nous commençons par l'opposer à l'étendue, dont nous avons une idée assez claire pour affirmer qu'elle ne peut aucunement contenir l'idée de ce que nous sentons en nous-mêmes, le plaisir, la douleur et le reste ne pouvant se réduire à des figures et à des mouvements. Donc, nous sommes en droit d'affirmer que notre âme n'est ni étendue, ni figurée, ni mobile, autrement dit, qu'elle est immatérielle et, en conséquence, qu'elle n'est pas mortelle.

Ceci convenu, il faut reconnaître que tout ce qu'on est tenté ensuite d'affirmer ou de nier de l'âme est obscur. Sans doute, nous n'avons pas le droit de la réduire à la connaissance et à l'amour : elle a une capacité dont la vie éternelle pourra seule nous révéler la profondeur. Sans doute encore, nous devons penser que tout ce que nous croyons voir de beau dans l'univers n'est beau qu'en elle et par elle. Les couleurs, les odeurs, les saveurs sont des modifications de notre âme. C'est aussi en elle et non dans les sons qu'est l'harmonie qui nous « enlève »; c'est « dans sa capacité » que sont renfermés

---

[1]. La première chronologiquement; car l'idée de Dieu est la première dans l'ordre des vérités démontrées et servant à démontrer les autres. — Voyez plus haut, page 60.

« ces plaisirs infinis dont les voluptueux n'ont qu'un faible sentiment[1] ».

Pourquoi n'en connaissons-nous pas davantage? Ici intervient la finalité morale et les raisons tirées des considérations religieuses. Tout nous invite à croire qu'unie à son Dieu, l'âme a des propriétés infinies : mais si nous les connaissions clairement et distinctement en cette vie, cette vie ne serait plus ce qu'elle doit être, un temps d'épreuve et de sacrifice. Nous découvririons en nous tant de vérités et tant de sources de jouissance, qu'absorbés dans la contemplation de notre être, pleins de nous-mêmes, de notre grandeur, de notre noblesse, de notre beauté, nous ne pourrions plus penser à autre chose. Nous négligerions le soin nécessaire de notre corps et le soin plus nécessaire encore de nos devoirs envers Dieu. Dieu ne nous donnera donc la connaissance claire de nous-mêmes que quand la mort nous aura d'une part délivrés de l'esclavage corporel, et que d'autre part il se sera uni à nous assez pleinement pour que la vue de ses perfections nous permette de ne pas nous enorgueillir de l'excellence de notre propre être[2].

XIII

D'ici là, et même quand nous en serons là, que faisons-nous, à proprement parler, si Dieu est la cause

---

1. *Méd. chrét.*, IV, 4.
2. *Médit. chr.*, IX. Cf. *Traité de l'amour de Dieu*, p. 18.

unique, l'acteur unique et si l'unique efficace est celle qui réside en lui et part de lui? Si belle qu'elle apparaisse, l'âme n'est-elle pas réduite à une contemplation sans initiative et, somme toute, impuissante? N'est-elle pas dans un état tel qu'il lui faille attendre, avec espérance, si l'on veut, mais avec incertitude et résignation passive, que Dieu lui mesure la lumière, l'amour, le mouvement et l'action? Tout cela, sans doute, il le lui donne, mais inégalement et arbitrairement. Puis, quelle que soit l'étendue de ce don et de l'action qui le confère, n'avons-nous pas vu que c'est toujours Dieu qui opère tout? C'est lui qui donne l'intelligence à l'occasion des mouvements des sens; mais n'est-ce pas lui aussi qui a produit les mouvements des sens? De sorte que c'est toujours lui qui, tour à tour, crée certains états dans notre corps à l'occasion des mouvements de notre âme et certains états dans notre âme à l'occasion des mouvements de notre corps. Dans ce cercle ininterrompu, y a-t-il place pour notre activité personnelle? Y a-t-il place pour notre liberté?

« Non »! voilà depuis bien longtemps la réponse convenue. Elle a été surtout dictée et propagée par ceux qui s'imaginaient voir le panthéisme partout et qui ne croyaient à l'intégrité de notre liberté que si l'action de Dieu sur nous était limitée avec un soin jaloux. — La métaphysique de Malebranche exclut le libre arbitre, voilà ce que nous avons tous plus ou moins répété. Or, je voudrais démontrer que cette assertion est absolument erronée.

La théorie métaphysique[1] de la liberté qui s'offre ici à nous, peut se résumer en trois propositions essentielles.

1° Si c'est Dieu qui fait en nous tout ce qui est action naturelle et d'ordre physique (en prenant ce mot dans le sens le plus étendu), il ne fait pas notre consentement, qui reste libre.

2° Ce consentement donné ou refusé se traduit dans des désirs, des volontés que Dieu s'est obligé lui-même, une fois pour toutes, à réaliser par les lois qu'il a établies. Donc si c'est Dieu qui exécute ainsi les actes que nous semblons accomplir, il ne les exécute que parce que nous les voulons, disons même parce que nous les commandons.

3° Par ce commandement obéi, l'action de notre volonté, quoique immanente, n'en est pas moins une puissance qui reste en notre main et dont nous gardons toute la responsabilité.

Oui, quelle que soit l'action naturelle, ou (nous le verrons bientôt) surnaturelle que Dieu exerce sur nous, nous pouvons toujours lui donner ou lui faire attendre ou lui refuser notre adhésion. Sans doute, il n'est pas exact de dire avec certains philosophes et quelques théologiens qu'il coopère à notre action, ce serait rabaisser sa majesté infinie et sa toute-puissance; mais on peut et on doit dire que nous, nous coopérons — si nous le vou-

---

1. Car nous aurons à revenir sur l'idée de la liberté morale et du libre arbitre, en théologie et en psychologie. Peut-être verrons-nous là bien clairement que ce qui caractérise la doctrine de Malebranche n'est ni l'inconséquence ni la contradiction, mais une très forte cohésion.

lons—à son action et que là nous demeurons maîtres de nous-mêmes. Nous ne refusons certainement pas notre adhésion pour ce qui est de l'amour du bien en général, que Dieu nous inspire ; car c'est là l'essence même de notre volonté, et cette « impression » qui la constitue n'est pas moins nécessaire à notre vie morale que la première impulsion motrice n'est nécessaire à la construction du monde matériel. Mais de quoi se compose notre vie, sinon de la suite des déterminations de cet amour du bien général vers des biens particuliers? Or, à l'égard des biens particuliers, le principe de la détermination est en nous, et toujours libre.

« Le principe de notre liberté, c'est qu'étant faits pour Dieu et unis à lui, nous pouvons toujours penser au vrai bien ou à d'autres biens qu'à ceux auxquels nous pensons actuellement, c'est que nous pouvons toujours suspendre notre consentement et sérieusement examiner si le bien dont nous jouissons est le vrai bien. » Et plus loin : « Dieu nous crée parlants, marchants, pensants, voulants; il cause en nous nos perceptions, nos sensations, nos mouvements : en un mot, il fait en nous tout ce qu'il y a de réel et de physique ; mais je nie que Dieu nous fasse consentants ou reposants dans un bien particulier, réel ou apparent[1]. »

Voilà déjà un point parfaitement acquis. Le trouve-t-on insuffisant? Demande-t-on si le consentement ou le non-consentement exercent des effets, ont des suites?

---

1. *Éclairc. sur le 1er livre de la Recherche.*

Dira-t-on que, malgré tant d'invectives contre l'école stoïcienne, c'est se rapprocher singulièrement du stoïcisme que de nous représenter comme des esprits intérieurement libres de leurs jugements dans un corps, dans une société, dans une nature où d'ailleurs tout ce qui les intéresse est réglé sans eux ? A cela nous répondrons d'abord que, même en réduisant ainsi la sphère de la liberté, on ne l'anéantirait pas ; car enfin ce consentement n'est pas simplement surajouté à des actes psychologiques ou moraux complets ou achevés ; c'est lui qui les achève et les complète, c'est lui qui les détermine et les fait véritablement ce qu'ils sont. Témoin, cette analyse si fine de la haine qui se trouve dans le premier *Éclaircissement à la Recherche de la Vérité* : « On doit distinguer trois choses dans la haine, le sentiment de l'âme, le mouvement de la volonté et le consentement à ce mouvement ; ce n'est que dans le consentement de l'âme que se trouve la malice formelle du péché. » Mais un tel consentement ne réagira-t-il pas sur les phénomènes qui précèdent, et cette réaction ne déterminera-t-elle pas une orientation nouvelle des phénomènes ? Malebranche ne l'a jamais méconnu, et ce qu'il avait ainsi indiqué dans les commentaires à son premier ouvrage, il a pu le dire très explicitement dans le dernier : « J'ai toujours soutenu, écrit-il dans son livre sur la *Prémotion physique*[1], que l'âme était l'unique cause de ses actes, c'est-à-

---

1. Page 17.

dire de ses déterminations libres ou de ses actes bons ou mauvais... J'ai toujours soutenu que l'âme était active, mais que ses actes ne produisaient rien de physique... je dis par leur efficace propre, qu'on y prenne garde! Car il est certain qu'il arrive bien des changements physiques dans l'âme, en suite de ses actes bons ou mauvais moralement. » Si en effet la variété continuelle des pensées et des « motions » qui modifient l'âme en vertu des lois générales de la nature et de la grâce, contribue à la variété de nos consentements, en retour il est certain que « la variété de nos consentements sont des causes des perceptions et des motions qui les suivent [1] ».

Que cette causalité ne se suffise pas à elle-même parce qu'elle est immanente et non transitive, c'est là une idée qu'on peut discuter, mais qui laisse la conception de la liberté parfaitement sauve. Comprenons-le bien. En tout, même dans l'ordre naturel, c'est Dieu qui prévient, c'est lui qui meut, c'est lui qui attire, c'est lui qui éclaire; mais chacun de nous répond à ces sollicitations librement, et c'est en conséquence de sa réponse que le mouvement efficace mis par Dieu à notre disposition nous porte ou nous laisse là où nous voulons aller ou rester. Écoutons encore le maître lui-même : « Je crois que la volonté *est une puissance active*, qu'elle a un véritable pouvoir de se déterminer; mais son *action est immanente ;* c'est une action qui ne produit rien par son efficace propre, pas même le mouve-

---

1. (Sic) *Prémot. phys.*, p. 86. Voir toute la discussion qui précède ce passage.

ment de son bras[1]. » Ce mélange d'incapacité physique et de puissance morale se retrouve dans tous nos actes, depuis les plus petits jusqu'aux plus grands; car tous supposent une infinité de mouvements que nous ne connaissons pas, qu'à plus forte raison nous ne pouvons ni régler ni produire; par conséquent rien ne se ferait sans « l'efficace de cette puissance divine qui unit toutes les parties de l'univers ». Ce n'est pas moi qui parle, dit le principal interlocuteur des *Entretiens*, je veux seulement parler; mais c'est parce que je l'ai voulu que mes organes émettent des paroles et que vous les entendez. « Le jeu de mes organes me passe, la variété des paroles, des tons et des mesures en rend le détail comme infini : ce détail, Dieu seul en règle les mouvements, à *l'instant même de mes désirs*[2]. »

A la lumière de ces distinctions, nous pouvons désormais compléter et mieux interpréter certaines propositions dont une première lecture était bien faite pour troubler des esprits d'ailleurs prévenus. Voici ce qu'on lit dans le *Traité de Morale*[3] :

« Dieu seul est la cause de nos connaissances.

« Lui seul est la cause des mouvements naturels de nos volontés.

« Lui seul est la cause de nos sentiments, le plaisir, la douleur...

---

[1]. *Réponse à la 3e lettre d'Arnauld*, p. 258.
[2]. *Entret. mét.*, VII, 14.
[3]. IIe partie, ch. II, § 10.

« Lui seul est la cause de tous les mouvements de notre corps. »

Alors, se demande-t-on, que nous reste-t-il ? Eh bien, le voici !

Dieu seul est la cause de nos connaissances. Oui, en ce sens que de Dieu seul vient la lumière qui nous éclaire et que notre raison est une participation de sa raison. Mais cette lumière ne nous vient pas et surtout ne nous reste pas sans que nous la demandions et la cherchions : elle nous éclaire dans la mesure où nous la désirons véritablement, sincèrement, courageusement. La part de la volonté libre dans la croyance est à tous égards considérable. Au premier abord, elle paraît toute négative. Malebranche, se dit-on, la fait consister tout simplement à refuser sa créance à tout ce qui n'est pas évident, car lorsque nous consentons à donner notre adhésion, nous cédons ou à l'évidence irrésistible ou à une apparence qui nous entraîne parce que nous ne résistons pas comme nous le devrions et que nous n'usons pas de notre pouvoir de suspendre notre jugement[1]. Mais la volonté même de suspendre son jugement, la volonté de donner plus de force à notre attention, cette « prière naturelle par laquelle nous obtenons que la Raison nous éclaire », n'est-elle pas une preuve que si l'erreur vient d'un défaut de la volonté, la vérité est au

---

[1]. « L'erreur ne consiste que dans un consentement précipité de la volonté qui se laisse éblouir à quelque fausse lueur et qui, au lieu de conserver sa liberté autant qu'elle le peut, se repose avec négligence dans l'apparence de la vérité. » (*Rech.*, VI, I, 2.)

prix d'une action positive de cette volonté même? « C'est par un acte libre et par conséquent sujet à l'erreur que nous consentons, et non par une impression invincible ; car nous croyons parce que nous le voulons librement, et non parce que nous le voyons avec une évidence qui nous met dans la nécessité de croire comme font les démonstrations mathématiques[1]. » C'est dans ce sens qu'il a pu être dit dans le *Traité de Morale*[2] : La lumière est soumise à nos volontés. »

« Dieu seul est la cause des mouvements naturels de nos volontés. » Soit! mais, lisons bien : des mouvements naturels, non de ces mouvements qui ont acquis par nous, par notre libre consentement, une valeur morale.

« Dieu seul est la cause de nos sentiments. » Soit encore! mais, nous l'avons vu à propos de la haine, il n'est point la cause déterminante du consentement que nous leur donnons et qui en fait la bonté ou la malice.

« Dieu seul est la cause des mouvements de notre corps. » Oui, mais il n'est pas la cause intime, immanente et cependant toute-puissante de la détermination particulière que nous le contraignons en quelque sorte d'imprimer à ces mouvements.

Pour achever de bien éclairer cette solution si intéressante, il est une comparaison qui s'impose. Qui de nous, surtout quand on lui faisait apprendre, en ses jeunes années, le catéchisme, n'a pas entendu expliquer en termes solennels ce mystérieux pouvoir du prêtre

---

1. 6ᵉ *Éclaircissement sur la Recherche.*
2. I, v, 14, 1.

faisant descendre Jésus-Christ dans l'hostie? Certes, ce n'est point le prêtre qui transforme les espèces, mais c'est à sa parole que la transformation s'accomplit. Quel compte ne devra-t-il pas rendre d'un tel pouvoir, s'il en use dans des fins indignes et sacrilèges! Sa responsabilité est d'autant plus terrible que Dieu lui a obéi et s'est laissé profaner pour accomplir jusqu'au bout la promesse faite à ses apôtres. Eh bien! aux yeux de Malebranche, ne craignons pas de le dire, tout homme est un prêtre qui doit tout à la fois sacrifier et consacrer son corps et sa vie, les sacrifier dans ce qu'ils ont de sensible et de matériel, les consacrer par leur union à la substance de la sagesse éternelle. L'homme ne fait rien, Dieu fait tout. Mais c'est à la prière, disons mieux, c'est sur les ordres de l'homme que Dieu fait tout ce qui intéresse directement la vie de l'homme et dans son corps et dans son âme. Mesurons donc, nous aussi, nos responsabilités à l'étendue de cette puissance et au caractère de Celui qui nous la confère en se faisant l'exécuteur docile de nos volontés quelles qu'elles soient. N'obligeons pas Dieu, en conséquence de ses propres lois, à servir en nous l'iniquité. C'est une espèce de sacrilège que de faire de l'efficace de son action des usages profanes. « Dieu étant juste, il ne peut se faire qu'il ne punisse un jour la violence qu'on lui fait quand on l'oblige de récompenser par le plaisir des actions criminelles que l'on commet contre lui. Lorsque notre âme ne sera plus unie à notre corps, Dieu n'aura plus l'obligation qu'il s'est imposée de nous donner des sentiments qui doivent répondre aux traces du cerveau, et il aura toujours l'obligation de satisfaire à sa justice! Ainsi, ce sera le temps de sa vengeance et de sa colère[1]. »

Un tel pouvoir a beau nous être donné comme immanent, sa causalité toute morale ne compense-t-elle pas largement ce qui est enlevé ou dénié à notre causalité physique? Allons plus loin, n'est-ce pas précisément cette immanence qui nous met à l'abri et qui nous sauve du mécanisme universel? N'est-ce pas elle aussi qui, plus que toute autre distinction, fait de nous des substances séparées de la substance divine et nous empêche d'être anéantis dans son infinité? La théorie qui nous l'explique ne fait-elle point un contrepoids suffisant à la conception si fameuse et si critiquée de Dieu unique auteur des actions qui nous servent comme de celles qui nous sollicitent? On en sera encore plus convaincu, j'en suis sûr, quand on aura étudié avec nous cette autre partie de la métaphysique de Malebranche qu'on peut appeler sa métaphysique religieuse : car on la verra partout et toujours inspirée par le souci logique, parfaitement conséquent avec lui-même, de maintenir l'intégrité de notre liberté spirituelle.

1. *Recherche de la Vérité*, IV, 10. Cf. *Entretiens métaphysiques*, VIII, 14, et *Traité de Morale*, IIe p., 11.

CHAPITRE III

LE THÉOLOGIEN-PHILOSOPHE

I

Le mélange incessant de la métaphysique et de la théologie dans l'auteur de la *Recherche de la Vérité* ne fut pas ce qui étonna le moins ses contemporains. Peu de temps après la publication de son premier livre, un de ses critiques les plus connus, l'abbé Foucher, chanoine de Dijon, exprima cette surprise dans les termes que voici.

« Il est trop apparent que la moitié de ses ouvrages ne sont que des réflexions sur le péché originel, sur la bonté de Dieu, sur les mœurs dépravées et les mauvaises inclinations que la morale chrétienne doit corriger. Je ne blâme point sa piété en cela, et je ne crois pas que ce soit une chose indigne d'un chrétien de travailler sur ces sujets. *Mais cela devrait être réservé pour des sermons.* » Et le chanoine « académicien[1] » — il se donnait lui-même ce titre afin de bien marquer son éloigne-

---

[1]. Je n'ai pas besoin d'avertir qu'il s'agit des « académiciens » probabilistes de la « nouvelle académie » d'autrefois.

ment pour les spéculations et les théories — ajoutait : « Il faut peu de chose pour troubler les lumières que nous commençons à recevoir dans la recherche de la vérité. Nous ne saurions satisfaire en même temps à la Raison et à la Foi, puisque *la Raison nous commande d'ouvrir les yeux et la Foi nous commande de les fermer*[1]. »

Une telle formule ne pouvait être celle du grand Oratorien qui voulait en tout des idées claires et croyait de l'intérêt de la gloire de Dieu de ne donner son adhésion qu'à celles-là. Il faisait toutefois des distinctions qui valent la peine d'être étudiées, aujourd'hui surtout que l'on parle, de divers côtés, de renouveler l'apologétique.

Malebranche ne croit pas qu'il faille employer la même méthode en toute circonstance et avec tous. Il tient à distinguer : 1° la foule de ceux qui n'ont que la bonne volonté; 2° les hérétiques; et 3° enfin ceux qu'il souhaiterait de voir dominer au moins par l'influence, à défaut du nombre, je veux dire les bons chrétiens, déjà suffisamment éclairés et désireux de posséder « l'intelligence » aussi pleinement qu'il est possible sur terre. Il y a là, dans l'ascension vers la foi, trois stades parfaitement définis et parfaitement expliqués.

Avant tout, il faut que le dogme soit accepté et respecté, de manière que chacun reste bien soumis à l'ordre fondamental du monde. Il est nécessaire de faire de

---

1. *Critique de la Recherche de la Vérité. Lettre d'un académicien.* Paris, 1676, p. 32.

bonnes actions alors même qu'on ne sait pas pourquoi elles sont bonnes; ainsi est-il nécessaire de professer la foi, même si on n'en connaît pas les raisons métaphysiques. Il est d'intimes dispositions, il est des jugements et des mouvements de l'âme qui nous mettent dans « une situation respectueuse » à l'égard de la majesté divine. « O mon Jésus! dit une belle prière des *Méditations chrétiennes* [1], ne m'abandonnez jamais! que votre lumière conduise tous mes pas et règle toutes mes réflexions! Laissez-moi plutôt dans la simplicité de mon ignorance, soumis à l'autorité de votre parole et sous la conduite de ma mère, votre chère Épouse, que de me faire part de cette lumière qui éblouit et qui enfle les esprits lorsqu'ils manquent de charité et d'humilité. » Quelle que soit la portée de son intelligence et l'étendue de son instruction, l'homme qui est dans cet état d'esprit et de cœur comprend tout au moins que les vérités religieuses, si elles ne sont pas toujours claires et évidentes, sont certaines. Pourquoi? Parce qu'elles viennent d'une autorité infaillible. Dieu en effet doit bien vouloir sauver les savants; « mais Dieu veut aussi sauver les pauvres, les simples, les ignorants, ceux qui ne savent pas lire, aussi bien que messieurs les critiques [2] ». Pour arriver à cette fin qu'avait-il à faire, sinon établir une autorité infaillible? « L'infaillibilité est renfermée dans l'idée d'une religion divine, d'une société qui a pour chef une nature subsistante dans la sagesse éternelle, d'une so-

1. IV, 14.
2. *Entretiens métaphysiques*, XIII, 10.

ciété établie pour le salut des simples et des ignorants[1]. »

On cherche beaucoup de nos jours en quoi consiste le *lien social* (question qui touche, qu'on le veuille ou non, à la question de l'autorité). Les uns le placent dans les nécessités naturelles de tout corps organisé : pour eux l'infaillibilité religieuse est remplacée par une fatalité organique qui nous commande inexorablement et brutalement. Les autres voient ce lien et par suite aussi l'autorité dans la logique inconsciente avec laquelle se développent des éléments historiques une fois donnés. Ce lien unit des générations successives dans une solidarité indissoluble ; il les enchaîne à une souveraineté qui, n'étant jamais réunie tout entière en une personnalité ni même en un groupe clos, rétrécit singulièrement le champ de la discussion ; il faut « souhaiter de voir vainqueurs ceux qui sont vainqueurs en effet », puisque nécessairement ils le méritent. Bref c'est encore l'infaillibilité, moins la raison et moins la bonté. Pour d'autres enfin, le lien est forgé artificiellement par un contrat ; mais ce contrat émane de volontés souveraines qui, quoi qu'elles aient décidé, ne peuvent pas errer, parce que, dit J.-J. Rousseau, le peuple ne se trompe jamais. Ainsi tous ceux qui réprouvent avec le plus de mépris l'infaillibilité sont ceux qui la rétablissent avec la tyrannie la plus oppressive et sur le fondement le plus obscur. Pour les grands chrétiens du XVIIe siècle, le lien social, c'est Dieu qui nous l'impose,

---

1. *Entret. mét.*, XVI, 3.

heureusement pour nous, en nous offrant un même amour, en nous donnant mêmes devoirs et mêmes destinées. Ils croient aussi qu'en demandant l'achèvement de ces destinées à un bien surnaturel, ils rendent le lien plus fort et en même temps plus doux. Ils trouvent que s'en rapporter à Dieu plutôt qu'à la multitude est à la fois plus sûr et plus respectueux pour la dignité individuelle.

En ouvrant ainsi une voie tout aplanie à ceux qui n'ont pas le loisir de philosopher, Malebranche croit qu'on a philosophé pour eux très correctement. Sa polémique contre les protestants — c'est le second stade de l'apologétique — ne s'inspire pas moins de ses idées métaphysiques. C'est sur elles qu'il s'appuie, même quand il insiste sur ce fait, que la révélation et la tradition sont les seuls fondements de la croyance aux mystères. Un de ses grands principes, c'est, on le sait, que Dieu agit par des voies générales, parce qu'il est de l'essence de la perfection de faire beaucoup avec peu. Or, « les révélations particulières faites à tous ceux qui lisent l'Écriture ne s'accommodent nullement avec l'idée que nous devons avoir de la Providence divine [1] ». Chacun de ceux qui lisent les livres saints les explique selon ses préjugés. L'Esprit ira-t-il faire un effort particulier près de l'un et de l'autre pour redresser les sophismes de son amour-propre et de sa passion? ou allumera-t-il une fois pour toutes un flambeau dont les

---

1. *Entret. mét.*, XIII, 12.

regards de chacun s'éclaireront ou se détourneront? Pour ceux qui admettent une religion, la réponse ne peut pas être douteuse. Vouloir qu'à tout moment chaque particulier reçoive une assistance qu'on refuse à toute l'Église assemblée pour formuler ses décisions, c'est là une contradiction contre laquelle Malebranche croit qu'il suffit de faire appel au bon sens [1].

Ni le bon sens seul, ni la philosophie seule ne suffisent pour faire accepter les mystères, parce qu'en effet ils sont incompréhensibles. Malebranche souffre de voir comment la faiblesse des raisonnements de quelques scholastiques donne occasion de tourner en ridicule les mystères les plus sacrés, alors qu'en réalité ils ne sont établis que sur la parole de Dieu.

« Le meilleur moyen de convertir les hérétiques n'est donc pas de les accoutumer à faire usage de leur esprit, en ne leur apportant que des arguments incertains tirés de la philosophie, parce que les vérités dont on veut les instruire ne sont pas soumises à la raison. Il faut les obliger à se défier de leur esprit propre en leur faisant sentir sa faiblesse, sa limitation et sa disproportion avec nos mystères; quand l'orgueil de leur esprit sera abattu, alors il sera facile de les faire entrer dans les sentiments de l'Église, en leur représentant que l'infaillibilité est renfermée dans l'idée de toute société divine, et en leur expliquant la tradition de tous les siècles, s'ils en sont capables [2]. »

1. *Entr. mét.*, XIII, 11.
2. *Recherche de la Vérité*, l. III, Ire partie, ch. II, 4.

Mais une fois ces dogmes acceptés, est-ce fini? Et ne reste-t-il qu'à fermer les yeux, suivant l'expression du chanoine dijonnais? Bien loin de là; c'est plus que jamais le moment de les ouvrir, car ils sont nets et aptes à recevoir la pure lumière. Voici donc le troisième et dernier stade, ouvert à ceux qui ont le privilège et aussi la responsabilité de la réflexion scientifique.

Pour le philosophe qui n'était que philosophe, tout paraissait contradictoire, tant le bien et le mal semblent se mélanger dans la nature et en faire le théâtre d'un désordre inextricable. Les dogmes religieux de la chute, de la rédemption... « viennent lever ces contradictions terribles : nous avons des doutes et des soupçons incertains et embarrassants; la foi les change en convictions et en certitudes [1] ». Donc « la foi doit régler les démarches de l'esprit, mais il n'y a que la souveraine raison qui le remplira d'intelligence ». Et cette intelligence à son tour, c'est elle qui affirmira définitivement la vertu et la rendra digne de celui qui veut être honoré en esprit et en vérité. « La foi est un grand bien; mais c'est qu'elle conduit à l'intelligence, et que même sans elle on ne peut mériter l'intelligence de certaines vérités nécessaires, essentielles. Néanmoins la foi sans intelligence ne peut rendre solidement vertueux [2]. » Elle ne le peut pas, parce que la raison et la foi sont inséparables et que chacune des deux a besoin de l'autre et que l'une et l'autre sont nécessaires à la vertu éclairée. A

---

1. *Entret. mét.*, IV, 17. Cf. *ib.*, I.
2. *Traité de Morale*, I, II, p. 20 de notre édition.

l'interlocuteur Aristarque qui répète aussi la formule banale : « Je suis convaincu de l'existence de Dieu par la foi, mais je n'en suis pas pleinement convaincu par la raison », Théodore réplique : « Si vous dites les choses comme vous les pensez, vous n'en êtes convaincu ni par la raison ni par la foi. Car ne voyez-vous pas que la certitude de la foi vient de l'autorité d'un Dieu qui parle et qui ne peut jamais tromper? Si donc vous n'êtes pas convaincu par la raison qu'il y a un Dieu, comment serez-vous convaincu qu'il a parlé? »

Le critique du XVIIe siècle se trompait donc ; mais il en est qui au XIXe se sont trompés non moins gravement dans un sens contraire. Au cours de sa thèse, pourtant très remarquée, l'abbé Blampignon prétend que[1] le caractère de Malebranche consiste « dans l'abaissement systématique de la nature et de la morale purement humaines ». Il lui prête l'opinion que la vraie philosophie n'est autre que la religion pure et simple, et il ajoute : « c'était nier la science de l'homme ». Il est impossible de risquer plus énorme contre-sens, car c'est beaucoup plutôt l'idée inverse que développe, par exemple, le *Traité de Morale*. La fameuse proposition « que la philosophie n'est que la servante » (ancilla theologiæ) y est expressément citée, mais pour être expressément repoussée. Il y est même dit : « La religion, c'est la vraie philosophie. » Et l'auteur s'explique immédiatement avec une clarté parfaite. « Ce n'est

---

1. P. 181.

pas, je l'avoue, la philosophie des païens, ni celle des discoureurs qui disent ce qu'ils ne conçoivent pas, qui parlent aux autres avant que la vérité leur ait parlé à eux-mêmes. La Raison dont je parle est infaillible, immuable, incorruptible, Dieu même la suit. En un mot, il ne faut jamais fermer les yeux à la lumière... L'évidence est préférable à la foi; car la foi passera, mais l'intelligence subsistera éternellement[1]. »

Rappelons-nous ici la métaphysique de la Vision en Dieu. Cette Raison que l'auteur exalte n'est pas une Raison qui appartienne en propre à l'homme ou individuel ou social; c'est la Raison qui éclaire l'homme du dehors, c'est la Raison universelle : il n'y en a pas et il ne peut pas y en avoir d'autre. On comprend dès lors ce passage qui autrement paraîtrait si audacieux :

« Il y a même des personnes de piété qui prouvent par Raison qu'il faut renoncer à la Raison, que ce n'est point la lumière, mais la foi seule qui doit nous conduire, et que l'obéissance aveugle est la première vertu des chrétiens. La paresse des inférieurs et leur esprit flatteur s'accommode souvent de cette vertu prétendue; et l'orgueil de ceux qui commandent en est toujours très content. De sorte qu'il se trouvera peut-être des gens qui seront scandalisés que je fasse cet honneur à la Raison de l'élever au-dessus de toutes les puissances et qui s'imagineront que je me révolte contre les autorités légitimes à cause que je prends son parti et que je

---

1. Et ici Malebranche s'appuie en note sur un passage de saint Augustin, *De libero arbitrio*, livre II, ch. II.

soutiens que c'est à elle à décider et à régner[1]. »

Nous voilà certes loin de la prétention qu'on lui attribue de nier la science humaine. Cette science, et en particulier la métaphysique, il la veut libre d'allures, dégagée de ces entraves forgées par ces pusillanimes qui redoutent toujours de compromettre les mystères ou par des explications trop scientifiques ou, au contraire, par des termes trop humains. Ah! sans doute, il faut tenir ferme aux vérités révélées par l'autorité infaillible; mais cette fidélité, loin d'enchaîner la liberté, la doit affranchir en lui donnant une juste sécurité. Qu'on en use donc de cette liberté, et qu'on la respecte chez les autres, car « la liberté de raisonner sur des notions communes ne doit pas être ôtée aux hommes : c'est un droit qui leur est naturel comme celui de respirer[2] ».

« Il me semble, écrivait-il encore dans une lettre[3], que les théologiens de Rome doivent être théologiens catholiques tout court et laisser aux universités particulières le platonisme et le péripatétisme. » Surtout, qu'on n'aille pas traiter un homme d'hérétique pour ce qu'on croit pouvoir tirer de certaines de ses doctrines des conséquences impies. « A ce compte on traitera d'hérétiques toute la terre[4] », et le disciple de Descartes se chargerait bien de tirer des propositions

---

1. *Traité de Morale,* Ire partie, II, 13
2. *Défense* de l'auteur de la *Recherche de la Vérité contre M. de la Ville.*
3. Du 13 juin 1689.
4. *Défense contre M. de la Ville.*

péripatéticiennes[1] (lisez thomistes) des conséquences peu en harmonie avec le catholicisme. Mais c'est là une sorte de guerre civile dans laquelle on répand « le sang de ceux de sa nation ». — « Pour moi, lisons-nous ailleurs, quand un homme a pour principe de ne se rendre qu'à l'évidence et à l'autorité, quand je m'aperçois qu'il ne travaille qu'à chercher de bonnes preuves des dogmes reçus, je ne crains pas qu'il puisse s'égarer dangereusement. Peut-être tombera-t-il dans quelque erreur. Mais que voulez-vous? cela est attaché à notre misérable condition. C'est bannir la raison de ce monde s'il faut être infaillible pour avoir le droit de raisonner[2]. »

Ainsi donc, quand de la tradition bien établie et solidement rattachée à l'autorité légitime on a reçu les vrais dogmes, il reste à les expliquer. « Il est permis d'expliquer même les mystères, pourvu qu'on le fasse selon l'analogie de la foi[3]. » Et qu'est-ce que les expliquer? En faire ressortir la sublimité morale, tout en diminuant les invraisemblances d'ordre philosophique? Notre méditatif a une ambition plus haute. La religion n'est en somme que la Raison incarnée, que l'Ordre rendu visible ou — ce qui revient au même — qu'une métaphysique sensible et intelligible pour le commun des hommes. Mais il n'y a qu'une Raison, il n'y a qu'un Ordre : il ne peut donc y avoir qu'une métaphysique;

1. *Défense contre M. de la Ville.*
2. *Entret. mét.*, XIV, 13.
3. *Traité de la Nature et de la Grâce*, 3ᵉ éclaircissement.

c'est toujours à celle-là qu'il faut remonter à travers les dogmes, comme on y remonte à travers les lois de l'âme et du corps. Rien n'importe plus que d'en faire saisir et comprendre l'unité absolue pour redescendre ensuite plus sûrement et en toute clarté à la règle de la vie [1].

II

Il est à peine besoin de dire que Malebranche salue et adore tous les mystères de la religion catholique, à commencer par celui de la Trinité. Cependant il en est un qui est pour lui le mystère et en même temps la solution par excellence, le point culminant du dogme et, il l'affirme aussi, — là même est une grande partie de sa forte originalité, — de la métaphysique tout entière : c'est le mystère de l'Incarnation. « Oui assurément, s'écrie-t-il, l'Incarnation du Verbe est le premier et le principal des desseins de Dieu : c'est ce qui justifie sa conduite. C'est, si je ne me trompe, le seul dénouement de mille et mille difficultés, de mille et mille contradictions apparentes [2]. » En quoi donc la conduite de Dieu aurait-elle besoin d'être justifiée? En ce qu'il

1. La thèse de quelques critiques (particulièrement de S. Turbiglio, *Li Antitesi tra il medioevo et l'Eta moderna nella storia della filosofia, in ispecie nella doctrina morale di Malebranche*) qu'il y a dans Malebranche un antagonisme constant, une véritable antinomie entre la métaphysique et la théologie, est absolument insoutenable. Toute la suite va le prouver.

2. *Entret. mét*, IX, 6.

est incompréhensible qu'un Dieu parfait et infini puisse avoir pour but et pour terme de son action un monde indigne de lui. « Car enfin, l'Univers, quelque grand, quelque parfait qu'il puisse être, tant qu'il sera fini, il sera indigne de l'action d'un Dieu, dont le prix est infini. Dieu ne prendra donc pas le dessein de le produire. C'est ce qui fait la plus grande difficulté[1]. »

Pour lever cette difficulté avec laquelle le métaphysicien nous laissait aux prises, la philosophie toute profane a pu imaginer deux solutions. Voici la première : le monde n'est qu'une émanation nécessaire de la divinité; par conséquent, il n'a point été fait ni, à proprement parler, créé, et Dieu n'a eu à se proposer aucune fin extérieure à lui, puisque chaque être n'est qu'une portion de sa propre substance. C'est le spinozisme. On forge un Dieu qu'on se sent obligé de proclamer infini et parfait, et que néanmoins « on compose de tous les désordres de l'Univers ». C'est une absurdité non moins qu'une impiété.

Quant à la seconde fausse solution, elle consiste à faire le monde infini, à le remplir, par exemple, d'un nombre infini de tourbillons. En un sens, Malebranche n'est pas du tout éloigné de concevoir une infinité d'idées, de nombres, et finalement d'êtres infinis; mais c'est en Dieu que cette infinité d'infinis subsistent et que nous les voyons. Comme dit le principal personnage des *Entretiens métaphysiques*[2], « il faut laisser à la

1. *Entr. mét.*, IX, 5.
2. *Ibid.*

créature le caractère qui lui convient et ne rien lui donner qui approche des caractères divins ». Alors, dira-t-on, nous retombons dans la difficulté, et il faut bien en sortir. Oui ! et en voici le moyen [1].

Dieu seul peut honorer Dieu, Dieu seul peut satisfaire Dieu. Comment donc « tirer le monde de son état profane et le rendre plus digne de l'action d'un Dieu dont le prix est infini »? Par l'union d'une personne divine ! Cette réponse est donnée par la Foi, sans doute; mais elle est en quelque sorte exigée par la métaphysique et certainement approuvée d'elle parce que seule elle la satisfait. Remarquons-le donc bien, l'auteur commence par puiser sa théorie à une source plus haute encore — il le croit — que celle dont paraît la faire dériver l'enseignement traditionnel. A coup sûr — et nous n'allons pas tarder à le voir — l'Incarnation, condition de la Ré-

---

[1] L'auteur quel qu'il soit (c'est, dit-on, le comte de Boulainvilliers) du *Traité de l'Infini créé* qu'on fit paraître à Amsterdam (chez Marc-Michel Rey, 1769) sous le nom de Malebranche, entend garder et pour ainsi dir cumuler les deux systèmes en les transformant du reste tous les deux. Il proclame l'infinité du monde, infinité actuelle et positive, car Dieu, étant un être parfait, n'a pu faire autre chose qu'un monde infini ; il s'est seulement réservé cette supériorité infinie que l'infini incréé ne peut pas ne pas avoir sur l'infini créé. D'autre part, l'auteur veut que Dieu se soit incarné « dans toutes les planètes » y compris celles qui ont précédé la nôtre ; et « ainsi il y a eu de toute éternité [et il y a partout] des adorateurs dignes de Dieu ». On retrouve ici en effet des lambeaux de Malebranche, mais tout à fait défigurés. C'est précisément parce qu'il croit à la nécessité ou à la convenance suprême de l'Incarnation pour rendre l'Univers digne de Dieu, que Malebranche ne sent pas le besoin de faire l'Univers infini. S'il eût admis l'infini créé, il eût affaibli sa thèse favorite, on peut s'en rendre aisément compte par les textes qu'on a vus plus haut.

demption, doit apparaître à tout chrétien comme le salut de notre race pécheresse. Mais l'Incarnation n'est pas seulement le moyen par lequel Dieu a réformé le monde ; elle est cause qu'il a consenti à le créer et à le maintenir dans l'existence. « Je prétends que c'est à cause de Jésus-Christ que le monde subsiste et qu'il n'y a rien de beau, rien qui soit agréable aux yeux de Dieu que ce qui a rapport à son Fils bien-aimé. »

Mais si l'homme n'eût point péché, objecte timidement Ariste à Théodore [1], le Verbe ne se serait point incarné. A quoi Théodore répond avec des distinctions prudentes et où toutefois il trouve le moyen d'insister à nouveau sur son affirmation fondamentale : « Je ne sais [2], Ariste ; mais quoique l'homme n'eût point péché, une personne divine n'aurait point laissé de s'unir à l'Univers pour le tirer de son état profane, pour le rendre divin, pour lui donner une dignité infinie, afin que Dieu, qui ne peut agir que pour sa gloire, en reçût une qui répondît parfaitement à son action. Est-ce que le Verbe ne peut s'unir à l'ouvrage de Dieu sans s'incarner ? Il s'est fait homme ; mais ne pouvait-il se faire ange ? » « Il est vrai, ajoute Théodore [3] (et ici se ma-

---

1. *Entret. mét.*, IX, 5.

2. Le *Traité de la Nature et de la Grâce* (3ᵉ éclaircissement, § 18) est plus explicite. « Il est donc clair que, quand même l'homme n'aurait pas péché, une personne divine se serait unie à l'ouvrage de Dieu pour le sanctifier, le rendre digne de son auteur, puisqu'il faut qu'il subsiste, pour ainsi dire, en une personne divine, afin de pouvoir rendre à Dieu un honneur digne de la majesté divine. »

3. *Entret. mét.*, IX, 5.

nifeste la véritable pensée du philosophe), qu'en se faisant homme il s'unit en même temps aux deux substances, esprit et corps, dont l'Univers est composé et que par cette union il sanctifie toute la nature. C'est pour cela que je ne crois point que le péché ait été la seule cause de l'incarnation du Fils de Dieu. »

Est-ce à dire que le noble esprit qui a tracé si hardiment cette explication des desseins de Dieu n'ait pas vu le rôle de l'Incarnation dans la réparation du péché originel? Il s'en faut. Mais après avoir distingué ce qui doit l'être, son effort le plus vigoureux tend à unir ce que tant d'autres s'ingénient à séparer. Pour lui tout ce qui constitue la vie du monde, avant et après la chute, indépendamment d'elle et en conséquence d'elle, lois de l'humanité intacte, lois de l'humanité altérée, lois de l'humanité renouvelée, nature et grâce, tout, en un mot, a été prévu de toute éternité et fait partie d'un plan unique, simple et infini. Ce plan nous est révélé par la métaphysique, et c'est elle qui nous permet ainsi de comprendre comment le péché l'a altéré. C'est une corruption, disons-nous, que l'esprit soit maintenant assujetti, comme il l'est, à la matière, et c'est là la conséquence de la chute. Mais comment saurions-nous que c'est là en effet un désordre, si nous n'avions une idée claire de l'ordre et de sa nécessité? Par la connaissance réfléchie de cet ordre éternel qui met l'esprit au-dessus du corps, nous comprenons que notre état actuel n'est pas le résultat d'un bon plaisir arbitraire qui lui enlèverait sa signification si profonde. Nous comprenons que le péché a rompu un ordre que la Raison éternelle avait consulté dans sa sagesse, que la création première avait établi dans l'univers et que la Providence nous offre encore le moyen de restaurer.

III

Il y a une première Providence que Malebranche a qualifiée tantôt de Providence générale, tantôt de Providence ordinaire, et qui n'est que la création continuée : c'est elle qui, par les lois de la communication des mouvements, par exemple, a assuré une fois pour toutes la conservation de l'univers physique et de ses innombrables merveilles. Il y a ensuite une Providence qui est particulière, en tant que chacun de nous en reçoit les effets et que Dieu, à qui rien n'échappe, veut d'une volonté positive le détail de tout ce qui arrive. Souvent encore ces deux aspects de la Providence sont désignés par deux noms qui sont aujourd'hui de nature à piquer et à réveiller notre attention : l'ordre général ou les lois proprement dites et les « décrets ».

Ainsi la règle essentielle de la volonté de Dieu est l'ordre immuable de la justice, ou la loi éternelle [1]. Ce qui devra ensuite récompenser tel homme juste et punir tel homme injuste sera voulu et arrêté par des décrets,

---

1. Voyez *Traité de la Nature et de la Grâce*, notamment 1er Discours, § 20.

mais tous conformes à l'Ordre précédent. L'idée de décret, en elle-même, emporte, Malebranche l'avoue, une certaine idée d'arbitraire : et, en effet, Dieu peut se dispenser quelquefois de ses décrets, en ce sens qu'il soustraira tel ou tel homme à tels effets inévitables autrement des lois physiques. Mais il ne fera jamais cette apparente dérogation, « que l'Ordre ne la lui demande » ; et ainsi tout finalement rentre dans la règle.

Tout y rentre également par la nature des voies qui sont suivies. « Un décret est une volonté exécutive d'un dessein arrêté, qui suppose en Dieu la connaissance et le choix des manières d'agir les plus dignes de lui ; car il y a des manières d'agir simples, fécondes, générales, uniformes et constantes, et il y en a de composées, de stériles, de particulières, de déréglées et d'inconstantes. Les premières sont préférables aux secondes ; car elles marquent sagesse, bonté, constance, immutabilité dans celui qui les emploie ; les autres marquent défaut d'intelligence, malignité, inconstance, légèreté d'esprit[1]. »

Ce rattachement des décrets particuliers à l'ordre éternel et cette simplification des voies étaient nécessaires pour sauver l'immutabilité divine. Et ainsi, quoique Dieu soit la cause ou le principe de ses volontés ou de ses décrets, il n'a jamais produit en lui aucun changement, car ses décrets, quoique parfaitement libres, sont eux-mêmes éternels et immuables. Dieu les a faits, ces décrets, ou plutôt il les forme sans cesse sur

---

1. *Traité de la Nature et de la Grâce*, 3ᵉ éclaircissement.

sa sagesse éternelle, qui est la règle inviolable de ses volontés. Et quoique les effets de ces décrets soient infinis et produisent mille et mille changements dans l'Univers, ces décrets sont toujours les mêmes[1]. »

Ils sont les mêmes, et, en vertu de l'unité du plan divin, ils s'étendent absolument à tout. Dans le monde proprement dit, les rapports de l'âme et du corps, les rapports des âmes entre elles et avec Dieu, les rapports des bêtes et des hommes, tout enfin a été parfaitement réglé par la Providence, et la science réussit bien des fois à retrouver ces combinaisons aussi ingénieuses dans leur infinie délicatesse que sublimes dans l'harmonie puissante de leur ensemble. Mais ce n'est pas tout : « ce qu'il y a peut-être de plus admirable dans la Providence, c'est le rapport qu'elle met sans cesse entre le naturel et le surnaturel, entre ce qui se passe dans le monde et ce qui arrive à l'Église de Dieu[2] ».

Mais quel est ce rapport? Un rapport de concordance et d'harmonie, nul croyant ne peut en douter, car nul ne contestera qu'une même sagesse ayant établi ces deux ordres, l'un et l'autre doivent porter également les marques de cette sagesse. Mais ici nous rencontrons une affirmation plus personnelle et qui a soulevé bien des discussions. Dans l'ordre de la grâce comme dans celui de la nature, cette sagesse nous est donnée comme procédant de la même manière, c'est-à-dire par les lois les plus simples et les plus générales. Car « l'ordre de la

1. *Entret., mét.*, VIII, 2.
2. *Ibid.*, XI, 13.

grâce serait moins parfait, moins admirable, moins aimable, s'il était plus composé[1] ». Le principe métaphysique de la perfection liée à la fécondité des voies simples autant qu'à la grandeur de l'œuvre elle-même ne souffre ici ni exception ni limite. Partout on le retrouvera dans des termes à peine différents les uns des autres, et avec la préoccupation constante d'établir une sorte de parallélisme rigoureux entre l'immutabilité des lois de la nature et l'immutabilité des lois de la grâce.

Une première grâce a été la « grâce du créateur ». C'était surtout une « grâce de lumière[2] »; car c'était elle qui régnait avant la chute, et l'homme, n'étant point alors entraîné, dévoyé dans les concupiscences d'un corps troublé par le péché, n'avait qu'à voir le bien pour le faire. Depuis l'altération de la chute, dont les effets persistants ne sont autres que le péché originel, il faut une autre grâce, c'est la grâce du sentiment : elle oppose à la concupiscence honteuse du corps la sainte concupiscence de l'esprit, et à la douceur pernicieuse des sens la délectation salutaire du bien parfait se faisant sentir à nous dans une partie au moins de sa suavité et de sa beauté.

C'est donc proprement l'amour qui entre en scène avec la grâce. Ne peut-on pas penser qu'ici la gratuité du don

---

1. *Tr. de la Nat. et de la Gr.*, 1ᵉʳ disc., IIᵉ partie, § 44.
2. Ces expressions sont empruntées à saint Augustin ou suggérées par des distinctions de saint Augustin. Voyez *Tr. de la Nat. et de la Gr.*, 2ᵉ disc., IIᵉ partie, § 33.

surnaturel doit échapper aux nécessités inexorables de la nature? Le second règne n'est-il pas fait précisément pour redresser les injustices ou les fatalités du premier? N'est-ce point pour corriger ce qu'il y a de mécanique, d'uniforme, d'impersonnel dans le premier de ces deux ordres, que dans le second la personne du Christ intervient avec la liberté de ses dons? Ainsi chacun de nous pourra être traité selon ses besoins, puis selon ses mérites ultérieurs; personne de nous ne sera abandonné à des tentations qui dépasseraient ses forces et réduit à ses ressources naturelles en conflit avec un monde où tout est inflexible et sans pitié. Ainsi les deux règnes seront bien liés l'un à l'autre et procéderont d'une même sagesse; mais dans le second nous verrons apparaître ces ménagements particuliers, ces aides spéciales et ces appels de commisération qu'attend une nature malade : seule eût pu en quelque sorte s'en passer l'innocence première, partout également forte en présence de lois partout également respectueuses et bienfaisantes.

Beaucoup de théologiens ont reproché, ce semble, à celui qui nous occupe d'avoir résolu autrement ce difficile problème. Lui cependant ne croyait avoir rien sacrifié des droits de l'amour et de la liberté en maintenant que la grâce, elle aussi, était soumise à des lois générales et simples. Son argumentation est subtile; essayons de la suivre et de la saisir exactement.

« La loi générale, l'Ordre de la grâce, c'est que Dieu veut sauver tous les hommes en son fils et par son fils, vérité que saint Paul répète à tout moment comme le fondement de la religion que nous professons[1]. » Par cela même qu'il veut, d'une volonté sincère, sauver tous les hommes, il doit faire que la grâce se répande partout. Il ne s'en va pas regarder à tel ou tel et prendre en sa faveur ou contre lui des dispositions particulières. Comme dans l'Ordre de la nature il verse, en vertu de lois générales, une pluie qui tombe aussi bien sur les rochers, les sables et la mer que sur les terres labourées, de même il met sa grâce à la disposition de tous, de ceux qui doivent y résister comme de ceux qui doivent y coopérer.

Mais cette comparaison, tant de fois répétée, ne fait qu'exprimer le rôle de Dieu vu dans l'unité des personnes divines; car lui seul donne véritablement la grâce, de même que lui seul est cause efficace de tout ce qui se fait dans l'Univers. La seconde personne, celle du Fils, qui s'est incarnée, ne joue plus, en tant qu'homme-dieu, que le rôle de médiateur ou, pour parler le langage habituel du philosophe, que le rôle de cause occasionnelle. Les anges aussi sont causes occasionnelles; mais leurs désirs n'obtiennent de Dieu que des modifications dans les corps; les désirs et les pensées de Jésus-Christ obtiennent seuls des modifications dans les âmes. A l'union de l'âme et du corps correspond exactement l'union de Jésus-Christ et de son Église. Cette union est à proprement parler la vie spirituelle; et les mouvements par lesquels cette vie s'entretient ou se

---

1. *Traité de Morale*, Ire partie, VIII, 4. Page 84 de notre édition.

développe ne sont autres que les mouvements mêmes de la grâce.

Une telle vie, se superposant à la vie naturelle ou se greffant sur elle, ne peut évidemment que la relever; et ici, l'inventeur de la théorie si discutée de l'action des lois générales n'oublie pas que la grâce doit réparer bien des accidents particuliers.

En créant ou en rétablissant la vie de l'esprit, la grâce prépare la vie éternelle, vérité catholique, s'il en fut, mais que le théologien-philosophe exprime à sa manière. « Comme le monde futur, dit-il, doit subsister éternellement et être infiniment plus parfait que le monde présent, il était à propos que Dieu établît une cause occasionnelle intelligente et éclairée de sa sagesse éternelle, afin qu'elle pût remédier aux défauts qui se rencontrent nécessairement dans les ouvrages formés par des lois générales. La rencontre des corps, qui détermine l'efficace des lois générales de la nature, est une cause occasionnelle sans intelligence et sans liberté. Ainsi il ne se peut faire qu'il n'y ait des défauts dans le monde et qu'il ne s'y produise des monstres, auxquels défauts il serait indigne de la sagesse de Dieu de remédier par des volontés particulières. Mais Jésus-Christ étant une cause occasionnelle intelligente, éclairée par la sagesse éternelle et capable d'avoir des volontés particulières, selon les besoins particuliers que demande l'ouvrage qu'il forme, il est visible que le monde futur sera infiniment plus parfait que le monde présent, que l'Église sera sans difformité, ainsi que nous l'apprend l'Écriture, et que cet ouvrage sera très digne de la complaisance de Dieu même[1]. »

Voici donc Dieu le Fils qui ajoute la pitié à la puissance ; c'est pour cela qu'il s'est incarné, qu'il a pris sur lui nos misères et qu'en tant qu'homme il est accessible à des volontés particulières. Il pense à tel d'entre nous, et sa grâce va là où est allée sa pensée, de même que quand notre âme pense à l'un de nos organes ou que l'âme de la mère pâtit à l'idée de telle perturbation organique, ces pensées déterminent des dispositions, des mouvements et quelquefois des modifications attestées par des marques extérieures[2].

Telle est la concession faite aux voies particulières de la grâce et à ce que son action doit préparer de résultats individuels. Mais l'esprit général de la métaphysique dont l'auteur s'inspire ne perd pas ses exigences, car nous assistons presque tout de suite aux efforts les plus ingénieux pour diminuer le plus possible le caractère exceptionnel de ces volontés particulières et pour les soumettre elles-mêmes à des lois universelles. Pour le bien comprendre, observons successivement l'action des volontés de Jésus par rapport à Dieu son Père qui donne la grâce et par rapport aux hommes qui la reçoivent. D'un côté comme de l'autre, la théorie des voies générales et simples paraît bien reprendre tous ses droits.

---

1. *Tr. de la Nat. et de la Gr.*, 1ᵉʳ éclaircissement, § 14.
2. Malebranche ne craint pas de pousser ici la comparaison très loin, particulièrement en ce qui concerne l'action de penser de la mère sur le fœtus, action à laquelle il attribue une importance considérable.

Jésus est à la fois Dieu et homme; mais c'est dans son humanité crucifiée qu'il est cause occasionnelle de la grâce. Or, en tant qu'homme, il voit, lui aussi, tout en Dieu le Père; et bien que lié si étroitement à la divinité infiniment parfaite et toute-puissante, il lui est impossible de voir ni tous les êtres particuliers, ni tous les états complexes et changeants des âmes individuelles. Comment d'ailleurs, lui qui, en tant qu'homme, n'a pas une capacité de penser indéfinie, comment partagerait-il ses pensées entre cette infinité d'êtres imparfaits et la contemplation, qui lui est permise à lui, des perfections divines du souverain Bien? Presque toujours il doit lui suffire[1] d'envisager en général ce que demandent les besoins de l'Église, de penser à des groupes d'hommes ou à des types d'apôtres, de confesseurs, de docteurs... Architecte du temple éternel, il pense à tel ou tel genre de pierre ou d'ornement nécessaire, et sa prière obtient aussitôt les grâces qui devront les susciter; mais il ne se fait pas lui-même « scrutateur des cœurs », au point de déterminer que ce sera précisément tel ou tel qui viendra prendre cette place et y consolider l'édifice.

Un raisonnement, sinon tout à fait identique, au moins analogue, est à faire pour les bienheureuses intelligences qui peuvent être, elles aussi, causes occasionnelles de certaines grâces[2]. Nous, causes occasionnelles des mou-

---

1. Voyez *Tr. de la Nat. et de la Gr.*, 2ᵉ disc., IIᵉ partie, addition au § 17.
2. Au moins de grâces corporelles, mais qui, par l'union de l'âme et du corps, agissent indirectement sur nos âmes.

vements de notre corps, nous ne nous réglons que trop sur des circonstances accidentelles et sur les caprices de l'amour-propre. Les esprits qui vivent plus près de Dieu ne manquent jamais de « consulter les lois éternelles que renferme sa sagesse [1] », et ils se gardent ainsi de vouloir troubler par des interventions trop personnelles la simplicité admirable de ses voies.

Les hommes ont cependant par devers eux des moyens d'attirer sur leurs âmes les pensées, les désirs et les prières du Christ. Si Jésus a des désirs actuels et passagers, il a encore bien plus des désirs durables et fréquents : c'est à l'action de ceux-ci qu'il faut se préparer, et il est possible de le faire. Comment? En essayant d'entrer dans ces groupes d'âmes auxquelles vont de préférence les battements de son cœur. Les pensées de Jésus-Christ sont accompagnées de désirs qui tendent à la sanctification des âmes; celles qui se trouvent actuellement dans des dispositions semblables aux siennes doivent recevoir avec plus d'abondance les grâces dont il est cause occasionnelle. Il « pense plus souvent à ceux qui observent ses conseils qu'aux autres. Les mouvements de charité qu'il a pour ses fidèles sont plus fréquents et plus durables que ceux qu'il a pour les libertins et pour les impies. Ayant le dessein de former son Église, il doit s'occuper davantage de ceux qui peuvent plus facilement y entrer que de ceux qui en sont extrêmement éloignés [2] ». Ainsi encore « l'Écri-

---

1. *Tr. de la Nat. et de la Gr.*, dernier éclaircissement.
2. *Ibid.*, 2ᵉ disc., Iʳᵉ partie, § 13.

ture Sainte nous enseigne que les humbles, les pauvres, les pénitents reçoivent de plus grandes grâces que les autres hommes, parce que ceux qui méprisent les honneurs, les richesses et les plaisirs sont bien plus propres pour le royaume de Dieu [1] ». S'en rendent plus propres encore, peut-on dire, ceux qui, connaissant, grâce à l'Église, les canaux par où se distribuent les eaux de la grâce, s'en approchent pour y puiser. Ces canaux sont les sacrements, chacun le sait... ou le doit savoir. Vouloir en user vient d'une inspiration prévenante qui ne « justifie » pas encore ; mais le bon usage qui en est fait change l'amour actuel de l'ordre en un amour habituel : c'est ce dernier qui justifie, « en conséquence des désirs permanents de Jésus-Christ [2] ».

En résumé, « Dieu veut nous sauver et nous sauver tous, mais par des voies que nous devons étudier avec soin et suivre avec exactitude [3] ».

Pour l'auteur du *Traité de la Nature et de la Grâce*, voilà donc conciliées l'unité du plan divin total et la simplicité de toutes ses voies avec la distribution de la grâce apportant ici et là les fruits de l'amour divin. Non seulement cette explication ne lui paraît compromettre en rien le salut des âmes ; mais il croit fermement qu'elle le favorise, tout en respectant la liberté humaine beaucoup plus que les théories contraires.

En effet, dit-il, supposez que la grâce agisse par des

---

1. *Tr. de la Nat. et de la Gr.*, 2ᵉ disc., Iʳᵉ partie, § 23.
2. Voir *Traité de Morale*, 1ʳᵉ partie, ch. VIII, sommaire.
3. *Recherche de la Vérité*. Éclaircissement sur le livre VI.

résolutions particulières, il faudra que ce soit ou dans un sens ou dans un autre : ou elle se refusera de propos délibéré à tel homme ou elle agira expressément pour le sauver [1]. Dans le premier cas comme dans le second, peut-on concevoir que le dessein particulier de Dieu n'aboutisse pas, que sa volonté par conséquent ne soit pas irrésistible? Mais dans le premier cas, « pourquoi attribuer à Dieu une volonté particulière pour faire un usage si dur et si fâcheux du prix du sang de son Fils »? Dans le second cas, peut-on penser que Dieu ne proportionnera pas son action à l'effet qu'il prétend faire? Et alors « jamais on ne résistera à sa grâce, on ne la rendra jamais inutile [2] ». Bref avec le système des volontés particulières, ou l'on fera Dieu trop dur, ou l'on supprimera la liberté de l'homme.

IV

Mais il se présente ici une grosse difficulté, c'est celle des miracles. Si Dieu est absolument immuable et s'il agit en tout par des voies simples, que fait-on de ces exceptions éclatantes et de ces renversements subits des lois ordinaires? Et d'autre part si on les admet, l'unité de l'Univers et l'unité du système par lequel on

---

1. Malebranche avertit qu'il parle ici (*Tr. de la Nat. et de la Gr.*, 1ᵉʳ éclaircissement, § 17) des grâces proprement dites pour la conversion, non des dons particuliers (prophétie ou autres) dont ceux qui les reçoivent usent pour un plus grand ou pour un moindre bien.
2. *Tr. de la Nat. et de la Gr.*, 2ᵉ et 3ᵉ éclaircissements.

prétend l'expliquer ne sont-elles pas bien compromises ?

Il est évident — tous les critiques l'ont reconnu — que les miracles gênent Malebranche. Il voudrait tout au moins expliquer le mot de façon à se satisfaire lui-même; car il est fâcheux, dit-il, d'être obligé de l'employer tel quel, comme beaucoup d'autres de ces expressions « que l'usage du peuple a introduites et que chacun interprète selon ses préjugés et ses dispositions ».

Il faut bien qu'il le reconnaisse pourtant, l'idée de miracle implique assez clairement deux idées : l'idée d'un acte accompli par une volonté particulière, et l'idée d'un acte qui déroge aux lois habituelles. Assurément, il n'ose pas nier qu'il s'accomplisse de pareils actes, et il se contente d'abord de demander, pour ainsi dire, qu'ils soient justifiés par certaines exigences de l'ordre éternel; car si les exigences de l'unité et de l'immutabilité sont les premières, elles ne sont pas les seules. « Dieu ne fait jamais de miracles, il n'agit jamais par des volontés particulières et contre ses propres lois[1], que l'Ordre ne le demande ou ne le permette. Sa conduite porte toujours le caractère de ses attributs. Elle demeure toujours la même, si ce qu'il doit à son immutabilité n'est de moindre considération que ce qu'il doit à quelque autre de ses perfections[2]. »

1. Inutile de faire remarquer que cette seconde proposition est une explication de la précédente.
2. *Entr. mét.*, IV, 10.

Ceci convenu, le philosophe se souvient qu'il est aussi dialecticien, et il se met en devoir d'atténuer le plus qu'il peut la portée des deux idées constitutives de la notion de miracle, ou du moins d'en restreindre les conséquences contraires à son système.

D'abord, Dieu, dans les miracles, suspend-il réellement l'effet des lois qu'il a établies? Pour le soutenir, il faudrait connaître toutes ces lois; or certainement, il en est une infinité que nous ignorons. « On pourra me mettre en contradiction avec moi-même, dit Malebranche, si l'on veut supposer que je ne connais point d'autres lois générales, selon lesquelles Dieu exécute ses desseins, que celles de la communication des mouvements [1]. » Ces dernières lois, nous les connaissons; du moins en voyons-nous l'action incessante, puisque c'est à elles que sont soumis tous les phénomènes sensibles de l'Univers et même, selon les cartésiens, tous les phénomènes des corps vivants. Voilà pourquoi tout ce qui paraît contraire à ces lois nous cause tant de surprise, et pourquoi aussi c'est de la suspension de ce genre de lois que nous faisons dépendre le caractère de « ce qu'on appelle un miracle ». Encore une fois, cela ne prouve pas que ce fait, dit miraculeux, ne relève pas d'autres lois non moins générales, quoique soustraites aux regards de nos sens et à nos moyens d'investigation scientifique. « Par miracle, dira une note marginale des *Entretiens métaphysiques* [2], j'entends les

---

1. *Tr. de la Nat. et de la Gr.*, dernier éclaircissement.
2. XII, 13.

effets qui dépendent de *lois générales qui ne nous sont pas connues.* » A ce compte, rien ne s'oppose à ce qu'il y en ait un grand nombre, et en effet l'auteur du *Traité de la Nature et de la Grâce* ne craignait pas d'écrire : « Je crois qu'il s'en fait dans le monde beaucoup plus qu'on ne s'imagine. »

Déjà, nous autres hommes, n'apportons-nous pas à ces lois de la communication des mouvements des dérogations apparentes? Par les lois de la mécanique, tout corps doit tomber vers le centre de la terre; et cependant je lève mon bras en l'air. « Ce mouvement passerait pour miraculeux, si nous ne reconnaissions point d'autres lois naturelles que celles de la communication des mouvements. » A celles-ci se superpose la loi non moins générale de l'union de l'âme et du corps : notre âme intervient comme cause occasionnelle, et Dieu, pour assurer la conservation de ses créatures, s'est obligé lui-même à mettre son action efficace au service de nos désirs. C'est par une loi identique, quoique moins visible, que, pour assurer la vie de l'Église et la défense de ses intérêts éternels, il a mis la même causalité au service des anges et au service de Jésus-Christ. Ceux-ci en usent d'après des lois non moins générales que celles qui président à l'union de notre corps et de notre âme. Ils arrêtent le cours d'une maladie comme nous arrêtons la chute d'un corps en le soutenant avec notre main. Il y a superposition de lois également générales sans violation d'aucune d'entre elles.

Reste le problème des volontés particulières. Mais n'est-il pas déjà résolu dans le même sens et en application des mêmes principes? Malebranche le croit en effet, et c'est à dessein qu'il mêle si souvent les deux questions[1]. Ici non plus, il ne se demande pas assez clairement s'il est impossible de mettre en jeu des lois générales pour des fins et par des volontés particulières. Il évite presque d'expliquer qu'en se réservant l'établissement de celles-là, le Dieu tout-puissant a pu abandonner celle-ci aux anges et à la personne du Christ. Pour la production des miracles, comme pour la distribution de la grâce, il lui faut que tout se ramène le plus possible à des volontés générales exécutées par des voies générales. Lui demande-t-on ironiquement si Dieu a choisi saint Michel pour le gouvernement du peuple juif, parce que saint Michel s'obligeait à être plus ménager de miracles qu'un autre ange; il avoue que c'est bien là, au fond, sa pensée. Tout par des lois et par des volontés générales, oui, c'est bien là le principe fondamental de la métaphysique : il souhaite que ce soit aussi celui de la théologie. Les suppositions

---

1. « Ce que Dieu fait par des volontés particulières est certainement un miracle » (*Nat. et Gr.*, 1ʳᵉ écl. 13). Mais Malebranche restreint ensuite cette déclaration, au point qu'on peut se demander s'il ne la contredit pas.

Ainsi dans ce passage : « Supposé que Jésus-Christ, pour exécuter les desseins [de son Père], ait désiré... que le feu qui servait au sacrifice de saint Laurent ait perdu sa chaleur, il est certain qu'alors il s'est fait *ce qu'on appelle un miracle,* et cependant Dieu n'a point fait ce miracle par une volonté particulière, mais en conséquence de la loi générale, dont l'efficace a été déterminée par le désir actuel de l'âme de Jésus-Christ. » (*Nat. et Gr.*, dernier éclaircissement.)

contraires, si elles ne sont pas absolument sans quelque apparence, ne peuvent pourtant pas se prouver. Indépendamment des raisons d'ordre moral, « on peut souvent s'assurer que Dieu agit par des volontés générales; mais l'on ne peut de même s'assurer qu'il agisse par des volontés particulières dans les miracles même les plus avérés [1] ». — « Qu'on n'aille donc pas, conclut-il, abandonner la vérité clairement connue, à cause de quelques objections qu'on peut tirer de l'ignorance où nous sommes de beaucoup de choses [2]. »

V

S'il est un problème sur lequel cette ignorance soit épaisse, c'est celui de la prédestination. Ici encore cependant Malebranche sait nous ramener à ses conclusions favorites à travers les sentiers les plus épineux.

Quelle différence y a-t-il entre la grâce et la prédestination? Saint Augustin [3] l'explique en disant que la prédestination est la prescience de la préparation du don de la grâce, et que la grâce est le don même conféré. Or, la grâce — selon le dogme catholique bien fixé contre les hérésies des Pélagiens et des semi-Pélagiens — est gratuite. La prédestination doit l'être aussi.

Mais pour être gratuite et pour précéder les mérites

---

1. *Nat. et Gr.*, 1ᵉʳ éclaircissement, 5.
2. *Ibid.* Dernier éclaircissement.
3. *De la Prédestination*, 10.

du prédestiné, est-elle sans aucun rapport avec ces mérites? Suppose-t-elle un choix arbitraire? Porte-t-elle sur celui-ci ou sur celui-là, sans aucun autre motif que le choix particulier et individuel de la volonté divine? Et enfin est-elle invincible? Tout ce qu'on a lu plus haut aide à comprendre que toutes ces hypothèses se tiennent, et que pour le théoricien des lois générales de la grâce, il s'agit de les combattre et de les ruiner l'une après l'autre.

D'abord la prédestination, telle que la définit saint Augustin, n'est pas précisément la prédestination au salut assuré quand même et indépendamment des mérites de l'homme ; c'est la prédestination à la grâce [1]. Or, si l'obtention de la grâce ne dépend pas de notre choix ni de notre liberté, les effets de la grâce une fois obtenue en dépendent. Par conséquent la prédestination ne saurait jamais être sans rapports avec les efforts méritoires de notre liberté. Ces effets ultérieurs et méritoires de la grâce, Dieu prévoit ou plutôt Dieu voit qu'ils feront défaut chez les uns, qu'ils se produiront chez les autres : ce sont ces derniers qui sont les prédestinés [2].

1. Ce ne serait en même temps la prédestination au salut que si la grâce était « invincible », pour employer l'expression si souvent répétée dans ces polémiques avec Port-Royal.
2. La plus grande difficulté est dans la nature de la prescience divine, mais on sait que cette difficulté pèse sur toute philosophie admettant l'existence de Dieu, et qu'elle n'est point spéciale à la question de la grâce. Elle n'a d'autre origine que notre incapacité radicale à comprendre ici-bas l'essence divine et la nature de la vie divine, laquelle n'est point soumise, comme la nôtre, aux lois de l'espace et du temps.

Cette doctrine n'est autre que la doctrine dite *congruiste*, et qui paraît bien avoir prévalu près de la majorité des docteurs [1]. Faut-il, suivant la dialectique si hardie de Malebranche, l'appliquer à l'âme même de Jésus-Christ? Faut-il dire qu'une grâce invincible par elle-même aurait détruit en lui cette espèce de liberté qui lui était nécessaire pour acquérir les mérites qui sont le fondement de notre réconciliation et la source de toutes les grâces que nous recevons de lui? Faut-il admettre que, du moment où il a été tenté comme nous, il a dû, comme nous, recevoir des grâces conformes à ses besoins? En tout cas, le congruisme appliqué à l'homme est une doctrine qui, sans être consacrée à l'exclusion de toute autre, est parfaitement orthodoxe et présente moins de difficultés que la plupart des autres. Et la voici parfaitement résumée dans la deuxième des *Trois lettres contre la défense de M. Arnauld* [2].

« Il est permis de soutenir que Dieu ne nous a prédestinés à la gloire que parce qu'il a prévu que nous le mériterions par sa grâce. Et toute cette dispute de la prédestination se réduit à savoir si Dieu veut sauver tels et tels et leur donner pour cela telles et telles grâces, ou si Dieu veut premièrement donner sa grâce à tels et tels et sauver ceux qu'il prévoit en faire bon usage. Ainsi cette question arbitraire ne consiste que

---

1. C'est celle du cardinal Gousset, dans sa *Théologie dogmatique*, tome I, *Traité de la Grâce et de la Prédestination*, ch. III, art. 3.
2. Page 196.

dans l'ordre que chacun peut mettre, comme il le juge plus raisonnable, entre les décrets divins. Or, l'Église n'a jamais rien défini sur cela. »

Rien de plus exact encore aujourd'hui, rien de plus conforme à la pure tradition catholique. Ce qui est plus personnel et plus systématique (sans qu'on ait le droit de le taxer par cela même d'invraisemblable ou d'erroné), c'est ce qui suit : « Je crois que Dieu ne forme point de desseins sans avoir prévu tous les moyens de les exécuter, et qu'il n'en choisit tel ou tel que parce qu'il reconnaît que ce dessein a un plus grand rapport de sagesse et de beauté avec les voies qui le peuvent exécuter que tout autre dessein et toute autre voie. C'est que je ne crois pas que la sagesse de Dieu étant infinie, il doive changer de conduite à tous moments, ou agir par des volontés particulières. »

VI

Nous revenons maintenant au grand débat sur la liberté. C'est une question liée à toutes les autres, et il n'est aucune partie des sciences humaines où, suivant la solution qu'elle reçoit, elle ne puisse apporter un trouble profond. Il ne nous suffit donc pas d'avoir vu ce qu'en fait la métaphysique de Malebranche. Quelle place a-t-elle dans sa théologie, et quelle réaction exerce-t-elle de là sur le reste du système? Il vaut la peine de le chercher.

Observons-le d'abord. Tous les principes que la métaphysique a posés subsistent : il n'en est aucun dont l'obéissance au dogme risque d'atténuer la valeur. Dieu fait tout (en ce sens que seul il exerce une action efficace et seul produit directement des effets physiques), Dieu fait tout pour sa plus grande gloire, Dieu fait tout par des voies simples et générales; voilà, on s'en souvient, trois vérités fondamentales. Or, ces formules, mais particulièrement les deux dernières, sont constamment interprétées par leur auteur comme appelant la coopération libre des créatures intelligentes. Est-ce à tort?

Dieu fait tout, mais il fait tout selon nos consentements et nos désirs et en se mettant littéralement à nos ordres. Il est superflu de revenir sur cette théorie que nulle considération tirée du dogme ne saurait affaiblir : nous avons même vu que les plus augustes mystères sont de nature à la fortifier.

Dieu fait tout pour sa plus grande gloire. Est-il par conséquent à supposer qu'il se contente de former dans des êtres impuissants des désirs contraints dont il ne saurait retirer aucun hommage? Est-il à supposer que l'humanité, pour laquelle son Fils s'est sacrifié, ajoute si peu de chose au mécanisme de l'Univers? Certes ce mécanisme lui fait honneur; mais combien plus lui feront honneur une adoration et une obéissance émanant d'âmes demeurées maîtresses de leurs destinées ! « Dieu doit retirer une gloire infinie de la sagesse de sa conduite ; mais sa gloire n'ôte rien à celle des causes libres auxquelles il communique sa puissance sans les priver de leur liberté. Dieu leur donne part à la gloire de son ouvrage et du leur, en les laissant agir librement selon leur nature ; et par ce moyen il augmente la sienne. Car il est infiniment plus difficile d'exécuter sûrement ses desseins par des causes libres que par des causes nécessaires ou nécessitées, ou invinciblement déterminées par des ordres exprès et des impressions invincibles [1]. »

Dieu fait tout par des voies simples et par des voies générales, dernier principe ! Comment le théologien-philosophe s'efforce continuellement de le rattacher au dogme de la liberté, on vient de le voir en plus d'un passage ; mais il n'est nullement superflu d'y revenir.

Qu'on me permette une comparaison suggérée par plus d'un épisode de notre siècle. Il est admis universellement que la liberté civile et la liberté politique des individus ne sont jamais mieux assurées du respect que lorsque les pouvoirs publics ne procèdent que par des lois sans effet rétroactif, sans acception de personnes, sans idée partiale d'adaptation à des circonstances particulières. Que si, dans certains cas, l'un de ces pouvoirs rend des décrets, les principes veulent que ces décrets soient simplement destinés à assurer l'exécution des

---

1. *Entr. mét.*, XII, 18. L'édition (pourtant « revue et corrigée » de 1732) porte : expression au lieu de : impression. Il est plus que probable que c'est une faute. — A remarquer d'ailleurs la variété de ces locutions dont chacune exclut une hypothèse, — en particulier celle des Jansénistes.

lois et qu'ils respectent l'esprit de ces dernières. Remplacer une loi par un ou plusieurs décrets visant telle ou telle catégorie de citoyens, c'est là l'arbitraire par excellence; c'est cet esprit sectaire qui établit des distinctions intéressées là où la justice défend qu'on en invente; et quelle que soit la forme ou la dénomination du gouvernement, c'est incontestablement de la tyrannie. N'est-il pas remarquable que la métaphysique du xviie siècle, si éloignée, semble-t-il, de penser à cette distinction dans la vie publique, en ait esquissé une semblable, avec les mêmes expressions, dans son explication du gouvernement des âmes?

Pour que la liberté des âmes soit une réalité, il faut que ni leur obéissance ni leur désobéissance à la loi ne soient inévitables et forcées. Il y a du mérite à obéir, et à ce mérite est promise une récompense, comme il est une punition qui attend les révoltés. Si cela est, la justice exige que les commandements de Dieu ne soient pas absolument impossibles, et que le pécheur même puisse se mettre en état de les observer. En fait, c'est ce qui est, parce que « les hommes peuvent et doivent travailler sans cesse à augmenter et à perfectionner leur liberté[1] ».

Mais, dira-t-on, n'est-ce point là un raisonnement qui s'applique *in abstracto* ou idéalement à la nature avant la chute? Le règne de la grâce s'étendant sur une humanité déchue n'est-il pas justement le règne du bon

---

1. *Tr. de la Nat. et de la Gr.*, 3ᵉ disc., Iʳᵉ partie, § 17.

plaisir? Désormais, Dieu ne nous doit plus rien : ses élus n'ont pas plus à se glorifier que ses réprouvés n'ont à se plaindre..., même si les premiers ont redoublé d'efforts et si les seconds n'ont pas reçu le secours qui leur eût été nécessaire...! — Eh bien! non cependant, cela ne peut pas être, et le théologien que nous étudions n'a jamais cessé de protester contre une telle conception.

Pour lui, Dieu veut sincèrement sauver tous les hommes. De plus, sa gloire s'ajoutant à sa bonté, il veut être aimé, non d'un amour irrésistible et de « cet amour aveugle qu'inspire l'instinct », mais « d'un amour de choix, d'un amour éclairé ». Sans doute, depuis que notre race s'est perdue elle-même, il la cherche, il l'appelle et il la prévient. Il la prévient surtout, avons-nous vu, par la grâce de sentiment. La grâce de lumière n'est pas efficace par elle-même, en ce sens qu'elle ne communique à l'âme aucun mouvement, qu'elle ne « la transporte » point, qu' « elle la laisse parfaitement à elle-même », à ses réflexions, à ses résolutions, à ses efforts personnels. La grâce de sentiment crée une délectation qui, elle, est efficace, puisque le plaisir qu'elle apporte est comme tout plaisir : il donne naturellement de l'amour pour la cause qui le produit, car l'amour ne va pas sans un mouvement qui porte vers l'objet aimé. Mais l'effet de ce mouvement et sa portée dépendent toujours des dispositions de celui qui le reçoit, dispositions souvent anciennes, entretenues par une série d'efforts ou de défaillances, bref, par des habitudes qui font que celui en qui la grâce agit fortement a mérité, et que celui en qui elle demeure impuissante a démérité. De plus, au moment même où nous la recevons, la grâce concourt avec ce que le péché originel et nos efforts purement humains nous ont laissé de liberté. Cette liberté imparfaite et à demi ruinée, non seulement la grâce ne veut point en faire table rase, mais elle a pour but de la restaurer. Par ses effets naturels, physiologiques (et, aux yeux d'un cartésien, mécaniques), le péché originel a agi sur toutes les générations humaines pour les corrompre, comme telle maladie de la mère agit sur la constitution de son enfant et la vicie pour toute la vie. La grâce qui intervient n'est qu'un remède ou, pour employer une expression plus conforme à cet esprit mécaniste de la physiologie cartésienne, un contre-poids. « S'il faut, maintenant, pour aimer Dieu, que nous soyons prévenus de la délectation spirituelle, c'est que nous sommes faibles et corrompus; c'est que la concupiscence nous dérègle, et que pour la vaincre il faut que Dieu nous inspire une autre concupiscence toute sainte; c'est que, pour acquérir l'équilibre d'une liberté parfaite, puisque nous avons un poids qui nous emporte vers la terre, il nous faut un poids contraire qui nous relève vers le ciel[1]. » Ce poids nous relève, le mot est précis, et il ne fait pas dire à l'auteur plus que celui-ci n'entend dire. Une fois relevés, l'élan que nous pouvons

---

1. *Entr. mét.*, IV, 21.

prendre désormais dépend toujours en grande partie de notre propre volonté. Le plaisir prévenant provoque l'amour et l'attire, mais l'amour n'en reste pas moins libre : c'est là un point auquel Malebranche tient infiniment, et toutes ses analyses psychologiques tendront à l'éclairer.

Combien donc il est injuste — c'est le moment pour nous de le démontrer — de prétendre qu'il ait été « pendant de longues années un janséniste assez décidé », qu'il ait été « pénétré des maximes de Quesnel et d'Arnauld » ! qu'il se soit simplement « éclairé en avançant dans la vie », et que, par une « inconséquence » dont il y a lieu de lui tenir compte, il a tout au plus reculé devant « les conséquences extérieures » des doctrines trop évidemment fatalistes de Port-Royal[1] !

Tout ce qui précède a, ce nous semble, déjà réfuté ces assertions « assez » légères et qui reflètent trop docilement des arrêts prévenus et convenus. On vient de le voir, tout dans la théologie de Malebranche, explication de l'Incarnation (dogme suprême), théorie des miracles, explication de la nature de la prédestination, tout absolument peut converger vers une réfutation du jansénisme, c'est-à-dire vers l'affirmation de la liberté.

Je le sais, les jansénistes aussi prononcent le mot, ils se flattent même de comprendre et de faire comprendre la chose mieux que leurs adversaires. Ils éta-

1. Toutes ces expressions sont tirées de la thèse de M. l'abbé Blampignon.

blissent une distinction très savante, il faut le reconnaître, et à beaucoup d'égards très exacte entre le libre arbitre et la liberté en soi. Or, on ne peut douter que la liberté absolue, parfaite, inaltérable, impeccable, *libérée* enfin de toute tentation et de tout péché, ne soit le but idéal, et que le libre arbitre ne soit qu'un moyen pour s'en rapprocher, car il n'est que la possibilité de faire effort en vue de diminuer la distance qui en sépare. Voici donc ce que dit Jansénius dans un des passages les plus spécieux et les plus philosophiques de son livre :

« Autre est l'acte libre, autre est l'état de liberté. Pendant le voyage terrestre, notre libre arbitre est caractérisé non seulement par une absence de contrainte, mais encore par l'absence d'une nécessité immuable de la volonté; en d'autres termes, nous nous accordons avec la Sainte Écriture, avec saint Augustin, avec les Pères, avec la foi catholique, pour le faire consister en une indifférence à deux alternatives; mais que la liberté du franc-arbitre soit en général et par essence constituée par cette indifférence, ces mêmes Pères le nieraient assurément. Qui, en effet, serait assez dépourvu de bon sens pour croire qu'il va perdre son libre arbitre, quand par l'effet d'une charité libératrice et dont le caractère essentiel est la liberté, sa volonté sera au contraire affermie, affranchie, au point de jouir comme par avance de ce qui fait la récompense des saints, c'est-à-dire quand déjà dans cette vie même il ne peut plus pécher? D'ailleurs Dieu, selon la foi catholique, est le premier libre, lui qui cependant ne peut choisir le mal ni s'écarter du bien dont il s'est assigné le choix de toute éternité. »

Oui, la liberté infaillible est supérieure au libre arbitre; oui, le libre arbitre (comme le raisonnement, comme l'effort...) est le signe d'un état de lutte et, par conséquent, d'un état qui, en un sens, est inférieur, si on le compare à l'affranchissement céleste [1]. Mais précisément, la terre n'est pas, même pour les saints, le lieu d'une libération si parfaite; c'est le lieu où tous méritent, où Jésus-Christ lui-même a été appelé à mériter, et, ajoutons-le, car c'est là que la secte commet son erreur capitale, où personne n'est mis, malgré lui, en situation de démériter nécessairement. Donc, sur ce point même (qui est celui où elle se présente avec l'aspect le plus trompeur) la doctrine de Jansénius a le triple tort de promettre le ciel trop tôt et trop facilement à quelques-uns, de l'interdire sans raison à d'autres et d'altérer profondément pour tous les conditions de la vie d'épreuve.

[1]. C'est pourquoi Malebranche (dans sa 6ᵉ *Méditation*) fait dire à Dieu : « Ne te glorifie pas de ce pouvoir (de pécher) et souhaite que ma grâce t'en délivre. » Et le fidèle répond : « Sauveur des pécheurs, venez me délivrer de cette fatale liberté que j'ai de mal faire, de la servitude du péché, du pouvoir que je n'ai que trop d'abuser du mouvement que Dieu ne me donne que pour m'élever jusqu'à lui. » Mais là, Malebranche ne souhaite de perdre que la liberté de mal faire; elle perdue, subsisterait encore une liberté dont nul être doué de raison ne saurait être dépouillé. « Les anges ne sont pas privés de la liberté de faire choix entre les biens, quoi qu'ils n'aient pas la liberté de rien vouloir contre la loi éternelle. » Et de même « le démon demeure libre après son péché : il peut faire choix entre deux maux... » (*Prémotion physique*, p. 227).

Tout cela, Malebranche l'a parfaitement vu et compris. Il avait tout à fait le droit d'écrire : « J'ai fait un petit traité de la nature et de la grâce, j'espère dans ce traité faire revenir des gens qui ont donné dans les opinions de Jansénius[1]. » « Je ne suis *jamais* entré et je n'entrerai jamais dans vos sentiments sur la grâce, j'en ai toujours eu de l'horreur, » écrivait-il à Arnauld lui-même. Quand il composa sur la fin de sa vie son traité un peu lent, un peu rempli de ces répétitions familières à tout vieillard, mais très lucide et très logique, de la *Prémotion physique,* il ne rectifiait pas, il confirmait les opinions théologiques de toute sa vie.

« Dieu a voulu, y disait-il, qu'il dépendît de nous de consentir ou de ne pas consentir. Nos mérites sont des dons de Dieu ; mais ce sont aussi nos mérites, en ce sens que nous avons accepté librement ces dons et coopéré à sa grâce, malgré les désirs de la chair[2]. » Et il ajoutait : « Je crois que la principale erreur de Jansénius est qu'il n'a pas assez distingué la délectation et l'amour même, le mouvement que le plaisir produit dans la volonté du consentement qu'elle y donne, et que, comme il ne dépend pas de nous de sentir et d'être mû, il a cru qu'il ne dépendait pas de nous de consentir, ou que la grâce efficace qui prévient et meut la volonté le mettait dans la nécessité de consentir[3]. » Non, certes, ce n'est pas là une rétractation

---

[1]. Lettre donnée par l'abbé Blampignon, p. 9 de l'appendice à sa thèse.
[2]. *Réflexions sur la prémotion physique,* p. 135.
[3]. *Ibid.,* p. 144. Comparez d'ailleurs ce fragment de discussion théologique avec celui que nous avons reproduit plus haut, page 140.

timide, comme toutes celles qui sont tardives et embarrassées par le sentiment de contradictions passées ; c'est une de ces formules claires, pleines, définitives, on est tenté de dire classiques, qui résument en quelques lignes les réflexions et les idées concordantes de toute une vie.

L'auteur de ces lignes n'était même pas thomiste (et en cela il était fidèle à son esprit d'opposition contre toute la tradition scholastique). Sans taxer la doctrine thomiste de contraire à la foi [1], il prenait bien soin de déclarer qu'elle n'était pas de foi, et il la trouvait, quant à lui, trop restrictive de la liberté. Il veillait toutefois à ce qu'Arnauld n'allât pas, par des confusions de langage, se mettre à l'abri sous le prétendu manteau de saint Thomas. Pour le mieux démasquer, il n'avait pas craint de le montrer comme un hérétique, moins franc que Luther et que Calvin, mais non moins enfoncé qu'eux dans l'erreur. La page entière est à citer, car elle fixe, avec autant de vigueur que de clarté, un point d'histoire religieuse.

« Quoique dans son livre du *De servo arbitrio*, Luther se serve de termes plus durs que Calvin, à cause qu'il avait l'imagination plus forte et moins fine et délicate que lui, rien n'est plus clair lorsqu'on lit son livre, qu'il est dans le même sentiment, qui est aussi celui que M. Arnauld soutient : savoir que la grâce agit de telle manière dans les saints qu'ils n'en usent pas bien ou mal

---

1. Nous voulons parler uniquement de la doctrine thomiste de la Liberté.

comme il leur plaît. M. Arnauld reçoit le mot de liberté ;
Luther et Calvin n'en veulent pas. C'est là l'unique différence que je puis découvrir entre le sentiment de ces
deux hérétiques et celui que M. Arnauld avoue... De dire
qui agit de meilleure foi, c'est ce que je n'oserais assurer.
Mais il me semble que ces hérétiques ayant de la
liberté la même notion que les catholiques, ils ont dû
dire, pour parler plus clairement et soutenir leurs
erreurs, que nous n'avons pas la liberté de faire le bien,
même avec la grâce. Au lieu que de soutenir que nous
sommes libres, lorsqu'on suppose avec eux que la grâce
est telle, que nous n'en usons pas bien ou mal comme
il nous plaît, c'est avancer un dogme condamné, mais
de plus c'est faire un galimatias où on ne saurait rien
comprendre [1]. »

Le traité de la *Prémotion physique* que nous citons tout
à l'heure est de 1715 ; mais les Lettres dont ce dernier
passage est extrait sont de 1685. Quand on les lit avec
attention, l'on doute bien sérieusement que la prétendue
rétractation du formulaire de soumission à la condamnation des jansénistes soit autre chose qu'un faux document, forgé, comme il arrivait assez souvent [2], pour les
besoins des polémiques. Cette rétractation [3] serait de

1. 2ᵉ *lettre touchant la défense de M. Arnauld*, p. 176.
2. Exemple : de prétendues lettres de sainte Chantal à la mère Angélique Arnauld. Voyez l'*Histoire de sainte Chantal*, par Mgr Bougauld,
t. II. Appendices.
3. Voici ce qu'on y lisait : « Je proteste donc que je n'ai souscrit au
formulaire, simplement et sans restriction, principalement la dernière fois,
qu'avec une extrême répugnance, par une obéissance aveugle à mes
supérieurs, par imitation et pour d'autres considérations humaines

1673, affirme-t-on. Or, après l'attaque qu'il avait dû subir en 1685, Arnauld écrivait à Quesnel qu'on était « obligé d'humilier » l'orgueil d'un homme tel que Malebranche ; il relevait cette expression de « galimatias » qui lui avait été décochée, il disait à son ami : « Tout le reste du livre est du même air, toujours fier, toujours fanfaron, toujours impertinent. » Il est difficile à comprendre que si, dans ce conflit d'attaques et de reparties impétueuses, Arnauld s'était vu entre les mains une arme telle que la prétendue rétractation de 1673, il eût négligé de s'en servir pour mieux « humilier » un tel adversaire.

En tout cas, cette rétractation, si elle avait été inspirée par des scrupules de tactique ou d'autres, créerait un singulier mystère, car nul — on a pu le voir — n'était et ne restera aussi porté que Malebranche à condamner les principes jansénistes. Aucun doute n'est possible sur ce point [1].

VII

La seconde grande hérésie du monde religieux du

qui ont vaincu mes répugnances. » V. Bouillier, *Hist. de la Philosophie raisonnée,* tome II, ch. II.

1. Dans toute cette polémique, Malebranche s'appuie invariablement sur le canon du concile de Trente. Ce texte qu'il rappelait souvent aux jansénistes, il ne sera peut-être pas inutile de le rappeler ici à plus d'un groupe de penseurs divers.

« Si quis dixerit, liberum hominis arbitrium a Deo motum et excitatum nihil cooperari assentiendo Deo excitanti atque vocanti, quo ad obtinendam justificationis gratiam se disponat ac præparet, neque posse dissentire si velit, sed velut inanime quoddam nihil omnino agere, mereque se passive habere, anathema sit. »

xviie siècle est le quiétisme. Au premier abord il semble nous entraîner à une extrémité opposée à celle du jansénisme. N'a-t-on pas pris l'habitude de les personnifier, l'un dans le triste et dur abbé de Saint-Cyran, l'autre dans le doux et tendre Fénelon? Mais il ne faut pas s'arrêter bien longtemps à ce que la diversité des imaginations, des sensibilités, des tempéraments ajoute à l'erreur pour en tirer des applications plus ou moins séduisantes : il faut aller à l'erreur elle-même et à son fond. Or, dans l'histoire de l'Église, on peut dire que l'hérésie se divise généralement en deux courants : l'un tend à l'exaltation de la nature humaine et à l'affaiblissement du surnaturel, comme l'arianisme, le pélagianisme, le semi-pélagianisme ; l'autre aboutit à faire de la puissance divine une souveraineté arbitraire et indifférente aux prétendus mérites des hommes, disons même à annihiler devant elle toute personnalité finie. Or il est impossible de nier que le jansénisme et le quiétisme appartiennent également au second groupe. On peut les considérer comme deux branches très différentes d'aspect, je le veux bien, mais parties d'un même tronc.

Et en effet la doctrine où l'on invite l'âme à aimer sans désir et au besoin sans espoir, où l'élan du cœur ne doit être soutenu d'aucun motif personnel, où l'être, s'absorbant tout entier dans une contemplation passive, est finalement prêt à abdiquer, avec le soin de son bonheur, la responsabilité de sa conduite, cette doctrine-là est-elle sans rapport avec celle qui dit : Vous êtes prédestiné ou vous ne l'êtes pas, et tout est là? Si, au contraire, l'âme agissante croit qu'il lui appartient de coopérer elle-même à son salut, si elle prend le soin de peser les motifs de sa conduite, parce que l'œuvre de son bonheur éternel lui semble devoir être, comme le plaisir et la douleur, comme la récompense et la peine, réglée par l'ordre immuable de la justice, comment pourrait-elle, en aimant, s'oublier totalement elle-même? Un pareil oubli n'est ni juste ni possible; c'est ce dont Malebranche a tenu à donner la démonstration, soit dans son *Traité de Morale*, soit surtout dans son *Traité de l'amour de Dieu*.

Celui pour qui Dieu peut damner une âme dont il sait pourtant être aimé, celui-là se forme un « fantôme épouvantable [1] », et « blasphème contre la Providence ». Il imagine « un Dieu tel que, s'il existait, le vrai Dieu, jaloux de sa propre gloire, nous défendrait de l'adorer et de l'aimer ». Celui qui veut posséder le souverain bien et ne veut être heureux dans cette jouissance qu'autant que l'ordre le demande, veut Dieu tel qu'il est; il veut, il aura Dieu comme Dieu se veut [2].

Par ces propositions (qui reviennent sous vingt formes différentes), qu'est-ce que l'auteur a entendu le plus condamner? Est-ce le jansénisme? Est-ce le quiétisme? Véritablement c'est à la fois l'un et l'autre. C'est plus particulièrement à un quiétiste que le *Traité de l'amour de Dieu* adresse ce raisonnement : la grâce n'est autre chose que le plaisir par lequel Dieu nous fait sentir que

---

1. *Traité de Morale*, Ire partie, VIII, 17.
2. *Tr. de l'am. de Dieu*, p. 33.

ses perfections feront notre bonheur, et que par conséquent elles sont plus durables que les imparfaites beautés des créatures ; or, qu'est-ce qu'aimer? ce n'est pas seulement *être porté* à aimer, ce n'est pas seulement sentir cet appel et cette action du plaisir prévenant, c'est coopérer librement à l'appel, c'est « consentir au transport de l'âme [1] ». Mais si ces propositions sont vraies, ne réfutent-elles pas aussi bien le fatalisme de Jansénius que l'amour pur de Mme Guyon? Ces deux hérésies en effet méconnaissent, l'une, que la grâce nous invite à chercher par nos efforts personnels l'achèvement d'un bonheur dont elle nous fait seulement goûter les prémices ; l'autre, que la coopération à la grâce, pour être méritoire et récompensée selon la justice, ne doit jamais être ni absolument refusée ni invincible. L'une et l'autre introduisent en Dieu l'arbitraire, et c'est ce que Malebranche a le plus combattu d'un bout à l'autre de ses écrits.

Sans doute il faut aimer Dieu pour Dieu et non pour un prétendu bien autre que lui ; car Dieu, qui est la fin suprême, ne saurait être pris comme un moyen pour atteindre une fin meilleure. Il faut donc l'aimer, encore une fois, de telle sorte que l'on ne veuille finalement que lui. Mais qu'est-ce que le vouloir, sinon vouloir le posséder et jouir de lui dans une union définitive? C'est là le souverain Bien, c'est là la fin où doivent tendre tous les mouvements dont il est la cause.

Autre chose est la fin, autre chose est le motif que nous

---

[1] Absolument comme pour la haine. V. plus haut, p. 141.

avons de la poursuivre. Or ici, le motif est évidemment le bonheur que nous promet l'union avec celui qui est notre fin. « Sans ce saint plaisir je n'ai point de force pour aimer Dieu comme je le dois [1]. » — « Si nous prétendons aimer Dieu sans qu'il nous plaise, sans goûter qu'il est bon, ou du moins sans l'espérance ferme que nous le posséderons un jour avec plaisir, nous prétendons l'impossible. »

Citera-t-on des paroles de saints où l'amour, satisfait de lui-même, accepte, dit-il, les peines de l'enfer si elles doivent servir la gloire de l'objet aimé? A cette objection, Malebranche répond par une de ses plus fines analyses [2]. Ce désintéressement absolu n'est pas mensonger, il n'est pas feint ; mais il est le signe que l'amour a porté le plaisir dont il est la source à un si haut degré d'intensité, qu'il en oublie momentanément tout le reste. Quand la joie qu'on éprouve près de celui qu'on aime est incomplète, on fait mille retours sur soi-même. Quand le plaisir ne laisse rien à désirer, eh bien! précisément, on ne désire plus rien. Le vide du cœur est rempli ou on le sent comme rempli, on n'y pense plus, pour ne penser qu'à celui auquel on le doit. « Voilà en quel sens l'amour est désintéressé. » « On s'anéantit, on se perd, on se transforme dans l'objet aimé, on prend ses intérêts, on entre dans ses inclinations ».…. en s'imaginant de bonne foi qu'on est comme sorti de toutes les siennes propres;

---

[1]. *Traité de l'am. de Dieu*, p. 89.
[2]. P. 19 du *Traité de l'am. de Dieu*, et p. 61 de la *Réponse générale* qui le suit (même volume).

mais c'est là une belle illusion sur laquelle on ne saurait asseoir aucun dogme.

« Comme je l'ai dit souvent, plus les plaisirs sont grands, plus l'âme s'oublie pour s'attacher à celui qui fait actuellement son bien-être. Ces âmes saintes peuvent dire, dans le transport de leur amour, qu'elles sont prêtes à souffrir des peines éternelles pour celui qui fait leurs pures et chastes délices, s'il était possible qu'il le voulût ainsi, ce qu'elles savent bien ne pouvoir être. Elles parlent sincèrement sans doute; mais c'est que le plaisir actuel dont elles sont pénétrées les touche et les émeut davantage que les peines futures dont elles n'ont peut-être alors qu'une faible idée. Et il faut remarquer qu'elles veulent aimer éternellement et qu'elles confondent apparemment le plaisir qui les fait aimer (*non enim amatur*, dit saint Augustin, *nisi quod delectat*), et qui en même temps les rend heureuses, avec l'amour même[1]. »

VIII

C'est, nous le savons, cette polémique si sensée contre le quiétisme, qui a rapproché Bossuet de Malebranche, et a effacé, pratiquement du moins, leurs dissentiments sur les difficiles questions de la Providence et de la grâce. Reprendre ici point par point ces controverses, discuter toutes les objections élevées dans la *Ré-*

---

1. *Trois lettres au P. Lamy* (à la suite du *Traité de l'amour de Dieu*), 3ᵉ lettre, p. 250.

futation écrite par Fénelon, chercher comment chacune des propositions de Malebranche peut être ou dangereuse ou inoffensive, suivant l'interprétation qu'on lui donne, les étais qu'on lui apporte, les corrections qu'on peut lui faire accepter, tout cela mènerait loin.

La théorie des voies générales et simples semble mieux ménager la majesté divine et faire à la mâle prévoyance de l'homme des conditions plus dignes de sa raison et de son courage. D'un autre côté, l'âme populaire, disons plus simplement l'âme humaine, aimera toujours à se consoler par cette pensée, que Dieu est un père veillant sur tous ses enfants, et que l'infinité de sa bonté ne peut pas inutilement faire appel à l'infinité de son intelligence et de sa science. Faut-il opter entre ces deux conceptions? Faut-il croire qu'elles peuvent être conciliées par l'intervention de Jésus et par celle des intelligences bienheureuses? Et n'est-ce pas précisément cette conciliation que Malebranche a tentée? L'Église ne s'est pas prononcée sur tous ces problèmes, pas plus qu'elle n'a voulu lever tous les mystères de la prédestination.

Au point de vue historique, voici comment je voudrais conclure ce chapitre.

Théologiens et philosophes ont également reproché à Malebranche d'avoir mêlé et confondu les deux sciences. Dans les deux derniers siècles (y compris celui qui vient de finir) bien des efforts ont été faits non seulement pour les distinguer, mais pour les disjoindre et les mettre en opposition l'un avec l'autre. Si cette tendance a provoqué une réaction, si beaucoup d'esprits faisant autorité pensent que la grande hérésie issue de la Révolution française a été de séparer ce qui en Dieu et par Dieu était uni, ne semble-t-il pas qu'on doive étudier l'illustre Oratorien avec une sympathie moins défiante qu'on ne l'a fait souvent dans les deux camps?

Ce qui est sûr, c'est que cet effort pour concilier la philosophie et la théologie n'a nui ni à l'originalité ni à l'indépendance du théologien-philosophe. Il était cartésien passionné. Pourtant il s'est séparé de Descartes sur quelques points où la grande majorité des philosophes spiritualistes et de ceux mêmes qui relèvent de Descartes l'ont suivi. Or, il n'est point difficile de montrer que ces corrections, c'est dans ses croyances religieuses et théologiques qu'il en a puisé l'idée.

D'une manière générale, c'est à la théologie qu'il doit d'avoir complété le cartésianisme par saint Augustin, et d'avoir retrouvé faiblement, mais non pas tout à fait inutilement, dans saint Thomas, ce qui s'y était conservé de platonisme. Mais voyons les trois points précis de dissidence que tous les historiens et tous les critiques ont plus particulièrement signalés.

Le disciple n'admet pas avec le maître que Dieu ait établi les lois éternelles par un pur décret de sa volonté « comme un roi établit des lois dans son royaume ». Suivant lui la volonté de Dieu fait bien les existences; elle ne fait pas les essences, et les vérités qui gouvernent les unes et les autres sont immuables et nécessaires. « L'idée qu'il n'y a point de raison des volontés de Dieu, que ces volontés mêmes », bouleverse toutes ses idées sur la conduite providentielle du monde et sur la distribution de la grâce. Il faut même remarquer que cette assimilation de Dieu à un roi de la terre n'est pas sans réveiller[1], sans convier presque à la révolte, ses secrètes dispositions au mépris de la puissance brutale des rois du monde. Bref, le Dieu de Descartes créant les principes de la géométrie, les lois des proportions et par suite celles de la justice, n'est pas le Dieu sage et bon que la religion apprend à aimer; et c'est là la principale raison de la dissidence.

C'est une même raison qui fait repousser à Malebranche la proscription prononcée par Descartes contre la considération des causes finales. Le maître n'avait pensé qu'à la physique. Il ne s'était pas assez soucié du besoin de « connaître quelque chose des desseins de Dieu » pour mieux les aimer. C'est dans cette disposition que le disciple s'applique à démontrer comment Dieu n'a pas fait les esprits pour les corps, mais les corps pour les esprits, comment il veut être mérité avant d'être possédé, comment il a fait le monde présent pour le monde futur..., principes sans lesquels toute religion est renversée.

C'est encore à la théologie que le disciple doit d'avoir repoussé les idées de son maître sur le prétendu caractère indivisible de la liberté, à laquelle, dit la quatrième *Méditation*, « on ne peut rien enlever sans la détruire ».

---

[1]. Voyez particulièrement *Réflexions sur la prémotion physique*, p. 186, 187, de l'édition de 1715, et la II⁰ partie du *Traité de Morale*.

« Il est vrai, dit le *Traité de la Nature et de la Grâce*[1], que, *selon l'institution de la nature,* tous les hommes étaient également libres ; mais la concupiscence a tout corrompu. » Ainsi Descartes n'a envisagé que l'institution de la nature, et sous un point de vue « abstrait ». Malebranche prend la nature telle qu'elle est actuellement, il analyse avec une finesse et une sagacité merveilleuses tous les éléments d'inégalité qu'y introduisent les rapports de l'âme et du corps, les variétés dans la structure et le développement des organes, les caprices de la concupiscence, l'obéissance ou la désobéissance à la grâce, et ainsi de suite à l'infini.

Montrer la liberté inégale, inégale d'un homme à un autre homme, inégale dans les différentes circonstances de la vie, n'était-ce pas faire comprendre le vrai caractère et la réalité du libre arbitre, alors que les hérétiques lui refusaient sa place et son rôle en niant tout intermédiaire entre la tyrannie de la nature et l'action invincible de la grâce ? Oui, et c'est bien à ces distinctions qu'il doit d'avoir vu plus clair en face de l'écueil. Après y avoir regardé attentivement, on se persuade que sa métaphysique, même sans le secours de la théologie, ne l'eût point conduit au naufrage. Il faut l'avouer cependant, ces formules, Dieu est l'unique acteur, l'homme ne fait rien, et cette autre idée, que la conscience ne nous donne de notre effort qu'un sentiment confus, tout cela risquait bien d'être interprété, non sans vraisem-

---

1. 3ᵉ discours, 1ʳᵉ partie, § 10.

blance, dans un sens peu favorable à la liberté humaine. Il est permis de croire que, bien loin de le pousser à réduire davantage le rôle de la créature, une juste intelligence du dogme catholique lui a appris à l'agrandir encore.

Je conclus : partout où Malebranche a fait preuve d'originalité et d'indépendance en face de son maître, c'est à la théologie qu'il le doit.

C'est à elle aussi qu'il doit d'avoir maintenu plus fortement l'idée de la liberté devant les hérésies de son époque, et peut-être devant les témérités de sa propre métaphysique.

CHAPITRE IV

LE PSYCHOLOGUE

I

Entre l'idée pure et le mécanisme, objets visibles de ses prédilections, Malebranche ne devait donner aux faits proprement psychologiques qu'une place assez restreinte et assez mal délimitée. L'âme humaine est en union avec Dieu, elle le sait, mais elle ignore la nature exacte et le détail de l'action qu'elle reçoit de lui. Elle est en commerce et en alliance avec le corps; mais ce qu'elle en sait de meilleur et de plus sûr, c'est l'idée de l'étendue intelligible qui le lui fournit. Quant au reste, ce sont ses sentiments à elle qui lui en donnent des apparences... d'autant moins solides que l'ignorance où elle est du fond de sa propre nature répand sur l'essence de ces sentiments mêmes une ombre difficile à dissiper. Telles sont les données, peu variées, ce semble, sur lesquelles il nous faut nous résigner à le voir opérer ici.

La psychologie à la vérité confinera toujours à ces deux études qui ont absorbé la meilleure part de son attention; et c'est surtout à ces deux lumières extérieures qu'il a demandé de quoi l'éclairer. Aussi cette partie de son œuvre a-t-elle été goûtée tour à tour par les métaphysiciens du dix-septième siècle pour qui Dieu devait avoir en tout et partout la première place, puis par les psycho-physiologistes de nos jours pour qui l'être humain ne peut être connu scientifiquement que dans son corps et par son corps. Les psychologues de l'étude intérieure ou de la conscience sont ceux qui devaient formuler le plus de réserves ou de regrets.

Au milieu de toutes les actions que Dieu nous imprime, ou directement par ses idées, ou indirectement par les états qu'il produit en nous à l'occasion des mouvements des corps, Malebranche, avec le seul fait du consentement donné ou refusé, crée à notre liberté morale, nous l'avons vu, un rôle aussi important, aussi noble, on peut même dire aussi redoutable qu'aucun autre système philosophique. C'est certainement aussi dans cette immanence qu'il s'applique à refouler, en quelque sorte, toute l'activité intelligente et passionnée de notre être spirituel. Mais l'explication de cette activité proprement psychique a-t-elle chez lui autant de netteté que la proclamation de notre responsabilité nous a paru déjà lui inspirer d'éloquence fière et pathétique? c'est ce que nous avons présentement à examiner.

Dans la majeure partie de ses ouvrages, le mot de faculté est proscrit aussi sévèrement que ceux de qualités occultes, de formes et de vertus, nous l'avons constaté souvent. Toutefois, quand il s'agit d'expliquer le développement de nos connaissances, les mouvements de nos passions, la formation de notre volonté, ce même mot revient un certain nombre de fois. Est-ce seulement pour la commodité du langage et par conformité à la manière commune de parler? C'est peut-être aussi par une sorte de respect pour ce que loyalement il reconnaît subsister de mystérieux dans la nature de notre âme. Mais ce mystère, d'autre part, il s'efforce constamment de le diminuer. De même qu'il ne repousse pas le miracle, mais le réduit le plus qu'il peut, et qu'il accepte la croyance à l'existence réelle des corps, mais s'arrange de manière à s'en passer, ainsi il va nous dire, avec l'accent de la sincérité, que nul ne peut sonder dans notre âme une richesse de dons que l'immortalité seule nous révélera; mais ceci concédé, il en reviendra vite à ce que nous connaissons actuellement d'une façon plus sûre à ses yeux, et il essaiera d'en tirer toutes les explications auxquelles il tient.

Une faculté de l'âme — si ce n'est pas un simple mot — qu'est-ce vraiment, sinon une disposition constante, une force réelle, susceptible de conservation et d'accroissement, bref une habitude? Malebranche voit admirablement le problème, il ne l'élude pas; il ne lui donne pas une solution résolument négative, mais il se garde bien davantage d'une solution affirmative. Son embarras théorique et finalement ses préférences pratiques se font jour dans une page assez curieuse des *Éclaircissements à la Recherche de la Vérité*[1].

---

1. *11ᵉ Éclairc.*

« On ne sait pas en quoi consistent les dispositions de l'âme qui la rendent plus prompte à agir et à se représenter les objets. On ne peut même pas concevoir en quoi de telles dispositions pourraient consister. Je dis plus, on peut par la raison s'assurer positivement si l'âme seule, séparée du corps ou considérée sans rapport au corps, est capable d'habitudes et de mémoire... On voit sans peine en quoi consiste la facilité que les esprits animaux ont à se répandre dans les nerfs dans lesquels ils ont déjà coulé plusieurs fois; ou pour le moins on découvre sans peine que les tuyaux des nerfs s'élargissant et leurs fibres se courbant d'une certaine façon, les esprits peuvent aisément s'y insinuer. Mais que peut-on concevoir qui soit capable d'augmenter la facilité de l'âme pour agir ou pour penser? J'ai beau me consulter pour découvrir ces dispositions : je ne me réponds rien. Je ne puis m'éclairer sur cela, quoique j'aie un sentiment très vif de cette facilité avec laquelle *il s'excite*[1] en moi certaines pensées. Et si je n'avais de bonnes raisons qui me portent à croire que j'ai en effet de telles dispositions, quoique je ne les connaisse point en moi, je jugerais, en ne consultant que le sentiment intérieur, qu'il n'y a point en mon âme ni d'habitude ni de mémoire spirituelles. Mais enfin puisqu'on hésite sur cela, c'est une marque certaine qu'on n'est pas si éclairé qu'on le dit. »

1. Cette forme impersonnelle rappelle un peu cette formule d'un Allemand de nos jours, qui prétend qu'on ne doit pas dire : je pense, mais *il pense* dans mon cerveau, comme on dit : *il pleut* ou *il tonne* dans mon grenier.

Ce n'est pas là le seul endroit de ses écrits où il oscille ainsi entre deux hypothèses et se décide à ne faire usage que de l'une des deux. « Je n'avais garde, dit-il dans le 7e *Éclaircissement,* de parler de la mémoire et des habitudes spirituelles, pour plusieurs raisons, dont la principale est que nous n'avons pas d'idée claire de notre âme. » Il semble, il est vrai, quelques lignes plus loin, faire un pas de plus dans la reconnaissance, sinon dans l'explication de la réalité mystérieuse ; car il dit : « Je crois, je pense devoir croire qu'après l'acte de l'âme il reste dans sa substance certains changements qui la disposent réellement à cette même action ; mais comme je ne les connais pas, je ne puis les expliquer. » Ceci dit, il reprend sa tactique ordinaire ; la vérité à laquelle il « pense devoir croire », il fait comme si elle n'existait pas, il s'arrange de manière à ce que sa philosophie puisse facilement s'en passer.

Elle s'en passe toujours par les mêmes moyens, en s'en rapportant à l'action directe de Dieu et, je ne dirai pas à celle des corps, mais à celle que Dieu exerce par eux.

A ses yeux, on ne peut aborder la mémoire et les autres habitudes des pures intelligences que par un détour ou, comme aurait dit Descartes, par un biais. Scientifiquement et dans l'ordre de nos connaissances, elles ne consistent pas dans une facilité d'opérations résultant de certaines modifications de leur être, mais « dans un ordre immuable de Dieu et dans un droit que l'esprit acquiert sur les choses qui lui ont été déjà soumises ». Dans ce cas, l'esprit ne retiendrait en lui-même rien de ce qui s'est passé en lui; mais Dieu se serait comme obligé envers lui et le récompenserait de son attention par la libéralité de ses dons réitérés et de plus en plus efficaces. Finalement, toute la puissance de l'esprit dépendrait de Dieu seul; c'est lui qui agirait chaque fois à nouveau. Il tiendrait compte, sans doute, de ce que l'âme aurait pu mériter par tel ou tel de ses désirs; mais ces derniers, étant momentanés, resteraient sans lien réel en sa substance[1]. L'explication est présentée comme une hypothèse; mais elle s'adapte si parfaitement à l'ensemble du système que le philosophe se laisse aller bien volontiers à la considérer avec une faveur qui insensiblement devient exclusive. Il ira jusqu'à dire que la mémoire et les autres habitudes ne sont pas absolument nécessaires[2] à ceux qui sont particulièrement unis à Dieu : ils reçoivent tout de lui quand il le faut.

Voici une autre occasion d'insister. C'est à propos du péché originel et du problème de sa transmission. La solution est, comme il fallait s'y attendre, cherchée dans l'action héréditaire, dans l'influence que nos premiers parents ont transmise et transmettront indéfiniment à notre race par les organismes sortis de leurs organismes. Nous sommes ici au pôle opposé : il ne s'agit plus de ceux qui sont restés unis à la Raison divine; il s'agit de

---

1. On se rappelle d'ailleurs l'expression : Dieu n'a pas fait d'*entité liante*. C'est lui qui lie.

2. Il n'ose pas dire qu'elles sont inutiles; mais il y incline singulièrement.

ceux qui s'en sont détachés. Dès lors, c'est l'autre explication, toute mécaniste, qui vient compléter l'explication par la vision en Dieu. « Je suis persuadé qu'il y a une telle correspondance entre les dispositions de notre cerveau et celles de notre âme qu'il n'y a peut-être pas de mauvaise habitude de l'âme qui n'ait son principe dans le corps[1]. »

II

Si nous avons commencé cette étude de la psychologie de Malebranche par l'exposé de ses idées fondamentales sur la mémoire et l'habitude, on en voit maintenant la raison. C'est que ce problème en enveloppe un qui est capital, celui de savoir si l'âme humaine a des facultés persistantes, constituant comme un fonds qui se développe et qui s'accroît. En résumé, il se juge obligé de croire qu'il y a quelque chose de tel, et il le dit; mais il n'en tient ensuite aucun compte, et voilà au moins le terrain déblayé.

Il reste cependant que, selon la doctrine cartésienne, l'essence de l'âme est dans la pensée. Ce sera répéter la même chose que de nous donner l'entendement comme la faculté principale. L'acception où ce mot est pris, la définition qui en est donnée dans la *Recherche de la Vérité* confirment d'ailleurs tout ce que nous ont laissé voir les thèses précédemment exposées : cette

---

1. 8ᵉ *Éclaircissement.*

pensée n'a par elle-même absolument rien d'actif : l'entendement n'est qu'une pure réceptivité.

« De même que la faculté de recevoir différentes figures dans les corps est entièrement passive et ne renferme aucune action, ainsi la faculté de recevoir différentes idées et différentes modifications dans l'esprit est entièrement passive et ne renferme aucune action; et j'appelle cette faculté ou cette capacité qu'a l'âme de recevoir toutes ces choses, entendement... » Une réceptivité si pure se prête à bien des actions : aussi la définition des mots s'assouplit-elle et devient-elle extrêmement compréhensive. « J'entends par ce mot entendement cette faculté passive de l'âme par laquelle elle reçoit les différentes modifications dont elle est capable. Car c'est la même chose à l'âme de recevoir la manière d'être qu'on appelle douleur que d'apercevoir ou de sentir la douleur, puisqu'elle ne peut recevoir la douleur d'autre manière qu'en l'apercevant. D'où l'on peut conclure que c'est l'entendement qui imagine les objets absents et qui sent ceux qui sont présents, et que les sens et l'imagination ne sont que l'entendement apercevant les objets par les organes du corps[1]. »

Donc, l'entendement, pris avec cette acception générale, n'est que la faculté d'*apercevoir;* mieux encore, c'est la suite de nos états de conscience produits par l'action divine. Il se subdivise en trois opérations : l'entendement, puis l'imagination, les sens. Tel est l'ordre

---

1. *Rech. de la Vér.*, l. I, ch. I.

adopté toutes les fois qu'il s'agit de donner comme une synthèse résumée de la vie de l'esprit. L'entendement pur nous unit à Dieu, et c'est par la révélation immédiate qu'il reçoit que tout commence, mais il n'est pas en nous à l'état indépendant comme il l'est dans les esprits célestes : il se sent ou se croit logé dans un corps. Il cherche donc une forme matérielle : l'imagination lui en détermine une; la sensation achève de la lui diversifier, de la colorer, d'y intéresser enfin tout ce qu'il sent en lui de corporel. L'ordre adopté dans la suite des livres de la *Recherche* est sans doute l'ordre inverse, l'ordre vulgaire : les sens, l'imagination, l'esprit pur. C'est qu'il s'agit, dans l'ensemble de l'ouvrage, d'expliquer, non la genèse de la vérité, mais les causes de nos erreurs. Or il est évident que plus nous nous éloignons de la source profonde, plus les occasions d'égarement se multiplient. Pour le métaphysicien qui explique la formation de nos connaissances certaines et fondées, les sens viennent en dernière ligne; mais pour qui nous explique les erreurs, c'est à eux qu'il faut aller d'abord comme à la cause la plus fréquente et la plus dangereuse, par conséquent la plus urgente à exposer, de nos illusions.

III

Il y a cependant une autre raison pour parler d'abord des sens avec quelque étendue. Leur principal rôle n'est pas, tant s'en faut, de nous aider dans notre

effort pour connaître la vérité elle-même ; là ils ne peuvent guère que nous tromper. Leur utilité est autre :
« Les sens ne nous sont donnés que pour la conservation de notre corps et non pour nous apprendre la vérité [1]. »

Le malheur est que la sensation est un phénomène complexe. Il faut y distinguer deux groupes d'éléments : un premier « appartient au corps » ; il comprend : 1° l'action de l'objet, l'impulsion mécanique qu'il exerce sur nos organes extérieurs, par la chaleur, par exemple ; 2° la passion de l'organe interne (nerfs et cerveau). Le second, avec lequel commence l'entendement, « appartient à l'âme » ; il comprend : 1° la passion de l'âme (sensation proprement dite, plaisir ou douleur sentis, perception) ; 2° le jugement, lequel se décompose ; car il y a le jugement naturel, spontané, irrésistible, dénommé ailleurs raisonnement confus ou « sensation composée » ; puis le jugement libre (mais devenant, est-il ajouté, si naturel, qu'on ne peut presque plus s'en passer).

Nous ne serons pas étonnés que le premier groupe ait toute la faveur de notre philosophe et qu'il l'étudie

---

1. Comparer à ce sujet *Recherche de la Vérité*, I, IV, 1 ; *Entret. métaph.*, I, 10 et les trois premières *Médit. chr.* ; particulièrement ce passage de la 1ʳᵉ (7) : « Tu penses peut-être que tu reçois ou que tu te formes des corps qui t'environnent les idées que tu en as. Mais *n'écoute pas tes sens ;* consulte ce que tu reconnais en toi de plus éclairé et de moins sujet à l'erreur. Penses-tu que ces corps soient visibles par eux-mêmes, qu'ils puissent agir en toi et se représenter à toi ? »... Etc. — Mais insister davantage serait reprendre à nouveau l'exposé des doctrines métaphysiques.

avec une certaine prédilection. Il est bien entendu que ce n'est pas au point de vue de la connaissance. « C'est pour la conservation de notre corps que Dieu nous a donné les sens[1]. » Ils « ne nous parlent juste que pour leur intérêt ». Sachons donc respecter l'œuvre de Dieu : ne la gâtons pas, ne la compromettons pas : elle nous assurera, dans les impulsions des sens, tout un ensemble de secours qui, quoique n'ayant rien de commun avec la science, ou peut-être même à cause de cela, resteront partout à l'abri des faux raisonnements et de l'erreur.

C'est en vue de cette conclusion que Malebranche esquisse tout d'abord sa théorie du plaisir et de la douleur. « Nos sensations sont différentes de nos connaissances et de notre amour; elles n'en sont pas des suites[2]. » Donc très résolument il s'oppose à ce qu'on a appelé la théorie intellectualiste; et il avait quelque mérite à la combattre, puisqu'il la rencontrait dans saint Augustin et dans Descartes[3]. « Ils veulent, écrit-il, que ces sentiments ne soient que des suites de la faculté que nous avons de connaître et de vouloir, et que la douleur, par exemple, ne soit que le chagrin, l'opposition et l'éloignement qu'a la volonté pour les choses qu'elle connaît être nuisibles au corps qu'elle aime. Mais il me paraît évident que c'est confondre la douleur avec la tristesse et que tant s'en faut que la douleur soit une suite de la connaissance de l'esprit et de l'action de la

---

1. *Rech. de la Vérité*, l. I, ch. v.
2. *Rech. de la Vérité*, l. III, Ire partie, ch. I.
3. Note marginale.

volonté, qu'au contraire elle précède l'une et l'autre [1]. »

Ne cherchons point à mettre ce passage en contradiction avec celui où il déclare que la douleur n'existe pas si elle n'est pas aperçue. Nous l'avons observé en passant, apercevoir n'est pas la même chose que connaître, car l'aperception pure et simple, si elle est souvent complétée par le jugement [2], ne l'implique pas nécessairement. En résumé, il y a une sensation qui, quoique appartenant à l'âme et faisant partie de l'entendement (au sens malebranchiste), a dans le corps ses conditions essentielles : elle reste assez subordonnée à ces conditions pour pouvoir se développer, en harmonie avec elles, sans aucun concours de l'intelligence.

Ce bref exposé suggère plusieurs questions intéressantes. Malebranche n'admet-il pas l'existence d'un instinct? N'en a-t-il pas esquissé une théorie? Comment paraît-il porté à comprendre la différence de l'instinct de l'animal et de celui de l'homme?

Le mot d'instinct revient souvent dans la *Recherche de la Vérité*, dans les *Méditations*, dans les *Entretiens* [3]. « Pour les choses qui ne méritent pas que l'esprit s'occupe d'elles, Dieu nous porte à elles par l'instinct, c'est-à-dire par des sentiments agréables ou désagréables. » — « Le plaisir est un instinct de la nature ou plutôt une impression de Dieu même qui nous incline vers quelque bien. » — « Ce n'est pas la raison qui

---

1. *Recherche de la Vérité*, l. III, Ire partie, ch. I.
2. Qui arrive comme épiphénomène (suivant notre langage d'aujourd'hui).
3. Voy. *Rech.*, I, 5; *Médit.*, VI, 7.

doit régler les mouvements du corps, c'est l'expérience, c'est le sentiment, c'est l'instinct. »

Ce sentiment, agréable ou désagréable, n'est pas simplement la sensation du moment, celle, par exemple, qui affecte notre odorat de manière à nous attirer ou à nous repousser immédiatement. La sensation nous laisse une certaine « expérience » qui, dégagée de toute interprétation sujette à l'erreur, agit de la même manière que le plaisir ou la douleur immédiate, par conséquent les prévient, les renforce, les prolonge, en diversifie les aspects, sans y rien mêler cependant d'étranger.

En second lieu, ces sensations, ou actuelles ou redoublées par l'expérience des sensations passées, ne nous viennent pas uniquement par les sens externes. Sans opposer en termes exprès l'instinct à l'habitude, Malebranche distingue — nous reviendrons tout à l'heure sur cette expression — deux sortes de « traces » qui subsistent dans notre système nerveux, les naturelles et les acquises. « Il y a, dit-il, cette différence, que les naturelles ont, pour ainsi dire, de secrètes alliances avec les autres parties du corps; car tous les ressorts de notre machine s'aident les uns les autres pour se conserver dans leur état naturel [1]. » Vue très profonde qui devançait bien des découvertes physiologiques et qui aurait pu élever son auteur un peu plus au-dessus du pur mécanisme dans l'exploration des phénomènes intermédiaires entre la matière et l'esprit.

1. *Rech. de la Vérité. L'imagination*, IIe partie, ch. VII.

Il essaie bien de le faire en ce qui concerne l'homme : car voici, semble-t-il, comment il y a lieu de distinguer avec lui les instincts de la bête et les nôtres. Des quatre éléments de la sensation, les deux premiers, qui appartiennent au corps, sont les seuls qui se trouvent chez l'animal : de là l'automatisme absolu, qu'aucun raisonnement n'affranchit ni ne renouvelle, mais aussi qu'aucun raisonnement ne fait dévier. Chez l'homme il y a évidemment tendance à ajouter les éléments qui appartiennent à l'esprit. L'individu s'en tient-il à la passion et au jugement naturel ; c'est encore là, peut-on dire, de l'instinct, mais qui, sollicité par la tentation d'un jugement libre, s'y laisse aller plus ou moins. De là [1] des hésitations, des défaillances, des erreurs, que ceux qui restent soumis aux impressions du créateur et, à plus forte raison, les animaux, ne connaissent pas. C'est tout à la fois la rançon de notre aptitude à la liberté et à la science et la punition du péché originel.

Depuis la chute en effet — c'est une vérité souvent répétée par les métaphysiciens catholiques — l'ordre primitif est troublé, les sens n'ont plus ni la docilité ni la sûreté qu'ils avaient dans le plan originaire. Mais l'une des formes de ce trouble est précisément que notre paresse demande à nos sens ce qu'ils ne sont pas faits pour nous donner et que notre orgueil dédaigne ce que nous devrions attendre d'eux. Puis, en dehors des aberrations

---

1. « L'erreur commence quand, au lieu de juger seulement des rapports que les choses ont avec notre corps, nous voulons juger par les sens de ce qu'elles sont en elles-mêmes. » (*Rech. de la Vérité*, II⁰ partie, ch. VII.)

dues à une mauvaise méthode, sont les désordres causés par nos passions et nos excès, bref les maladies qui détruisent l'alliance naturelle des différentes parties de notre organisme et jettent de fausses notes dans le concert qu'avait préparé l'auteur de toute harmonie. Malgré tout cela, l'œuvre de Dieu était si solide que l'économie première n'a pu en être détruite, et que nos sens qui s'en inspirent sont encore, en ce qui concerne notre corps, plus sûrs que notre raisonnement. Celui-ci cependant a un rôle : il consiste à découvrir les causes perturbatrices, à en suivre les influences, à les éliminer peu à peu, de manière à ce que, selon l'expression populaire, la nature reprenne le dessus[1].

1. C'est dans le 13e *Éclaircissement à la Recherche de la Vérité* que l'on trouvera un exposé intéressant de la médecine de Malebranche. Il prétend en appeler à l'instinct plus qu'au raisonnement, et il compare les médecins aux directeurs de conscience, ceux-ci ne laissant point assez parler la droite raison, ceux-là contrariant et voulant forcer l'instinct des sens. Les recommandations qu'il donne là sont elles-mêmes émaillées, il ne s'en aperçoit pas, d'hypothèses encore arbitraires, quand il conseille, par exemple, aux malades de boire beaucoup d'eau pour « noyer les ferments, dessaler le sang, rendre fluides les humeurs trop épaisses », etc. Toutefois ce qui domine, c'est une idée fort raisonnable de la médecine expectante et du rôle, non point passif, mais observateur du médecin. Les médecins, il est vrai, « savent peu de chose avec exactitude, mais ils en savent toujours plus que nous »; et pourvu qu'ils aient observé attentivement beaucoup de cas semblables, qu'ils se mettent en peine de connaître notre tempérament, qu'ils surveillent avec soin tous les accidents du mal et qu'ils aient beaucoup égard au sentiment que nous avons de nous-mêmes, nous devons espérer d'eux « tout le secours que nous pouvons raisonnablement espérer des hommes »; mais, en général, « *les médecins ne visitent point assez et ordonnent trop* ». Cette situation intermédiaire entre Molière et ses médecins est assez curieuse à noter.

IV

Le rôle des sens n'est pas terminé quand l'imagination entre en scène. Non pas que Malebranche insiste beaucoup sur ce que l'imagination a gardé des sensations qu'elle renouvelle. Ce fait assurément, il le reconnaît, mais il essaie plutôt d'en restreindre la portée. L'idée pure ne nous suffisant plus, depuis que le péché nous a déshabitués de la contempler, et notre esclavage à l'égard du corps pesant toujours plus lourdement sur les démarches de notre intelligence, nous cherchons à nous représenter les choses. Cela est quelquefois légitime et utile, comme quand nous cherchons à imaginer un carré répondant à l'idée du carré géométrique ; mais bien plus souvent il y a là une cause fâcheuse d'erreur, surtout si nous voulons à tout prix nous figurer des réalités immatérielles comme notre âme et ses diverses opérations. Quoi qu'il en soit, ce besoin d'évoquer et de grouper des images sensibles appartient bien à notre âme, et il constitue la partie essentielle de l'imagination. Si l'on ne craignait de trahir ici l'ennemi de la scholastique en se servant de termes aristotéliciens, on pourrait dire que chez lui c'est l'âme qui est la forme de l'imagination et que le corps en fournit la matière. N'est-ce pas d'ailleurs l'équivalent de cette formule, à ses yeux si suspecte, qu'il nous donne dans le passage suivant?

« Cette puissance qu'a l'âme de former des imaginations renferme deux choses : l'une qui dépend de l'âme même, l'autre qui dépend du corps. La première est l'action et le commandement de la volonté. La seconde est l'obéissance que lui rendent les esprits animaux qui tracent des images... Le sens de la chose dont on parle marque assez clairement de laquelle des deux on entend parler, si c'est de l'imagination active de l'âme ou de l'imagination passive du corps[1]. »

Il semble ici que ce soit bien l'âme qui crée ses images et qui les impose au corps ou qui contraigne Dieu à les y former selon son désir. N'exagérons rien cependant. Un pareil penseur ne pouvait méconnaître que nous ne trouverions aucune image si nous n'en avions pas les éléments à notre portée dans ce que les sens nous ont fourni ; car apparemment ce n'est pas dans cette étendue intelligible — dont nous rabaissons la beauté pour nous la rendre accessible — que nous trouverions cet habillement réclamé par la partie inférieure de nous-même. « Toutes les sensations ne dépendent pas de la volonté des hommes, et il n'y a que Celui qui les a faits qui les conserve dans cette mutuelle correspondance des modifications de leur âme avec celles de leur corps. De sorte que si un homme veut que je lui représente de la chaleur ou de la couleur, il faut que j'imprime dans les organes de ses sens les mouvements auxquels la nature a attaché ces sensations... C'est pour cela qu'il est impossible de donner aux aveugles la moindre

---

1. *Rech. de la Vérité*, liv. II, ch. I.

connaissance de ce que l'on entend par rouge, vert, jaune... »

Ainsi l'imagination est obligée de recourir aux sensations et elle les continue en les arrangeant à son gré. Où est en effet la différence entre l'imagination et la sensation? Écoutons-le. « Il y a un si grand rapport entre les sens et l'imagination qu'on ne doit pas les séparer. On verra même dans la suite que nous ne faisons de différence entre elles que du plus au moins[1]. » Ce sont toujours les mêmes filets nerveux aménagés entre les organes externes et le cerveau qui sont en jeu. Dans un cas, l'excitation a commencé à la périphérie; dans l'autre, elle est née à la partie centrale; mais cette différence n'efface pas, elle fait ressortir au contraire l'étroite parenté des deux phénomènes. Taine ne dira pas autrement et ne dira pas mieux.

Comment s'étonner dès lors que, par cette imagination active qui lui appartient, l'âme puise dans le réservoir de ces sensations auxquelles elle n'est que trop habituée; qu'elle les évoque jusqu'à ce qu'il soit répondu à son appel par des images qui les renouvellent pour son plaisir, pour son émotion, pour son divertissement, pour la commodité même de son étude, mais quelquefois aussi pour le plus grand péril de sa raison et de sa moralité?

Nous sommes ici en effet dans une région où, malgré l'abîme qui sépare le corps et l'âme, nos facultés se res-

1. *Rech. de la Vérité*, I, xiii, 4.
1. *Ibid.*

sentent toutes de ces secrètes alliances, voulues, établies, maintenues par Dieu entre les diverses parties de notre être et de notre vie. Dans cette action de l'imagination est le secret de beaucoup d'états de notre sensibilité, de beaucoup de formes de notre activité proprement dite et de beaucoup d'opérations de notre intelligence.

D'une façon générale, point de traces du cerveau (sensations ou images) qui ne soient accompagnées de sentiments et d'idées dans l'âme; point d'émotions des esprits animaux qui n'aient dans l'âme des mouvements qui leur répondent. De cette correspondance naissent en particulier deux groupes de faits qui sont la compassion et l'imitation, le premier gouvernant surtout nos sentiments, agréables ou pénibles, le second nos actes extérieurs. Quant aux ressorts qui mettent en jeu ces alliances et ces correspondances, ils sont à leur tour de deux sortes : les uns sont tout préparés dès notre naissance, les autres sont comme montés et mus par l'habitude.

V

Démêlons de notre mieux ces phénomènes; nous y trouverons l'association (car c'est bien ce fait si étudié chez les modernes que nous rencontrons sous cette expression : la liaison des idées avec leurs traces), l'habitude et la mémoire. Jamais l'étroite union de ces trois formes et leur dépendance du mécanisme n'ont été affirmées avec autant de résolution et de clarté.

Il faut distinguer deux sortes de liaisons à expliquer : la liaison des idées avec les traces du cerveau et la liaison des traces les unes avec les autres. Le premier de ces problèmes est plutôt d'ordre métaphysique, car la solution d'abord invoquée n'est autre que la volonté constante et immuable du Créateur : il est cependant des liaisons de cet ordre qui reçoivent une explication tout empirique, puisqu'elles sont rapportées à « l'identité de temps ». — « Il suffit souvent que nous ayons eu certaines pensées dans le temps qu'il y avait dans notre cerveau quelques nouvelles traces, afin que ces traces ne puissent plus se produire sans que nous ayons de nouveau ces mêmes pensées[1]. »

L'identité de temps, voilà qui reparaît et, cette fois, comme explication unique, pour la liaison des traces les unes avec les autres — c'est-à-dire pour ce que nous entendons précisément aujourd'hui par l'association. Si les développements sont courts, les formules sont nettes. « Il suffit que plusieurs traces aient été produites dans le même temps afin qu'elles ne puissent plus se réveiller que toutes ensemble... parce que les esprits animaux trouvent le chemin de toutes les traces qui se sont faites dans le même temps entr'ouvert, ils y passent plus facilement... Peu à peu les esprits animaux, par leur cours continuel, ouvrent et aplanissent tous ces chemins, en sorte qu'avec le temps ils n'y trouvent plus de résistance. Or, c'est dans cette facilité que les esprits

---

1. Pour ce passage et les suivants, V. *Rech. de la Vérité*, liv. II, Ire partie, ch. 1.

animaux ont de passer dans tous les membres de notre corps que consistent les habitudes. Il n'est pas plus difficile de se représenter comment les membres acquièrent peu à peu différentes habitudes qu'à concevoir comment une machine nouvellement faite ne joue pas aussi facilement que lorsqu'on en a fait quelque usage. »

A quoi tendent et aboutissent maintenant toutes ces traces? Est-ce à agir sur les organes d'action; alors c'est l'habitude proprement dite. Est-ce à agir sur les organes de l'imagination; alors c'est la mémoire. Le fonds commun est donc cette facilité que nous avons de penser à des choses auxquelles nous avons déjà pensé et de faire des choses que nous avons déjà faites. » — « La mémoire ne consiste que dans cette facilité... » — « C'est là la cause de la mémoire et des habitudes qui nous sont communes avec les bêtes. » — « La mémoire peut passer pour une espèce d'habitude. »

Nous étonnerons-nous de ne trouver ici aucune explication spiritualiste de la mémoire — aucune mention du fait de la reconnaissance et de l'identité personnelle qu'elle implique, de l'effort suivi et ordonné qu'elle suppose, rien de l'action des lois de la raison sur l'association, non plus seulement des « traces », mais des idées, rien sur la distinction que formulera bientôt Leibniz entre les consécutions, sources d'attentes machinales, et « les liaisons certaines dans la force des conséquences nécessaires »? Eh bien, non! Nous n'avons pas le droit d'en être surpris, si nous avons bien compris que pour Malebranche l'action de l'âme sur elle-même ne produit rien d'efficace qu'indirectement, en provoquant l'action divine, et que, sous cette réserve, c'est cette dernière qui explique en nous tout ce qui est entendement pur et connaissance : c'est encore elle qui explique tout ce qui est mémoire spirituelle, si tant est que l'union avec Dieu et la réception continue de ses bienfaits rende cette mémoire nécessaire. Tout en adoptant la doctrine cartésienne sur l'étendue démesurée du mécanisme, son disciple s'est fait seulement un devoir d'expliquer par ces mêmes principes tout ce que le maître avait laissé d'obscur dans les phénomènes de la vie, de l'instinct, de l'imagination. Que cette tentative ait été tout à fait satisfaisante, assurément peu de penseurs le croient. Je n'en excepte même pas ceux qui ne s'occupent ni de la raison pure ni de Dieu; car une partie, et non la moins scientifique, accepte cependant certaines tendances caractéristiques de la vie; et elle admet la finalité interne qui gouverne cette vie dans des adaptations où elle « sélige », c'est-à-dire choisit le meilleur possible pour elle. Mais enfin il s'agit avant tout, comme nous l'avons expliqué plus d'une fois, de comprendre l'œuvre que nous étudions. Or, toute cette partie des opérations de l'âme devenue l'esclave de son corps, à quoi sert-elle dans la vie? A quoi sert-elle dans la science? Dans la vie, elle ne sert qu'à détourner notre corps de certains dangers dont Dieu a voulu nous mettre à même de nous préserver sans réflexion. Dans la science, elle n'a qu'une utilité : à notre esprit, devenu malheureusement et par sa faute trop avide de choses sensibles, elle donne une aide pour étudier sans tant de fatigue et de dégoût ce qui seul importe véritablement, c'est-à-dire les rapports intelligibles des parties essentielles de l'ordre divin. Malebranche est donc conséquent avec lui-même en ne nous donnant ici que du mécanisme. Quant à la connaissance digne de ce nom, il en dit ce qu'il dit de l'esprit : « Nous en parlerons selon ce qu'il est en lui-même et sans aucun rapport au corps auquel il est uni, de sorte que ce que nous en dirons se pourrait dire des pures intelligences [1]. »

Ces pensées de pure intellection ne laissent aucune trace dans le cerveau. Elles ne consistent d'autre part qu'en spéculations métaphysiques; la géométrie elle-même n'est que la forme par excellence, la forme la plus certaine peut-être de cette sublime spéculation. Ce serait donc au métaphysicien que nous devrions ici nous adresser, si nous n'avions déjà recueilli toutes ses réponses ; car les spéculations métaphysiques, fonction de l'entendement pur, ont trait aux idées et rien qu'aux idées. Ce que le psychologue peut avoir à ajouter ne se rapporte qu'aux erreurs venant de la faiblesse de notre raison déchue ou de l'influence qu'exercent sur nous soit l'entraînement de nos passions, soit l'inconstance de notre volonté.

---

[1]. *Rech. de la Vérité*, l. III, Ire p., ch. I.

VI

Nous avons entrevu déjà l'idée que Malebranche se fait de la passion et des émotions qu'elle enveloppe. La passion pour lui n'est pas possible sans l'inclination spirituelle qui la provoque ; car pour qu'un objet nous émeuve et excite en nous une passion, il faut que nous ayons porté d'abord, clairement ou confusément, un jugement sur le rapport qu'il peut avoir avec l'une ou l'autre de nos inclinations. Autrement il nous serait indifférent. Mais il faut bien se garder de croire que Malebranche s'arrête là et qu'il ne fasse à l'élément corporel qu'une part insuffisante. Le bien vers lequel l'homme est porté par le mouvement initial dû à l'action du créateur, se particularise ; il se matérialise même, peut-on dire. Mais, même en se matérialisant, il reste soumis à des jugements où la raison apprécie les rapports des choses et avec nous et entre elles[1]. De là un enchevêtrement de phénomènes où le philosophe s'attache à démêler, comme toujours, la part de l'idée et la part du mécanisme. Il va sans dire que l'union des substances n'est pas en cause ; ce problème métaphysique a été tranché une fois pour toutes, dans un sens absolu-

---

1. Les rapports des choses entre elles ne regardent point la passion, dira-t-on. Sans doute ils la laissent plus indifférente ; mais l'appréciation que l'homme en fait agit toujours sur la passion ou pour l'abandonner à elle-même ou pour la régler et la tempérer.

ment et irrémédiablement négatif. Mais le problème psychologique de l'union des phénomènes et de leur réciprocité constante demeure intact. Voilà pourquoi la psycho-physiologie contemporaine a pu trouver tant à louer dans les observations des cartésiens.

A ce point du vue cependant, la théorie de Malebranche n'est ni intellectualiste, ni somatique, car elle n'a rien d'exclusif. On peut en juger par la division très claire qu'il a lui-même donnée plus d'une fois[1] des éléments du fait passionnel.

Il observe d'abord parfaitement bien que si les hommes ont ou semblent avoir de l'essence de la passion des idées différentes, c'est précisément parce que la passion étant un phénomène complexe, elle attire l'attention soit sur l'un, soit sur l'autre de ses éléments. Ainsi, dit-il[2], on entend par le nom de passion, tantôt le jugement qui en est la cause, tantôt l'émotion seule de l'âme, tantôt le mouvement seul des esprits animaux et du sang, tantôt enfin quelque autre chose qui accroît l'émotion de l'âme. En réalité, il n'est aucune passion où tout cela ne soit réuni.

Le premier de tous ces éléments est le jugement. — Nous ne jugeons pas à vide, objectera-t-on ; nous jugeons sur quelque chose qui déjà nous touche ou plutôt fait déjà partie des états de notre être vivant. — Soit ! la vie est en effet un cercle ininterrompu. Mais outre qu'il faudrait, pour le philosophe, remonter plus haut encore,

1. *Rech.*, l. III, chap. IV, V, VI. Cf. *Éclairc.* sur le 1ᵉʳ livre.
2. *Rech.*, V, X.

jusqu'à l'essence de l'être spirituel associé au corps, Malebranche répondrait que ces modes de l'être vivant peuvent bien développer des besoins, préparer des énergies toutes prêtes à s'employer et créer ainsi de sourdes tendances, mais que de la conscience vague de ces états la passion ne sort qu'à l'occasion et sous le stimulant d'un jugement. C'est ce que la physiologie contemporaine traduira dans sa langue propre en disant que le premier élément de la passion est cérébral.

Elle n'est cependant là qu'à sa naissance. Pour qu'elle vive, il faut que ce jugement se traduise en une direction de la volonté ou sur l'objet, ou loin de lui ou contre lui. (Voilà pourquoi chacun adhère à cette proposition de Bossuet : « la passion est un mouvement de l'âme ».) A ce mouvement, continue Malebranche, succède un sentiment — amour, haine, aversion. — Ne discutons pas pour savoir si ce troisième élément ne pourrait point se ramener au deuxième. Il y a plus d'intérêt à passer outre et à constater comment, dans la description qui nous occupe, l'apparition du mécanisme ne se fait pas attendre ; le quatrième élément est la détermination du cours des esprits vers les parties essentielles du corps, soit à l'intérieur de l'organisme, soit dans les organes de relation. Mais aussitôt se produit un cinquième phénomène, la réaction que ce débordement inopiné d'esprits produit sur l'âme. De là le redoublement de la passion par le sentiment de toutes ces manifestations mêmes du début : la colère de l'homme irrité se nourrit de ses cris et de ses gestes non moins que de ses griefs, et l'appétit plus ou moins factice du gourmand est surexcité par toutes sortes de déploiements de l'art gastronomique [1].

Très désireux de pousser aussi loin que possible son analyse, Malebranche ajoute encore ici deux éléments qui tiennent à celui qui précède et se tiennent entre eux par des liens très étroits : le sentiment d'amour causé, non plus par la vue intellectuelle, mais par les différents ébranlements que les esprits animaux causent dans le cerveau, et enfin « la douceur intérieure qui arrête l'âme en l'assurance qu'elle est dans le meilleur état où elle puisse être par rapport à l'objet ». Il n'est point malaisé de trouver des faits qui justifient ces distinctions. Le passionné aime, non pas seulement l'objet immédiat de sa passion, mais tout ce qui la favorise, tout ce qui la rappelle, tout ce qui l'exprime, tout ce qui la surexcite [2] : voilà pourquoi il aime tant à en parler et à en multiplier les images. L'homme en vient ainsi à aimer sa passion pour elle-même et pour le surcroît de vie qu'elle lui donne — au moins pendant un temps. — C'est pourquoi il tient si souvent à la prolonger par des moyens factices qu'il invente et qu'il raffine

1. On pourrait aller plus loin et ajouter à ces signes nous touchant de près les manifestations étrangères d'états qui rappellent les nôtres.

2. « Vous avez raison de dire qu'une grande passion donne de l'indifférence sur tout ce qui lui est étranger. J'en sais quelque chose ; mais ce que vous ne pouvez pas dire, vous, parce que vous ne le savez point, c'est que, dans un cœur de femme, un sentiment fort et permanent trouve moyen de se rattacher à mille circonstances qui créent des intérêts et aussi des soucis, où des êtres plus maîtres d'eux-mêmes ne verraient pas l'occasion de la plus faible émotion. » (Mme de Rémusat. *Lettres à son fils*, VI, 270.)

en vue de rallumer en lui-même une passion en passe de s'éteindre... Mais gardons-nous de nous substituer ici à Malebranche. Terminons ce résumé par la vue si ingénieuse qu'il nous ouvre sur les diversités qu'imprime à la passion individuelle, la manière de comprendre et disons aussi de supposer les rapports que les choses peuvent avoir avec l'objet de la passion. « Il ne faut pas s'étonner si tous les hommes poussent si loin leur haine et leur amour et s'ils font des actions si bizarres et si surprenantes. Il y a toujours des raisons particulières de tous ces effets, alors même que nous ne les connaissons pas. Leurs idées accessoires ne sont pas toujours semblables aux nôtres. »

Que changent à cette analyse si minutieuse les recherches de notre époque? Elles descendent plus avant dans le mécanisme « des esprits et du sang »; elles tendent à mieux établir la part précise soit du cœur, soit du cerveau, soit du cervelet, soit des grands organes de la vie nutritive dans les modes et accidents de nos passions. Les métaphysiciens, d'autre part, essaient de remettre en lumière la nature du composé humain en opposant les vues fondamentales du thomisme à celles du cartésianisme. L'analyse psychologique de Malebranche demeure exacte, sinon complète, et nous devons toujours en admirer la lumineuse profondeur.

VII

A la passion s'oppose le plus souvent et s'ajoute

quelquefois l'exercice de la liberté. Or, ni la métaphysique ni la théologie n'ont pu, chez Malebranche, épuiser complètement cet insondable problème. Au point de vue extérieur phénoménal et directement observable, que lui restait-il à en dire? Ceci surtout, que l'existence des motifs, non seulement ne suffit pas à ruiner l'idée de notre liberté, mais la fonde au contraire et lui donne son véritable point d'appui. Vouloir sans motif, serait « vouloir rien »; mais vouloir rien, c'est ne pas vouloir. Ce qui se dit là de la volonté pure et simple vaut pour la liberté qui n'en est que la forme supérieure. Un être qui agirait sans motifs n'agirait que sous la pression inconnue de nécessités de sa nature. Celui qui agit librement est précisément celui qui sait pourquoi il agit, autrement dit qui a un motif. Cette condition est commune à Dieu et à l'homme. Seulement Dieu ne tire ses motifs que de lui-même; tandis qu'il y a pour l'homme des motifs d'action qui lui sont comme ébauchés, donc préparés à l'avance dans ses relations avec le reste des choses. C'est ce qu'on appelle en théologie la *prémotion physique* [1]. Mais ces motifs préexistants ont beau se présenter à nous sans nous ou malgré nous : le consentement nous reste : là est la vraie marque de notre nature. Qui est maître de donner ou de refuser son consentement est libre : or, ici aussi, doit-on dire, consentir « à rien », ou n'adhérer à aucun motif serait n'avoir ni droit et pouvoir de consentement, ni liberté. Sans

---

1. Voir le traité qui porte ce titre, p. 71, 76, 266.

doute le consentement se donne ou se refuse plus ou moins témérairement selon les états de notre être total; mais il nous appartient — sinon comme cause efficiente, au moins comme cause occasionnelle — de créer en nous des états favorables à l'exercice de la liberté : les moyens dont nous disposons nous sont connus ; ce sont l'attention, « prière naturelle » de l'âme, la prière de la foi et enfin les moyens indirects tels que la fréquentation des personnes, la recherche ou la fuite des occasions et les moyens surnaturels.

La diversité de ces moyens et plus encore la diversité des emplois que nous en faisons, voilà la cause de cette inégalité de la liberté que Descartes n'avait point vue. « Il ne faut pas s'imaginer que la vie soit égale dans tous les hommes vivants ni consiste dans un point indivisible. La domination du corps sur l'esprit, laquelle nous empêche de nous unir à Dieu par la connaissance de la vérité, est capable de plus et de moins. L'âme n'est pas dans tous les hommes également unie au corps qu'elle anime, par les sentiments, ni à ceux vers lesquels elle se porte, par ses pouvoirs. » Combien serions-nous donc injustes si nous voulions réduire cette belle philosophie à un dualisme étroit et sec où à l'action infaillible de Dieu répondrait l'action rigide, aveugle et immuable du pur mécanisme. Les théories de Malebranche ouvrent à l'étude du moraliste, comme à celle du psychologue, comme à celle du directeur de cons-

---

1. *Éclairc.* sur le livre III de la *Rech.*, p. 203.

cience et du juge, tout un monde où trouvent également à s'exercer la curiosité et la charité. Comment n'en être pas convaincu quand on a lu cette belle page du *Traité de la Nature et de la Grâce* [1] ?

« On suppose sans réflexion une parfaite égalité dans les choses où l'on ne remarque pas sensiblement d'inégalité. On se soulage l'esprit, on se délivre de toute application lorsqu'on donne à toutes choses une forme abstraite, dont l'essence consiste dans une espèce d'indivisible. Mais on se trompe ; la liberté n'est point une faculté telle qu'on se l'imagine. Il n'y a pas deux personnes également libres à l'égard des mêmes objets ; il n'y a pas deux hommes ayant la raison également éclairée, également ferme et assurée,... également modérés, également sensibles... et qui aient également combattu pour la conservation de leur liberté... La concupiscence même est inégale en mille manières, à cause des diversités qui se rencontrent dans la conformation du corps, dans l'abondance et le mouvement des esprits et dans les rapports et liaisons presque infinies qui s'établissent par le commerce du monde [2]. » Rien donc, dans les combinaisons des faits de l'âme humaine, aux prises avec la nature et avec la grâce, n'est semblable à la combinaison « des ressorts et des forces mouvantes dont les effets sont toujours infaillibles et nécessaires. Aussi nul esprit ne peut découvrir ce qui se passe dans le cœur de l'homme ».

1. Ire partie du 3e Discours, x, xii.
2. Voyez d'ailleurs plus haut, ch. II, § 1 et 2.

CHAPITRE V

LE MORALISTE

I

« Il n'y a point de science qui ait tant de rapports à nous que la morale; c'est elle qui nous apprend tous nos devoirs à l'égard de Dieu, de notre prince, de nos parents, et généralement de tout ce qui nous environne. Elle nous enseigne même le chemin qu'il faut suivre pour devenir éternellement heureux, et tous les hommes sont dans une obligation essentielle ou plutôt dans une nécessité indispensable de s'y appliquer uniquement. Cependant, il y a six mille ans qu'il y a des hommes, et cette science est encore fort imparfaite[1]. »

La déclaration qu'on vient de lire est très loin d'être isolée dans les ouvrages de Malebranche : on l'y rencontre à chaque pas. Or, ceux auxquels il s'en prend de cette imperfection qu'il regrette, ne sont pas seulement les philosophes, ou de l'antiquité ou des temps modernes; ce sont les théologiens, ce sont les ecclé-

---

1. *Rech.*, IV, II, 3.

siastiques, ou réguliers ou séculiers, ce sont les directeurs, ce sont les casuistes. Il n'épargne à ce sujet ni les uns ni les autres. Donc, si l'on cherche comment et par qui, dans les temps modernes, la morale s'est constituée à l'état de science et comme partie intégrante de la philosophie rationnelle, Malebranche est certainement, de tous les grands penseurs du dix-septième siècle, celui auquel il est le plus juste de faire honneur de ce progrès. Descartes a eu des vues de génie sur l'application des règles de la méthode générale à la conduite de la vie. Pascal a, comme on aime à le répéter, sécularisé la morale en faisant prendre en dérision ou en dégoût — jusqu'à l'excès — les petites considérations particulières relatives aux exceptions et aux cas individuels. Malebranche, lui, a été ici plus méthodique et plus complet que Descartes, plus juste que Pascal, et il n'a pas craint de payer, pour ainsi dire, de sa personne, en prenant la responsabilité d'un exposé dogmatique de la morale théorique et pratique.

Tout d'abord, il a vu le problème de si haut que certaines questions, destinées à n'être posées explicitement que beaucoup plus tard, l'ont évidemment préoccupé.

La morale dépend-elle de la métaphysique? ou la métaphysique doit-elle être subordonnée à la morale? Il semble que ses écrits fournissent des textes à invoquer pour chacune des deux hypothèses.

Il peut arriver que, dans des questions encore obscures, on aboutisse, par un raisonnement plausible, à des conséquences troublantes pour les hommes de bonne volonté. Alors, on doit s'arrêter. Ainsi fait l'auteur du *Traité de la Nature et de la Grâce* quand il nous dit[1] : « J'avoue que je ne sais comment Dieu peut découvrir les suites des actions qui ne tirent pas leur infaillibilité de ses décrets absolus. Mais je ne puis me résoudre à pousser la métaphysique aux dépens de la morale, à assurer comme des vérités incontestables des opinions contraires au sentiment intérieur que j'ai de moi-même, ou enfin à parler aux oreilles un certain langage qui, ce me semble, ne dit rien de clair à l'esprit. » Aussi plus d'une fois, dans ses polémiques, est-il tenté — avec mesure et discrétion toutefois — de réfuter les doctrines en en montrant les conséquences. « Je puis, ajoutait-il, des principes opposés aux miens tirer des conséquences bien plus fâcheuses que celles qu'on prétend suivre de la liberté telle que je la suppose en nous. »

D'autre part, les textes qui établissent que la métaphysique est le fondement de tout, y compris la religion et la morale, sont nombreux, et on a pu lire le plus décisif de tous[2].

La conciliation est ici de même nature que celle qui fait concorder entre elles les pensées du philosophe sur les divers stades de l'apologétique chrétienne. Il y a intérêt majeur à ce que la morale soit respectée comme à ce que la religion soit obéie, même par ceux

---

1. 3ᵉ Disc., IIᵉ partie, xxxviii.
2. Voyez plus haut le début du chapitre *Le Métaphysicien*.

qui ne peuvent rendre logiquement compte ni de leur obéissance ni de leur respect. Il y a donc, répondra-t-on, une morale et une religion indépendantes de la recherche et de la démonstration scientifiques de la vérité? — Oui, en un sens; il faut bien que les sciences, même les plus élevées, reposent sur des données simples, accessibles à tous. La nécessité de la morale est une de ces données, comme la nécessité de la religion en est une autre. Il y a, grâce à Dieu, des gens qui le sentent, même quand ils ne sont pas éclairés, et c'est là pour nous une donnée précieuse. Réduite à ce qu'elle a d'essentiel, cette nécessité se présente, en effet, à l'esprit avec une clarté qui suffit à nous ouvrir la voie, si toutefois nous avons les dispositions nécessaires; car « ce n'est pas la raison de l'homme qui le séduit, c'est son cœur[1] ». Celui qui est dans « une disposition respectueuse » à l'égard de la divinité a déjà l'essentiel de la religion; celui qui veut agir selon la raison et selon elle seule a déjà la bonne foi ou la bonne volonté — par conséquent la moralité. Mais comme il reste toujours à construire une science de la religion par des démonstrations coordonnées, il reste aussi, pour l'honneur de l'esprit humain et pour le bien de l'humanité, à constituer une science de la morale. Ce n'est pas elle qui créera cette moralité fondamentale, à la portée des plus simples : elle la trouvera préexistante, elle la respectera, elle s'en servira, comme la géométrie

---

1. XIII° *Éclairc. sur la Rech.*

se sert de l'idée de la ligne droite et de la distinction du tout et de ses parties; mais, comme la géométrie elle-même, encore une fois, elle voudra faire sortir de ces premières notions une science tout entière; et là elle ne pourra réussir qu'en s'appuyant sur la métaphysique [1].

II

D'abord, il faut que la morale soit une. Il peut paraître étrange que Malebranche ait cru devoir tant insister sur une vérité si évidente, et plus étrange encore que, parmi les ennemis ou les amis trop peu conséquents de cette unité, il ait rangé expressément la plupart des ordres religieux de son temps. Déjà, au point de vue proprement philosophique, il leur en voulait fort de ne pas se rallier assez vite à la belle simplicité du cartésianisme et de s'obstiner dans ce que la scholastique avait, à ses yeux, d'incohérent. Ils s'y obstinaient, pourquoi? Par amour-propre ou, ce qui revient au même, par esprit de corps. « Ce qui est vrai à Paris, dit-il ironiquement, est faux à Rome; ce qui est certain chez les Jacobins est faux chez les Cordeliers; ce qui est indubitable chez les Cordeliers semble être une erreur chez les Jacobins. Les Jacobins se croient

---

1. Certains philosophes (en des thèses de doctorat notamment) ont cru trouver le kantisme dans les idées morales de Descartes. Il n'était donc pas inutile de prévenir pareille illusion pour ce qui concerne Malebranche.

obligés de suivre saint Thomas. Pourquoi? C'est souvent parce que ce saint docteur était de leur ordre. Les Cordeliers, au contraire, embrassent les sentiments de Scot, parce que Scot était cordelier[1]. » De même, il suffit, à l'en croire, de « quelques évêques » excommuniant comme hérétiques des philosophes qui pensent autrement qu'eux, pour créer des factions qu'échauffe un zèle indiscret et « un sentiment confus » de piété mal comprise. Or, ce n'est pas seulement dans la science pure que de telles diversités provoquent les regrets et presque l'indignation de notre philosophe; c'est bel et bien dans la morale. Il s'en explique très nettement dans une page admirable et qui me paraît à citer ici tout entière.

« Certainement, la Raison universelle est toujours la même : l'Ordre est immuable; et cependant la morale change selon les pays et selon les temps. C'est vertu chez les Allemands de savoir boire : on ne peut avoir de commerce avec eux si l'on ne s'enivre. Ce n'est point la raison, c'est le vin qui lie les sociétés, qui termine les accommodements, qui fait les contrats. C'est générosité parmi la noblesse, que de répandre le sang de celui qui lui a fait quelque injure. Le duel a été longtemps une action permise; et comme si la raison n'était pas digne de régler nos différends, on les terminait par la force : on préférait à la loi de Dieu même, la loi des brutes, ou le sort. Et il ne faut pas

---

1. *Rech.*, V, vi.

s'imaginer que cette coutume ne fût en usage que parmi les gens de guerre, elle était presque générale ; et si les ecclésiastiques ne se battaient pas, par respect pour leur caractère, ils avaient de braves champions qui les représentaient, et qui soutenaient leur bon droit en versant le sang des parties. Ils s'imaginaient même que Dieu approuvait leur conduite ; et soit qu'on terminât les différends par le duel, ou par sort, ils ne doutaient point que Dieu ne présidât au jugement et qu'il ne donnât gain de cause à celui qui avait raison. Car, supposé que Dieu agisse par des volontés particulières, ce que croit le monde, quelle impiété que de craindre, ou qu'il favorise l'injustice ou que sa providence se s'étende pas à toutes choses !

« Mais, sans aller chercher des coutumes damnables dans les siècles passés, que chacun juge à la lumière de la raison des coutumes qui s'observent maintenant parmi nous, ou plutôt qu'on fasse seulement attention à la conduite de ceux mêmes qui sont établis pour conduire les autres. Sans doute on trouvera souvent que chacun a sa morale particulière, sa dévotion propre, sa vertu favorite : que tel ne parle que de pénitence et de mortification ; tel n'estime que les devoirs de charité ; tel autre enfin que l'étude et la prière. Mais d'où peut venir cette diversité si la raison de l'homme est toujours la même ? C'est sans doute qu'on cesse de la consulter, c'est qu'on se laisse conduire à l'imagination son ennemie. C'est qu'au lieu de regarder l'Ordre immuable comme sa loi inviolable et naturelle, on se forme des idées de vertus conformes du moins en quelque chose à ses inclinations. Car il y a des vertus, ou plutôt des devoirs qui ont rapport à nos humeurs : des vertus éclatantes, propres aux âmes fières et hautaines; des vertus basses et humiliantes, propres à des esprits timides et craintifs; des vertus molles, pour ainsi dire, et qui s'accommodent bien avec la paresse et l'inaction [1]. »

Si l'on s'étonnait trop de cette sortie éloquente et spirituelle, nous n'aurions qu'à rappeler comment la morale était d'abord systématiquement scindée en deux parties, rendues presque étrangères l'une à l'autre : l'une, regardant la vie éternelle, et l'autre, la vie temporelle. Était-ce une des conséquences lointaines des divisions mal apaisées du Sacerdoce et de l'Empire? En tout cas, il est certain que le pouvoir du Prince, surtout en s'étendant, comme il le faisait, d'un bout à l'autre de la sphère du droit proprement dit, créait comme une région morale entièrement distincte de la précédente. Leibniz lui aussi rencontrera devant lui ce préjugé et mettra, comme on sait, tous ses soins à le combattre; mais Malebranche l'avait devancé. Il avait parfaitement vu qu'à ce manque d'unité s'ajoutait comme une conséquence logique, mais désastreuse, un appel divergent à deux autorités finalement insuffisantes, celle des supérieurs ecclésiastiques d'un côté, celle des supérieurs temporels de l'autre : ni les pre-

---

1. *Tr. de Morale*, Ire partie, II, 7 et 8.

miers, ni les seconds ne songeaient, en effet, comme ils l'auraient dû, à l'autorité par excellence qui seule aurait pu les forcer à se mettre d'accord. Ne sont-ce point là ces deux puissances dont Descartes se défie, quand il se défend de vouloir, en traitant « des mœurs », empiéter sur les droits ou de « ceux que Dieu a établis pour souverains sur ses peuples » ou de « ceux auxquels il a donné assez de grâce ou de zèle pour être prophètes »? Du moment où l'on se mettait ainsi hors d'état de discuter les principes communs des deux morales, on en acceptait séparément les prescriptions comme autant de maximes indémontrables, réclamant par conséquent une obéissance aveugle et passive. Or, une telle obéissance n'a aucune valeur; elle ne sert qu'à flatter tout à la fois et la « paresse des inférieurs » et « l'orgueil » de ceux qui commandent.

L'inconvénient sans doute, Malebranche ne pouvait pas le méconnaître, était plus grand dans l'ordre temporel qui, des deux aspects de la nature divine — puissance et raison, — représentait trop exclusivement le premier. Mais enfin, l'ordre spirituel non plus n'en est exempt ni dans son gouvernement, ni dans les décisions de ses tribunaux, ni dans l'esprit qu'il tolère, souvent parce qu'il l'ignore, chez bon nombre de ses prétendus serviteurs, ni par conséquent dans les maximes qu'il laisse propager (en dehors, bien entendu, de celles qui sont seules assurées de l'infaillibilité doctrinale). Voilà ce que Malebranche pense et ce qu'il dit avec un mélange si original de candeur et de vivacité.

Ainsi chassé de l'examen des principes dans les deux parties, mutilées l'une et l'autre, de la morale, l'esprit de discussion et le raisonnement se réfugiait dans l'examen des applications ; et la conscience l'y suivait, en grand danger d'être faussée. De là le développement considérable, de là les succès, mais aussi les raffinements et les excès dangereux, tant de la direction de conscience que de la casuistique.

III

Malebranche n'est tendre ni pour l'une ni pour l'autre. Là d'ailleurs il se trouve en honorable compagnie ; car il parle comme Bossuet et comme La Bruyère. Il est un peu moins satirique que La Bruyère ; mais ce n'est pas au hasard que je dis simplement : un peu ; car il est loin d'être sans malice dans le rapprochement qu'il poursuit entre les directeurs et les médecins, les premiers donnant quelquefois la mort à l'âme comme les seconds, quand ils sont peu experts, « la donnent quelquefois au corps[1] ». Force est bien, il l'avoue, d'avoir recours aux uns et aux autres, et il ajoute avec un mélange de bonhomie humble et d'ironie, mais où l'ironie paraît terriblement dominer : « Je sais qu'il y a une bénédiction particulière de soumettre ses sentiments à des personnes sages et éclairées, et je veux même croire que cette règle générale, qu'il faut mourir dans les for-

---

1. XIIIe *Éclairc.*

mes, est plus sûre pour le commun des hommes que celle que je pourrais établir pour la conservation de la vie. »

Pour la conservation de la vie morale cependant, le philosophe se résigne moins ; car il admet plus volontiers encore l'appel au médecin que le recours trop fréquent à un directeur quelconque [1]. Il a pour cela deux raisons. D'abord nous dissimulons ou déguisons plus de choses au directeur qu'au médecin ; puis, en général, nous pouvons plus facilement nous éclairer nous-mêmes sur le mal de l'âme sans le secours du premier que sur le mal du corps sans le secours du second. Les abus de la direction et de la casuistique en effet ne sont pas seulement imputables, tant s'en faut, aux directeurs et aux casuistes. Nous qui les consultons, que faisons-nous ? Nous mettons insensiblement la main sur notre plaie quand elle nous fait honte ; nous trompons souvent ceux qui nous dirigent, afin de nous tromper nous-mêmes ; car nous

---

1. Voici le conseil qu'il donne à ce sujet ; il n'est pas sans jeter un singulier jour sur l'insuffisance des directeurs qu'on s'attribuait dans un certain monde : « Lorsqu'il est à propos de consulter un directeur, *il faut en choisir un qui sache la religion, qui respecte l'Évangile,* qui connaisse l'homme : il faut prendre garde que l'air du monde ne l'ait point corrompu, que l'amitié ne l'ait point rendu mou ni complaisant et qu'il ne craigne et n'espère rien de nous » (XIV⁰ *Éclair.*). Il va sans dire que ces franches attaques contre la manie des directeurs ne touche en rien au sacrement de pénitence; car Malebranche, dans son *Traité de Morale,* en fait ressortir, au contraire, l'importance, avec sa pensée constante de mêler la philosophie à la théologie. Il explique longuement comment l'absolution du prêtre n'a pas seulement pour vertu de remettre les péchés, mais change la résolution actuelle en disposition habituelle, le prêtre étant établi *comme cause occasionnelle* de la grâce qui doit donner la charité justifiante.

prétendons être en sûreté lorsque nous les suivons. « Ils nous conduisent là où nous avons dessein d'aller, et nous tâchons de nous persuader, malgré la lumière et les reproches secrets de notre raison, que c'est l'obéissance qui nous détermine... Nous cherchons des directeurs qui nous consolent des reproches de Jésus-Christ, qui nous assurent contre ses menaces et qui couvrent de nuages agréables cette lumière qui nous blesse et qui nous pénètre. » Le mal signalé là devait être grave et répandu, car c'est bien là ce que dira Bourdaloue et, plus fortement encore, Bossuet[1]; mais les deux grands maîtres de la chaire ont surtout en vue les prescriptions impératives de l'Évangile et la nécessité de ne pas en ternir artificiellement la pure lumière. Ce que Malebranche ajoute, c'est la démonstration philosophique qu'il faut chercher une morale une, éclairant absolument tout ce qui nous intéresse de la lumière de la raison ; c'est ensuite l'idée que cette recherche est possible, qu'elle doit aboutir à l'évidence, et qu'enfin l'é-

---

1. Par exemple, dans son sermon *Sur la haine des hommes contre la vérité*. « Et en effet, chrétiens, lorsque nous formons tant de doutes et tant d'incidents, que nous réduisons l'Évangile et la doctrine des mœurs à tant de questions artificieuses, que faisons-nous autre chose, sinon de chercher des déguisements? Et que servent tant de questions, sinon à faire perdre, parmi des détours infinis, la trace toute droite de la vérité?. Ne faisons ici la guerre à personne, sinon à nous-mêmes et à nos vices ; mais disons hautement dans cette chaire que ces pécheurs subtils et ingénieux qui tournent l'Évangile de tant de côtés, qui trouvent des raisons de douter de l'exactitude de tous les préceptes, qui fatiguent les casuistes par leurs consultations infinies, ne travaillent ordinairement qu'à nous envelopper la règle des mœurs... Ce n'est pas ainsi, chrétiens, que doivent être les enfants de Dieu. »

tude de la nature de l'homme nous révèle non moins clairement les moyens de pratiquer une telle morale avec sûreté et avec rectitude.

La pierre de touche de la vérité, c'est l'unité, c'est aussi — ce qui y tient de près — l'universalité. Lorsqu'un homme, dit Malebranche, préfère la vie de son cheval à celle de son cocher, il a ses raisons, car on ne fait rien sans motif, mais ce sont des raisons particulières dont tout homme raisonnable a horreur. « Ce sont des raisons qui, dans le fond, ne sont pas raisonnables, parce qu'elles ne sont pas conformes à la souveraine raison, ou à la raison universelle que tous les hommes consultent[1]. »

Mais l'universalité la trouverait-on dans des règles ou des prescriptions arbitraires? La théologie même du *Traité de la Nature et de la Grâce,* ses profondes distinctions entre les lois et les décrets nous défendent de cette illusion. Nous le savons; aucun sophisme ne nous a été donné comme plus dangereux et pour le sens commun et pour toute espèce de certitude, que celui qui veut que tout dérive de la volonté pure et simple de Dieu... (sous-entendu, à n'en pas douter, *a fortiori,* de la volonté d'un homme quel qu'il soit). A ce compte, on ne pourrait même plus prétendre que Néron ait eu tort de tuer sa mère; car il est clair qu'un Romain ignorait le décalogue donné aux Juifs. Ainsi on ne pourra trouver rien à redire aux actes les plus infâmes et les

---

1. XIIIe *Éclairc. sur la Rech.*

plus injustes des païens auxquels Dieu n'avait point donné de préceptes formels. Pour revêtir un aspect philosophique et s'abriter, ainsi parée, sous l'autorité même de Descartes, l'erreur n'en est pas moins désastreuse. Car alors « tout est renversé ; il n'y a plus de science, plus de morale, plus de preuves incontestables de la religion [1] » ; et avec celle-ci nous perdons même l'espoir déjà si téméraire de demander en tout instant à Dieu de nous dicter notre conduite. Le premier venu pourra donc soutenir à nouveau tous les scandales que Montaigne rappelle et qu'il excuse comme autant de preuves des incertitudes de la Morale humaine chez les nations. Pourquoi, s'écrie Malebranche, condamnera-t-on ces sentiments, s'il n'y a un ordre, une règle, une raison universelle et nécessaire qui se présente toujours à ceux qui peuvent rentrer en eux-mêmes ? Nous ne craignons pas de juger les autres et de nous juger nous-mêmes en bien des rencontres. Mais sur quelle autorité le faisons-nous « si la Raison qui juge en nous, lorsqu'il semble que nous prononçons des jugements contre nous et contre les autres, n'est notre souveraine et celle de tous les hommes » ?

Cette théorie lui tenait au cœur, bien qu'elle le mît dans la nécessité de se séparer de son maître. Mais il y attachait tant d'importance qu'il y revenait sans cesse ; jusque dans son dernier traité, *Réflexions sur la Prémotion physique* [2], il retrouve, pour la soutenir, l'ardeur

---

1. VIIIe *Éclairc.* Cf. le Xe et le XIIIe.
2. Pages 186, 187 de l'éd. Michel David, Paris, 1715.

de ses jeunes années. Si, dit-il, Dieu n'était que tout-puissant et semblable aux princes qui se glorifient plus de leur puissance que de leur nature, « Hobbes, Locke et quelques autres auraient découvert le vrai fondement de la morale : l'autorité et la puissance donnant sans raison droit à faire tout ce qu'on veut quand on n'en a rien à craindre ».

Mais maintenant, qu'est-ce que cette raison universelle et souveraine que Dieu même consulte en lui et applique hors de lui? Eh bien, c'est l'Ordre immuable et nécessaire, évident de lui-même et subsistant par lui-même. L'obéissance à cet ordre, voilà le premier principe objectif de la morale. Malebranche soutient qu'il ne s'impose pas moins à la raison que les principes de la géométrie [1].

Car enfin y a-t-il quelqu'un qui doute qu'il faille préférer son ami à son chien ou, comme nous le lisions tout à l'heure (car l'auteur semble se plaire à cette comparaison), la vie de son cocher à celle de son cheval [2]? Peut-on douter de même que l'esprit vaille mieux que la matière qui ne pense pas? « La distinction de ces deux parties de nous-mêmes, prouvée par des idées claires, est de toutes les vérités la plus féconde et la plus nécessaire pour la philosophie et peut-être

---

1. C'est ce que dira Leibniz : « La justice suit certaines règles d'égalité et de proportions qui ne sont pas moins fondées dans la nature immuable des choses et dans les idées de l'entendement divin que les principes de l'arithmétique et de la géométrie. »

2. Malebranche ajouterait sans doute aujourd'hui : sa famille à son bétail, ses ouvriers à son usine, etc...

même pour la théologie et pour la morale chrétienne[1]. » Peut-on douter que la vie éternelle vaille mieux que la vie temporelle? Or, la liste de ces propositions peut s'allonger : « Il faut aimer le bien et fuir le mal; il faut aimer la justice plus que les richesses, il vaut mieux obéir à Dieu qu'aux hommes », et une infinité de « lois naturelles, » est-il ajouté... « Il y a encore plusieurs autres principes de morale, comme ceux-ci : qu'on ne peut goûter de plaisir violent sans en devenir l'esclave, qu'il ne faut rien entreprendre par passion, qu'il ne faut point chercher d'établissement en cette vie..... Si l'on médite sur ces principes avec ordre et avec autant de soin et d'application que la grandeur de ce sujet le mérite, et si l'on ne reçoit que les conclusions tirées conséquemment de ces principes, on aura une morale certaine[2]... »

Cette œuvre si importante, Malebranche nous l'a-t-il donnée? Il dit dans ce même passage : « J'ai tâché de démontrer par ordre le fondement de la morale dans un traité particulier; mais je souhaite pour moi comme pour les autres qu'on donne un ouvrage plus exact et plus achevé. »

IV

Ce *Traité de Morale* qu'il juge ainsi avec modestie rappelle en effet assez brièvement les principes de son

---

1. *Défense de la Rech. de la Vérité contre M. de la Ville.*
2. *Rech. de la Vérité*, l. VI, II⁰ partie, ch. vi.

auteur : que l'ordre immuable ne consiste que dans les rapports de perfection qui sont entre les idées intelligibles... et que par conséquent il doit y avoir même rapport entre deux amours qu'entre la perfection ou la réalité des objets qui les excitent. Il y est fait aussi des allusions fréquentes à ce que les principes métaphysiques de la vision de Dieu et des causes occasionnelles lui paraissent entraîner de conséquences pratiques : car à la préférence exigée rationnellement par ce qui renferme une plus grande quantité d'essence ou de perfection s'ajoute l'amour et le respect dus à Dieu, substance de cet ordre, auteur unique de l'action efficace qui le réalise dans l'univers avec la libre coopération de notre volonté, donc lien de la société humaine, seul digne d'en être la fin puisqu'il en est le principe. Autrement dit, pour reprendre le langage de saint Augustin, c'est précisément parce que Dieu est la *causa subsistendi* et la *ratio intelligendi* qu'il est aussi l'*ordo vivendi*. Voilà surtout les vérités que Malebranche retient pour construire sa morale ; il est convaincu que, malgré l'infinité des lois naturelles, les règles capitales de l'Ordre et les rapports essentiels qui en dépendent sont, après tout, en petit nombre, comme tous les principes fondamentaux en quelque science que ce soit. Trois lois du mouvement suffisent aux cartésiens pour expliquer l'univers entier avec toutes les combinaisons de la mécanique, de la physique et de la chimie : l'esquisse que nous avons tous présente à l'esprit de la hiérarchie ordonnée des existences, le corps, l'esprit, la raison, la vie totale, la vie éternelle, Dieu enfin, pourrait bien suffire à nous donner l'ensemble complet des règles de nos mœurs [1].

Autre chose sans doute est le principe objectif de la morale, autre chose la moralité de l'agent ou la vertu. Les deux se tiennent, mais ils sont distincts : le principal objet de la première partie du *Traité de Morale* est précisément d'insister sur la nature et les conditions de la vertu.

« La vertu, y lisons-nous, c'est l'amour habituel et dominant de l'ordre immuable. » Un tel amour, ainsi caractérisé, implique et la force et la liberté de la volonté, victorieuse des passions désordonnées. Or, le métaphysicien, longtemps si suspect de sacrifier le libre arbitre, s'attache à le consolider et à lui réserver toute la grandeur de son rôle. Il s'y est attaché en métaphysique, il s'y est attaché en théologie, il s'y est attaché en psychologie, et il s'y attache encore en morale. Va-t-il jusqu'à tout ramener au seul respect de notre liberté, à notre autonomie? Ceux qui se sont contentés de si peu pour trouver en Descartes un précurseur de la morale kantienne seront peut-être tentés d'interpréter dans le même sens ce texte de la *Recherche* (I, III). « L'usage que

---

[1]. « Il faut que je dise en passant que des personnes de piété retombent souvent dans les mêmes fautes parce qu'elles remplissent leur esprit d'un grand nombre de vérités qui ont plus d'éclat que de force et qui sont plus propres à dissiper et à partager l'esprit qu'à le fortifier contre les tentations; au lieu que des personnes grossières et peu éclairées sont fidèles à leur devoir parce qu'elles se sont rendu familière quelque grande et solide vérité qui les fortifie et qui les soutient en toute rencontre. » (*Rech. de la Vérité*, l. V.)

nous devons faire de notre liberté, c'est de nous en servir le plus que nous pouvons. » — Mais il faut considérer les paroles qui suivent : « ... C'est-à-dire de ne consentir à quoi que ce soit jusqu'à ce que nous soyons comme forcés par les reproches de notre raison... »

Et, en effet, une morale fondée sur la métaphysique que nous connaissons, peut-elle exclure de la vertu la connaissance du bien réel? Si Malebranche n'est pas intellectualiste dans sa théorie des passions où il fait une si grande part au mécanisme, il l'est absolument dans sa théorie de la vertu. « On ne doit jamais, soutient-il, aimer un bien si l'on peut sans remords ne pas l'aimer. » C'est l'équivalent de la règle qu'on ne doit rien affirmer qui ne soit tellement évident qu'on n'ait aucune occasion de le mettre en doute. Le remords, en effet, qu'est-ce donc qui le provoque, sinon la vue claire d'une vérité méconnue et outragée? Malebranche s'approprie donc volontiers ces propositions de Descartes[1], que les âmes fortes sont celles « qui font combattre leur volonté avec ses propres armes », c'est-à-dire « des jugements fermes et déterminés touchant la connaissance du bien et du mal ». La vraie justice, aux yeux du disciple, c'est une justice de lumière qui voit ce que l'Ordre exige et qui le veut parce qu'elle le voit. C'est pourquoi nous ne serons parfaitement justes que quand nous verrons sans obscurité la loi éternelle, sur laquelle nous réglerons exactement tous nos jugements et tous les mouvements

---

1. *Traité des passions*, I, 48.

de notre cœur. Sans doute ceux qui ont la charité sont justes véritablement, même s'ils forment accidentellement et malgré eux des jugements injustes : ils sont justes dans la disposition de leur cœur et dans leur volonté. « Mais ils ne sont pas justes en toute rigueur parce qu'ils ne connaissent pas exactement tous les rapports de perfection qui doivent régler leur estime et leur amour [1]. »

V

Chercher la connaissance de ces rapports, c'est traiter de la nature, de la division et de la distinction de nos devoirs : tel est l'objet de la deuxième partie du *Traité de morale*.

Si nous avons des devoirs envers des êtres autres que nous, c'est qu'ils ne nous sont pas indifférents, c'est que notre action doit être concertée avec la leur et qu'il le faut nécessairement; c'est, en un mot, qu'il y a entre eux et nous *une société*. Cette idée « sociale » joue dans le système tout entier un rôle considérable. Comment apprécier en effet les rapports qui doivent assurer l'ordre d'un ensemble si on ne connaît pas d'abord, et si ensuite on ne respecte pas le lien idéal qui doit réaliser du mieux possible l'entente des éléments et la juste subordination des uns aux autres ? La psychologie de nos sen-

---

1. *Entr. mét.*, VIII, 14.

timents nous l'a appris : livrée à elle-même, la sensibilité de l'âme humaine est naturellement inclinée à aimer un être en proportion de la part plus ou moins grande qu'il a dans le tout que nous composons avec lui. Malheureusement, la déchéance que nous subissons exalte notre amour-propre, mal éclairé sur les vraies conditions de notre relèvement, nous jugeons et nous aimons les choses par le rapport qu'elles ont avec notre bien particulier du moment. Il est indispensable de redresser cette déviation et de s'assurer d'une exacte appréciation des rapports à rétablir dans un monde où tout serait remis à sa vraie place. Or quel est l'être qui forme la part la plus considérable du tout où nous entrons? Évidemment, c'est Dieu, puisque rien n'existe que par lui et comme participation limitée à son infinie bonté. Voilà pourquoi nos premiers devoirs sont envers Dieu, et voilà pourquoi il est contraire à la Raison d'aimer ce qui est imparfait, si on ne l'aime comme exprimant ce qui est plus parfait, comme nous offrant des moyens de le réaliser dans la mesure de nos forces ; car le commerce du monde ne doit tendre qu'à établir en Jésus-Christ une société parfaite et éternelle[1].

Ce commerce du monde pourtant demande à être réglé. Or, le monde (en prenant ce mot dans le sens le plus large) comprend deux sociétés : la société céleste qui commence sur la terre, mais qui ne finira jamais, et, en attendant, la société civile proprement dite. Ce qui

---

1. *Tr. de Mor.*, 2ᵉ partie, XIII, 6.

est dû à la première est surtout intérieur et spirituel; ce qui est dû à la seconde est « presque entièrement extérieur[1] ». Ce « presque » est une précaution; on est même tenté de dire que c'est une concession au préjugé, mais une concession qui ne porte guère. Ici en effet le tort ou, si l'on veut, le caractère de la morale de Malebranche, comme de beaucoup de doctrines professées sous l'ancien régime, c'est la séparation des deux domaines et l'abandon « presque entier » du premier à la force irrationnelle. Le beau programme tracé tout à l'heure de l'unification de la morale est-il donc sacrifié? On a certainement le droit de poser la question, on a le droit de s'étonner de cette contradiction douloureuse chez un si noble penseur qui n'avait voulu ni de la séparation de la raison et de la foi, ni de la séparation de la philosophie et de la théologie, ni de la dualité de la morale et du droit, et qui considère que le premier de tous les devoirs est de porter en toute occasion le jugement suivant : « Il n'y a point plusieurs sagesses, il n'y a point plusieurs savoirs », et cet autre, non moins souvent répété : « Nous n'avons qu'un maître. » Mais autant ce penseur est résolu à ne faire aucune concession et à vouloir la vérité tout entière dans l'ordre spéculatif, autant, dans l'ordre pratique, il est résigné d'avance — par force, voilà son excuse — à se contenter de ce qu'on lui donne. Chose au premier abord bien étrange, mais qui éclaire d'un jour singulièrement attrayant le caractère encore plus que la

---

1. *Tr. de Mor.*, 2ᵉ partie, III, 10.

doctrine de Malebranche, autant il est prêt à exiger du pouvoir spirituel qu'il ait raison dans les plus petites choses et à discuter en conséquence avec lui, autant il est pour le silence envers le pouvoir temporel. On ne saurait d'ailleurs s'y tromper : c'est là, dans sa pensée, une marque de respect envers le premier et de dédain aussi peu déguisé que possible envers le second. Celui-là représente Dieu comme raison et sagesse, raison et sagesse qui se justifient ; car, dans la Bible, Dieu même — c'est un exemple rappelé bien des fois — n'a pas craint de prendre des hommes sages comme juges entre lui et son peuple ingrat ; celui-ci ne le représente que comme puissance, et comme puissance chargée d'assurer la paix dans l'humanité déchue. La loi humaine n'est pas plus la loi véritable, la loi de la raison, que ne l'est le règlement d'un bagne[1]. « La force ou la loi des brutes, celle qui a déféré au lion l'empire des animaux, est devenue la maîtresse parmi les hommes. »

Toutes les fois que notre moraliste est sur cette pente, il va loin, et certainement quand il apprécie cette portion de la vie humaine séparée de la vraie source de la justice, il parle comme le plus sombre des pessimistes. Il s'exprime comme l'a fait Hobbes et comme le fera Schopenhauer. Non, à ses yeux, la vie humaine ainsi comprise ne vaut pas la peine d'être vécue ; ceux qui mettent des enfants au monde sans avoir en vue l'éternité sont des criminels qui communiquent à la femme une

---

1. *Tr. de Mor.*, 2ᵉ partie, xi, 4.

« misérable fécondité », car ils n'engendrent que pour la douleur et pour le mal.

Mais enfin, faut-il accepter en fait cet état de choses, après l'avoir tant flétri en droit? Là est la question. Il est clair que Malebranche ne pouvait la résoudre de son temps. Il incline donc, comme Bossuet, à considérer que les inégalités et les injustices sociales sont des suites du péché, qu'il faut les subir comme telles et y conformer sa conduite extérieure : on ne peut pas faire autrement, donc il ne faut pas même essayer de redresser ces injustices autrement que par la charité, car on troublerait la paix certainement (le pire des maux est la guerre civile, dit Pascal), et on n'obtiendrait probablement aucun résultat. Seulement, au fond de son âme, on ne doit attacher à ces circonstances et conditions aucune espèce d'importance; car la véritable vie n'est pas là.

A coup sûr, il est permis de regretter une pareille déclaration d'impuissance et une pareille docilité [1] : elles ne pouvaient que prolonger bien des abus et provoquer à la longue une révolution destinée à en supprimer un grand nombre, mais à en susciter aussi de nouveaux. Ceci dit cependant, il faut admirer l'éloquence avec laquelle le spéculatif proclame que si Dieu lui-même, le roi des rois, n'est pas une puissance arbitraire, il est impossible qu'un roi de la terre ait le droit de faire justement tout ce qu'il veut. Il doit se regarder

---

1. Voir notre livre : *Le Socialisme chrétien*, Hachette, in-12, ch. III.

comme simple « vicaire » de la raison, loi primitive et impérative pour tous [1]. Quand nous lisons : on lui doit l'obéissance en toutes choses, « pourvu qu'il n'exige rien qu'en conséquence des droits *naturels*[2], que lui donne la commission qu'il a de la part de Dieu » — la phrase peut nous paraître obscure ; l'imprécision y est peut-être volontaire, comme dans la suivante : « Ils (les princes) doivent consulter les lois fondamentales de l'État. » Mais un Français du siècle de Louis XIV ne pouvait guère aller plus loin. Il avait du moins posé des principes dont la conscience publique devait tirer peu à peu les conséquences : il n'y a qu'une morale, et cette morale doit être constituée scientifiquement, il y a des droits naturels, et ceux qui exercent le pouvoir ont commission ou mandat de les faire respecter. Restait, il est vrai, le problème des garanties pratiques destinées à obtenir ce respect : c'était là une question de politique encore plus que de morale proprement dite. Encore une fois, pour la traiter utilement, les temps n'étaient pas mûrs.

VI

En revanche, les temps étaient encore bien favorables à l'union féconde de la morale et de la religion, de

---

1. Pour ce qui précède et ce qui suit, voir le ch. IX de la 2ᵉ partie du *Traité de Morale*.
2. Le mot est souligné dans le texte.

la probité et de la piété, de la justice et du mysticisme bien compris.

D'abord, quand il s'adresse aux particuliers pour leur tracer philosophiquement les règles de leur vie intérieure, l'auteur du *traité de Morale* reprend vite toute sa décision. Il n'y a point de distinction qui tienne; la morale puisée à la source de la raison supérieure ne connaît point de partage. « Un chrétien, un prêtre, un gentilhomme, un ami, ne sont pas quatre personnes différentes. *Lorsque le gentilhomme sera en enfer, où sera le prêtre* et l'ami? Ces qualités étant inséparables dans une même personne, si le prêtre croit avoir le droit de faire le gentilhomme, il est évident qu'il se trompe; et si je le conseille différemment selon ses diverses qualités, certainement je l'abuse. Quand des qualités sont inséparables, c'est la plus excellente qui doit tout régler; et quoiqu'on puisse faire des abstractions lorsqu'il n'est question que de raisonner en l'air, il faut tout joindre ensemble quand on doit agir[1]. »

Or, quelle est en nous la qualité la plus excellente, si ce n'est celle d'enfants de Dieu, appelés à jouir éternellement de son héritage? Si c'est là ce qui doit tout régler, il faut dire qu'au sommet de la morale est l'amour... Lequel? Mais l'amour de ce qui mérite le plus d'être aimé, l'amour de la perfection, donc finalement l'amour de Dieu.

L'étude de la théologie de Malebranche nous l'a ap-

---

1. *Tr. de Mor.*, 2ᵉ partie, VIII, 14.

pris, cet amour n'est en aucune façon l'oubli de nous-mêmes : car c'est un amour d'union, et l'union avec le souverain bien ne peut être qu'un bien, et la possession d'un bien ne peut être qu'un plaisir : ce plaisir n'est pas seulement légitime, il est en quelque sorte nécessaire. Ainsi, malgré toute sa sévérité contre l'amour-propre, malgré son enthousiame pour la pensée pure, malgré son désintéressement touchant au mépris à l'endroit des biens extérieurs, Malebranche n'est à aucun égard stoïcien. Peut-être sent-il qu'il l'eût été comme il eût été pessimiste, si Dieu ne lui avait fait la grâce d'être chrétien ; car il donne quelque part le stoïcisme comme la plus noble philosophie de l'antiquité païenne, mais il lui reproche, on le sait, deux erreurs : une erreur de fait, à savoir l'idée que nous puissions mépriser également le plaisir et la douleur et nous considérer jamais comme affranchis de tant de liens qui nous unissent par la sensibilité à tant d'êtres ; et une erreur, pour ainsi dire, de droit, à savoir que la justice puisse souffrir que nous ne soyons pas récompensés de nos efforts par le bonheur. Donc, ni à un point de vue ni un autre, nous ne pouvons ni ne devons nous désintéresser du soin de devenir heureux. C'est ce que méconnaissent également le stoïcisme et le jansénisme : ce rapprochement inévitable des deux doctrines n'était pour atténuer ni envers l'une ni envers l'autre la répulsion qu'elles inspiraient toutes deux à Malebranche.

Pour lui sans doute la vie présente est une vie de sacrifice. Si un corps nous a été ajouté sans que la chose fût en soi nécessaire, « c'est apparemment que Dieu a voulu nous donner, comme à son Fils, une victime que nous puissions lui offrir [1] », mais le sacrifice n'est point total et il n'est point définitif, puisque Dieu a voulu « nous faire mériter par une espèce de sacrifice et d'anéantissement de nous-mêmes la possession des biens éternels ».

C'est ici surtout que la morale de Malebranche dépasse la morale de Descartes. Le maître et le disciple sont d'accord sur les principes suivants : 1° la bonne volonté consiste à employer toutes les forces de son esprit à connaître ce qui est le meilleur et à suspendre son consentement jusqu'à ce qu'on l'ait trouvé clairement et distinctement [2]; 2° le meilleur est ce qui développe le mieux les perfections chez nous et chez ceux qui forment le tout dont nous sommes nous-mêmes une partie. Quand Descartes toutefois formule cette dernière maxime il a bien soin de dire : les perfections... « tant de corps que d'esprit »; et c'est là une addition à laquelle il tient certainement plus que son disciple. Sans doute, il ne nie point, il proclame même la supériorité de la joie purement intellectuelle, et il a de belles pages sur la nécessité bienfaisante de l'amour de Dieu mis au-dessus de tous les autres amours; mais enfin sa pensée se porte avec bien de la complaisance sur l'amé-

---

1. *Entr. mét.*, iv, 12.
2. Peut-être ici Malebranche devancerait-il Kant en ajoutant : dans une maxime d'une portée universelle. Car pour lui, on s'en souvient, l'universel, seul, est clair, distinct et explicable. Cf. plus haut, p. 56.

lioration à apporter au sort de l'homme terrestre par le bon emploi du mécanisme universel. L'étude de la physique et la connaissance des propriétés des corps a pour lui deux avantages que la morale même nous fait une loi de rechercher : elle étendra à l'infini le pouvoir de l'homme sur la nature en en mettant les forces à son service ; puis elle accroîtra le pouvoir de la médecine qui, en modifiant les conditions physiologiques de nos passions, pourra nous rendre, dans une vie intérieure, à la fois meilleurs et plus heureux. Aussi, après avoir rappelé à la princesse Élisabeth que la joie vaut mieux que la richesse, qu'elle n'est pas seulement un fruit des autres biens, mais un moyen de les acquérir, il ne dédaigna pas du tout de lui conseiller, par exemple, les eaux de Spic comme ayant la vertu moralisante de faire évacuer la mélancolie en empêchant la rate de « s'opiler ».

Nous avons vu ce que Malebranche pensait de la médecine et des médecins : il les tolère, il les subit, mais il est bien éloigné d'en faire à ce point les agents du perfectionnement de notre nature. Qu'ils ne nous fassent point de mal, nous dit-il, c'est déjà beaucoup. Ne compte-t-il pas du moins que dans l'avenir, les progrès de la science étendront ce pouvoir encore si restreint? Assurément, il a dû le présumer ; mais il ne paraît pas s'en soucier beaucoup, car s'il ne veut pas de la tristesse, il ne tient pas davantage à l'amour du

---

1. *Tr. de Mor.*, 2ᵉ part., x, 14.

plaisir corporel; il lui semble que la connaissance de soi, la modération et même une certaine austérité, vaudront toujours mieux que la médecine, attendu qu'elles pourront la rendre inutile. La science n'en gardera pas moins sa grandeur : mais c'est pour la spéculation, c'est pour la vie contemplative qu'il en réserve les bienfaits. « Il ne faut même pas être géomètre pour se remplir la tête des propriété des lignes, mais pour donner à son esprit la force, l'étendue, la perfection dont il est capable[1]. » L'amélioration du soin de l'humanité, en nous et chez les autres, est un devoir, oui, à n'en pas douter. Mais cette amélioration, ce n'est pas dans la mise en action et dans la direction du mécanisme qu'il faut la chercher, c'est dans une union plus intime de l'âme avec Dieu. La médecine par excellence, c'est la médecine de la grâce, et les remèdes sont les sacrements, de même que la vraie cité en vue de laquelle nous avons à travailler, c'est la cité de Dieu.

« Soit donc qu'on fasse l'aumône aux pauvres, soit qu'on visite les malades et les prisonniers, soit qu'on instruise les ignorants, ou qu'on assiste ses amis de ses conseils, soit qu'on fasse toute autre action de charité et de devoirs, il faut tout rapporter au salut du prochain et penser sans cesse qu'on vit avec des chrétiens, et qu'ainsi on doit faire les actions qu'exige de nous la société éternelle que nous avons tous en Jésus-Christ[1]. »

De ce qu'il porte ainsi plus loin encore que Descartes

---

1. *Tr. de Mor.*, 2e partie, VIII, 15.

l'amour de la méditation des vérités nécessaires, s'ensuit-il que Malebranche tende à l'établissement en chacun de nous, d'un état passif, régi par le « supporte et abstiens-toi »? Il s'en faut de beaucoup. Alors même que notre rôle ne consisterait qu'à ne point détourner ni faire dévier en nous l'action divine quand elle nous touche et nous émeut, nous n'en aurions pas moins de grands efforts à accomplir; mais nous avons plus à faire encore puisque, nous l'avons vu, la liberté, loin d'être un indivisible, comme le prétendait Descartes, est inégale d'un homme à l'autre et, chez le même homme, d'un instant à l'autre, étant dépendante au point où elle l'est, d'une infinité de conditions. Aussi nos vertus diminuent-elles si nous ne les augmentons pas continuellement. Il y a toujours lutte, avec d'innombrables péripéties, entre l'attrait supérieur de la grâce et les douceurs qui nous séduisent dans les multiples apparences dont nous sommes à chaque instant circonvenus. Cédons-nous? notre propre faiblesse augmente l'intensité du danger. Le repos de l'âme ne saurait donc être dans l'immobilité; et — maxime admirable — « il n'y a pas de plus grand travail que de demeurer ferme dans les courants : dès qu'on cesse d'agir on est emporté[1]. »

Ce n'est pas seulement pour nous qu'il faut toujours faire effort, et toujours agir : c'est aussi pour les autres, et plus particulièrement pour ceux dont le soin nous

---

1. *Tr. de Mor.*, 1re partie, VI, 6.

est confié. « L'homme veut invinciblement être heureux. » Il n'y a de vraie société entre nous et les autres hommes qu'à la condition que ceux-ci aient l'espérance fondée d'être contents avec nous. Cette espérance, nous devons donc la leur donner, même par nos manières. C'est là un point auquel le philosophe de la société polie du dix-septième siècle attache une grande importance. Aussi a-t-il soin d'analyser avec une extrême finesse, les quatre espèces d'airs ou de manières qui règlent le ton de la société : « l'air modeste et respectueux, qui doit se proportionner à la qualité des personnes; l'air simple et négligé, qui n'est de mise qu'entre égaux; l'air grave qui rend aisément ridicule et même méprisable, quand on le prend mal à propos (on sait que le pédantisme est presque un péché pour l'ennemi de Montaigne et l'adversaire d'Arnauld); enfin l'air fier et brutal qui mérite le dernier mépris et une haine irréconciliable ».

Air brutal, commandement brutal, plaisir brutal, action brutale, voilà des mots que Malebranche ne peut écrire sans entrer dans un état d'indignation et de sainte colère. C'est que la brutalité est exactement le contraire de la raison qui, elle, doit régner sur les esprits par la lumière et sur l'âme tout entière par la persuasion. Si par malheur, nous ne pouvons faire prédominer la raison comme il le faudrait, dans la société civile et politique où nous sommes contraints d'obéir, nous de-

---

1. *Tr. de Mor.*, 2ᵉ partie, x, 7.

vons tous la faire écouter et aimer, respecter là où nous sommes maîtres d'y réussir, c'est-à-dire dans notre famille et dans l'éducation de nos enfants. Ce n'est ni par la complaisance, ni par l'orgueil, ni par la manie de les traiter avec empire et de les outrager sans sujet, c'est par la raison qu'il faut les conduire. Il faut les accoutumer à la suivre aussi bien qu'à la consulter. Leurs actions seraient-elles, en conséquence de leur innocence naïve et de leur faiblesse, peu conformes à la raison telle qu'un homme fait, la voit et l'applique; peu importe! « Il ne faut pas les chicaner, de peur de les rebuter. » Du moment où ils rendent quelque raison de leurs désirs, avec sincérité, on peut y condescendre pour leur mieux donner le goût et l'habitude de vouloir et de chercher la raison[1].

En effet, c'est là le dernier comme le premier mot de la doctrine, ce qui nous conduit à la raison, c'est la raison elle-même, la raison qui nous a faits et qui nous a faits pour elle. C'est elle qui nous a formés dans la substance éternelle du Père; c'est elle aussi, elle qui, incarnée et humiliée, proportionnée à nos faiblesses, est venue avec le Fils pour nous réformer. C'est elle qui se donne à nous peu à peu en proportion de nos efforts pour la recevoir et la faire régner sur tout ce qui dépend de nous, en nous et hors de nous. C'est elle enfin qui suffira dans l'éternité à nous assurer, par notre union parfaite avec elle, la plénitude de notre félicité.

1. On reconnaît ici l'homme qui aimait s'amuser avec les enfants et qui y trouvait l'une de ses plus agréables distractions.

CONCLUSION

Notre époque a successivement donné la vogue à des théories philosophiques qui, tout en partant de points de vue très différents, ont paru cependant aboutir, les unes et les autres, à une condamnation assez sévère de la doctrine de Malebranche. Était-ce à bon droit ?

On a dit d'un côté : la métaphysique ne peut subsister qu'à la condition d'être étroitement unie à la science et de la suivre docilement. C'est là le langage des positivistes et de ceux-là surtout qui interprètent Auguste Comte dans le sens le plus terre à terre. C'était aussi celui de l'école qui mettait à la base de toutes les autres spéculations la psychologie considérée comme une science, mais comme une science soumise à la seule méthode de l'observation introspective.

D'autres soutiennent que science et métaphysique doivent être séparées : ils assignent à la métaphysique le domaine de la croyance indémontrable, et ils acceptent une psychologie constituée en science de faits expérimentaux mesurables. C'est là la tendance des kantistes et aussi des purs idéalistes. Mais, parmi ces derniers, un petit nombre se plaît encore à construire une métaphysique de fantaisie; le reste, qui se rapproche singulièrement des sensualistes, se contente d'y penser en de certaines heures de condescendance mélancolique pour quelques aspirations trop persistantes de notre race.

Inutile maintenant de dire que pour tous ces hommes — chefs d'école ou disciples — la théologie proprement dite reste un troisième domaine absolument séparé des deux autres; car, dit-on, la foi théologique, avec ses dogmes, est aussi étrangère à la certitude de la science positive qu'opposée à la liberté de la foi métaphysique.

Dès le premier abord, l'œuvre de Malebranche paraît faire avec ces doctrines diverses le contraste le plus complet. Nous venons de le voir, en effet, d'un bout à l'autre de cette étude : chez lui, ces trois éléments si fameux dans l'histoire de l'esprit humain et dans les conflits des systèmes — théologie, métaphysique, science — bien loin de se combattre, sont fortement unis. Seulement c'est la métaphysique pure qui domine l'ensemble et en règle tout le détail. Cela suffit déjà pour faire de cette philosophie l'un de ces types historiques dont l'étude s'impose à tous ceux qui veulent connaître exactement « les produits de l'esprit humain ».

Peut-on reprocher à son auteur de ne s'être pas mis d'accord avec la science, d'en avoir ignoré ou méconnu les découvertes? Certainement non, surtout si, comme le veulent le bon sens et l'équité, on ne demande à aucun philosophe que de marcher avec la science... de son temps. Or, si ce que la science a évidemment démontré demeure acquis et exige l'adhésion universelle, il est visible d'autre part qu'elle est sans cesse occupée à construire des hypothèses provisoires, nécessaires au groupement de ses découvertes, mais toujours destinées à disparaître plus ou moins vite, quand des faits nouveaux n'y trouvent pas la place qui leur est due. Il est tout aussi certain que lorsque les dédaigneux de la métaphysique invitent les spéculatifs à choisir pour unique abri « la philosophie des sciences », ce qu'ils leur offrent là est tout simplement une de ces constructions d'hypothèses que le siècle présent a vues s'élever, que le siècle suivant verra démolir. Cette observation très simple en suggère une autre.

Voici deux groupes d'esprits.

Les uns sont impatients de recueillir les découvertes les plus nouvelles : ils en tirent tout de suite des conclusions qu'ils groupent le plus vite possible en un système de la nature; et parce que les faits dont ils se sont servis bien ou mal sont des faits, ils s'imaginent que l'ensemble où ils les mêlent à beaucoup d'interprétations, de conjectures, de préjugés et de passions, est un ensemble scientifique.

Les autres se disent : Mais s'il y a une science qui arrive à des résultats certains, faciles à distinguer des hypothèses successives qu'on y ajoute, cela suffit pour croire à quelque chose d'absolu. A nous de chercher ce que c'est que cet absolu, à voir comment l'esprit de l'homme y arrive, et comment la notion que nous en avons mérite de gouverner nos recherches, nos spéculations, l'enchaînement de nos connaissances et la pratique de notre vie.

Or, de ces deux modes d'union de la métaphysique et de la science, on ne peut guère nier que ce soit le second qui ait prédominé chez Malebranche. Certainement il n'a point échappé au premier de ces deux esprits. S'il n'a point adopté toutes les hypothèses scientifiques de son temps, il en a retenu plus d'une ; le contraire était impossible. Cependant, la pure métaphysique cartésienne, dégagée de la physique arbitraire et aventureuse qui s'y joignait, est plus développée chez le disciple que chez le maître. Et ce qui achève de préciser ce caractère de sa doctrine, c'est la prééminence de plus en plus accentuée qu'il donne aux mathématiques sur la physique, à la méthode rationnelle sur la méthode expérimentale.

Cette prédominance apparaît encore plus marquée si on le compare à Spinoza. De Descartes et Malebranche au grand panthéiste, la méthode rationnelle (on ne l'a pas assez remarqué) a fait une chute — d'autres, je le sais, diront un pas en avant et un progrès — du côté du naturalisme. En tout cas, ni la belle unité du système, ni la noble confiance de la raison dans l'infaillibilité de ses idées claires et de ses déductions ininterrompues, ne restent aussi intactes. Non ! d'après Spinoza, l'union de la raison humaine avec la raison divine n'est ni incessante ni universelle comme dans ses deux prédécesseurs. L'homme est uni à Dieu, Être des êtres, quand il considère les choses sous l'aspect de l'éternel et de l'infini. Or, en tout, il y a un résidu métaphysique à dégager pour avoir une idée « adéquate », et quand on prend ainsi l'idée dans sa pureté, on peut en déduire tout ce qui s'y trouve. C'est là ce que fait le philosophe en métaphysique, en psychologie rationnelle, en mécanique ; mais il ne peut le faire ni dans les sciences physiques et naturelles, ni dans le droit naturel, ni par conséquent dans une grande partie de la morale ; car « pour connaître la nature, c'est la nature qu'il faut interroger[1] ». Pourquoi? Parce qu'ici, nous ne sommes plus dans le domaine des idées, mais dans celui des choses où — pour nous — tout est fragmenté. Dieu sans doute voit l'ensemble, parce qu'il est cet ensemble même en son infinité ; mais nous, qui ne sommes que partie, nous ne voyons que des parties. Nous ignorons complètement la coordination exacte et la suite complète de l'enchaînement des choses. Pour en retrouver ce qui ne nous en est pas tout à fait inaccessible, c'est à l'expérience que nous sommes contraints de recourir.

Malebranche — qu'on le lui reproche ou qu'on l'en loue — n'a pas recours à ces distinctions. Son œuvre, encore une fois, offre donc, mieux peut-être que nulle autre, un type pur de philosophie constructive où l'élément proprement expérimental et naturel paraît aussi réduit et aussi subordonné qu'il est possible.

Au point de vue, non plus historique, mais théorique,

---

1. *Traité théologico-politique,* Ed. Em. Saisset, p. 128.

y a-t-il là de quoi le discréditer à nos yeux et de quoi en rendre la lecture sans intérêt au moment présent? Non! s'il est vrai qu'il y a aujourd'hui dans la science un mouvement idéaliste prononcé, et s'il est vrai que la tendance à ramener toutes les combinaisons des phénomènes naturels aux lois mathématiques, puis à faire de ces lois mathématiques elles-mêmes des créations intelligibles de l'esprit pur, soit aussi forte, pour ne pas dire plus forte que jamais.

En y regardant de près, c'est peut-être là ce qui fait que la philosophie de Malebranche n'est point si en désaccord avec ce que la science offre de plus solide et de plus persistant. Mais cet accord, elle ne l'a pas obtenu en abdiquant, ni en se mettant à la remorque de cette partie de la science qui, à toute époque, fait miroiter des hypothèses provisoires dont elle se sert si souvent pour accuser entre elle et la philosophie première un désaccord factice. Autrement dit, le penseur qui veut trop s'asservir à la science est enclin à se subordonner à la science de son temps et à faire ainsi œuvre transitoire; — témoin tels de nos contemporains, qui ont voulu voir partout une évolution soumise à des lois où leur imagination avait plus de part que l'expérience et que la raison. Celui qui revendique au contraire pour la raison le droit de poser des principes dont tout découle, même dans la constitution des sciences, celui-là, surtout s'il a du génie, est peut-être plus sûr de reparaître périodiquement, après des éclipses momentanées. Telle pourrait bien être la destinée de notre philosophe.

La tendance à tout ramener — comme il l'a fait et comme on le fait encore de nos jours — aux mathématiques et à leurs constructions idéales, rencontre toujours une vive résistance de la part de ceux qui ne veulent mettre à l'origine des choses ni l'abstraction ni l'arbitraire. Mais ce double péril, est-ce que Malebranche n'y a pas paré du mieux qu'il était possible? Pour lui, c'est de Dieu que tout dérive, et rien ne vit, rien ne se développe, rien n'est éclairé, rien n'est mû que par lui. Dans son univers tout est construction intelligente et voulue, tout est raison, tout est amour, tout est ordre infailliblement réglé, bienfaisant et juste dans ce qui intéresse notre bonheur présent et futur au milieu des apparences du monde où nous vivons.

Dans cette subordination du mécanisme à la raison absolue, qui est divine, que devient l'homme? Nous l'avons vu, Malebranche a pris soin de résumer lui-même toute sa doctrine quand il nous a dit que l'esprit est comme situé entre Dieu et les corps, mais qu'il est uni à Dieu d'une manière bien plus étroite et plus essentielle qu'à notre corps.

Ici on a accumulé contre Malebranche des reproches très divers : les uns l'ont trouvé trop mécaniste et les autres trop mystique. Il a semblé à ceux-ci qu'il méconnaissait l'origine physiologique de nos idées, tandis que pour ceux-là il refusait toute initiative à notre activité spirituelle. Finalement ils s'entendaient à peu près tous pour soutenir que, soit d'un côté, soit de l'autre et même de tous les deux à la fois, il annihilait l'autonomie de notre volonté. Or, ne serait-il pas fondé à répondre qu'il a au contraire entendu tout concilier? L'action surnaturelle et l'action physique auxquelles il nous assujettit viennent en effet d'un même Dieu qui est toute justice; et il suffit que nous ayons l'idée de cette justice parfaite pour que, sollicités par elle, l'orientation de nos pensées dépende de nous et soit libérée de toute pression irrésistible. Ainsi s'ouvre pour nous, entre Dieu et la nature, un domaine où tout ce qui est essentiel pour nous dépend de nous. Ici, le respect, l'attention, la bonne volonté, la subordination de nos pensées propres aux nécessités de l'ordre général, l'amour du bien et du beau, la prière, entendue au sens naturel comme au sens mystique, — là, au contraire, la révolte, la dissipation, la paresse, l'égoïsme, le désir de limiter ou de subordonner le tout à cette partie qui est nous-même et à ce qu'il y a souvent de moins précieux dans nous-même, retiennent ou précipitent deux courants opposés d'actions que nous ne créons pas, mais que nous déterminons. La rencontre et l'opposition de ces deux courants, la victoire de l'un sur l'autre dans les différentes circonstances et finalement dans l'ensemble de notre vie, tout cela est soumis à des lois générales, où notre consentement, soit donné, soit refusé, a son rôle marqué. Le mécanisme apparaît à la surface; mais au fond c'est la sagesse divine qui domine tout, qui règle tout : la part faite à la liberté de notre choix est elle-même fixée avec fidélité, avec justice et avec bonté.

Qu'on néglige pour un instant les expressions particulières de vision en Dieu et de causes occasionnelles, qu'on en fasse, suivant le mot préféré d'aujourd'hui, de purs symboles; il sera difficile d'affecter pour le fond de ces théories un dédain superficiel. Il y a certainement une action supérieure que nous subissons ou plutôt qui nous apporte par son contact une aide consolante et fortifiante; car par elle nous nous sentons unis à la plénitude de l'existence désirée. Tous l'appellent l'idéal; et tous conviennent que, soit pour communiquer une partie de la perfection éternellement réelle, soit pour créer peu à peu ce qui n'existe pas, il est la plus grande force du monde intellectuel, disons plus brièvement du monde. Il est d'autre part des énergies partout répandues, toujours prêtes à agir pour nous à tout moment; car la moindre expression de notre invisible pensée la mêle à des mouvements tout à la fois indépendants de nous par leur mécanisme et dépendants de nous par la manière dont notre volonté en obtient le concours dans une direction conforme à nos désirs.

En cette rencontre de l'idée et du mouvement, ce qui importe n'est pas l'écoulement des apparences sensibles par lesquelles nous sommes conduits dans la partie inférieure de notre existence; c'est le rythme toujours obéissant du mouvement qui appelle l'effort de notre calcul et qui en justifie les résultats; c'est plus encore la vie de l'idée, réalité souveraine, donc réalité partout présente, partout bienfaisante autant que puissante, à laquelle rien n'est indifférent, au pouvoir de laquelle rien n'est soustrait, si ce n'est ce libre arbitre, condition du seul amour que la Raison vivante, source des idées, tienne à voir répondre à son amour. Mais si cette réalité agit dans tous les temps et tous les espaces possibles, elle ne s'y manifeste pas seulement pour les métaphysiciens : elle a tout prévu; et tout en formant le monde, elle a éternellement arrêté les moyens de le réformer dans ses déviations, de le relever dans ses chutes. Ces moyens, c'est la religion qui les offre à tous, en un ensemble de relations libres, mais ordonnées, où plus que jamais la volonté de l'homme obtient ce qu'elle veut, mais n'a pas à se plaindre de voir reculer ce qu'elle dédaigne et s'évanouir ce qu'elle repousse.

Donc la doctrine de Malebranche, en étant plus une que celle de Spinoza, est aussi plus compréhensive que celle de Descartes, puisque nous y trouvons tout le monde surnaturel, expliqué par la théologie, en accord avec la métaphysique et avec la science.

Quelle démonstration l'auteur nous donne-t-il du dogme et de son union avec les vérités toutes rationnelles ? La même, répondrons-nous, que celle qu'il fournit dans son système du monde. Il construit le tout, il le met sous nos yeux dans l'harmonie de son ensemble; puis il nous invite à en vérifier la solidité, si malgré les belles combinaisons de l'architecture qui se justifient en quelque sorte d'elles-mêmes, nous persistons à douter encore. L'obéissance ponctuelle des lois physiques aux formules du géomètre, voilà la garantie de ce que la science de la matière a trouvé au bout de ses déductions. Le contact de nos misères, la vue de ce que l'amour ou le mépris du Rédempteur leur apporte tour à tour d'adoucissement ou d'exaspération, doivent démontrer la vérité de la religion par une méthode analogue. Répétons-le cependant, si pénétrantes que soient les vues de l'écrivain, si ému que soit son amour quand il dénonce les désordres de la nature livrée à ses propres forces, la base qu'il propose à notre foi est plus profonde encore : à ses yeux, on peut la constater, on peut l'éprouver tout de suite, s'il est vrai, comme il le croit, qu'on ne saurait y trouver aucune fissure et aucun vide, que toutes les pierres y sont placées de manière à se soutenir les unes les autres, que le plan d'ensemble enfin y apparaît avec cette magnifique simplicité, gage d'une force qui, sur aucun point, ne se dément ni ne s'abandonne.

Malgré toutes les différences qui le séparent de saint Thomas et qu'il a tenu lui-même à signaler, à accuser, à exagérer par la vivacité de son langage, le grand Oratorien garde ainsi la tradition de l'Ange de l'École sur la subordination et l'accord des différents règnes de l'univers. De qui notre époque semble-t-elle le plus se rapprocher? De celui qui, avec Descartes, l'a devancée dans l'explication du mécanisme, ou de celui qui a vu partout les forces inférieures tendre à des formes supérieures par des mouvements où il faut voir non seulement la finalité, mais la spontanéité? Il est évident que nous oscillons entre les deux; mais peut-être l'un et l'autre de ces deux beaux génies nous inviteraient-ils, en somme, à faire un effort de plus pour concilier leurs théories. Malebranche trouve plus simple de s'en tenir à l'harmonie des trois règnes, physique, spirituel et surnaturel, qu'il juge réalisée une fois pour toutes par l'acte créateur, et de négliger, de nier même délibérément chez l'être créé toute action efficace d'elle-même et transitive. Mais en reconstituant, comme nous avons essayé de le faire, sa théorie très positive de la liberté, ne peut-on diminuer la profondeur du fossé qu'on a creusé entre sa doctrine et celle de la spontanéité de l'esprit? En effet, quand nous agissons, que créons-nous? Quelle force mettons-nous en mouvement, qui n'existe déjà sans nous? La force est une, et elle est invariable, rien ne se crée, rien ne se perd, disent les savants contemporains. A quoi on n'a guère eu d'autre réponse à faire, sinon que la volonté intervient, non en produisant dans la quantité du mouvement une augmentation ou une diminution dont elle est incapable, mais en modifiant la direction de ces mouvements par la qualité de la fin qu'elle a choisie. Ainsi l'effort, qui consomme de l'énergie, est bien lié à la volonté, car il en dépend, mais il ne la constitue pas. C'est ce que l'on pouvait résumer à peu près en ces termes : « Ni notre raison, ni notre amour, ni notre liberté n'entrent dans le mouvement des phénomènes; ils développent une activité tout intérieure qui ne tombe pas sous les lois de l'espace, qui ne peut être ni mesurée ni pesée, mais sous l'action de laquelle se groupe et s'ordonne le déterminisme phénoménal de nos diverses facultés[1]. »

Il est permis de croire que de pareilles propositions obtiendraient aujourd'hui l'indulgence et — mieux exprimées — la faveur de notre philosophe. En revanche, il répudierait certainement toute théorie subordonnant la qualité à la quantité, donnant la seconde comme unique mesure de la première. Puis, revenant sans doute sur cette idée de la finalité qu'il avait maintenue contre Descartes, il se dirait, non plus seulement qu'elle existe dans les desseins de Dieu, avec la perfection qui lui est propre, mais qu'elle se retrouve dans l'homme, dans les autres êtres de la nature ; et que là ni ses obscurités, ni ses hésitations, ni ses défaillances ne sauraient nous empêcher d'y voir les degrés indéfinis — science complète, art idéal, intelligence, instinct, vie, énergie toute matérielle — de la participation universelle des existences à l'impulsion que leur a communiquée leur créateur.

En recevant ainsi cette impulsion, la volonté garde-t-elle son autonomie ? Non, certes, dirait le kantiste qui exige que la volonté ne soit guidée que par la considération d'elle-même. Mais Malebranche ne s'arrêterait point à cette objection. Il ferait observer d'abord que cette impulsion, l'homme l'accepte et la suit ou bien la repousse et la fait dévier. Il expliquerait surtout que la volonté n'est ni intacte, ni complète, ni par conséquent

---

[1]. Notre livre : *L'Homme et l'Animal*, 4ᵉ éd., p. 292.

maîtresse de toutes ses forces, quand, s'isolant elle-même du tout auquel il est impossible qu'elle ne soit pas liée, elle entend se subordonner tout ce qui la précède, l'enveloppe, la soutient et la dépasse. En revanche, ajouterait-il, ne se voit-elle pas plus maîtresse des choses, quand elle identifie ses désirs à l'ensemble de cet Ordre que Dieu lui-même consulte, et quand elle peut dire : « Celui qui voit ces rapports, voit ce que Dieu voit ; celui qui règle son amour sur ces rapports, suit une loi que Dieu aime invinciblement. Il y a donc entre Dieu et lui une conformité parfaite d'esprit et de volonté. En un mot, puisqu'il connaît et aime ce que Dieu connaît et ce qu'il aime, il est semblable à Dieu autant qu'il en est capable [1] ? » — Vous n'avez pu trouver sûrement Dieu, dirait-il peut-être au kantiste, qu'après avoir posé votre volonté maîtresse d'elle-même et se donnant sa propre loi? Soit! mais enfin, une fois que vous l'avez, ce Dieu de qui vous attendez les sanctions éternelles, que faites-vous de son existence? Ne la placez-vous que dans l'avenir? Croyez-vous que ce soit elle qui soit à vos ordres? Ne croyez-vous pas, au contraire, qu'elle a devancé les arrêts de votre volonté? Par conséquent, n'est-ce pas en elle que vous devez trouver les fondements de l'ordre moral, autant que de l'ordre matériel? Et la volonté qui, un instant, s'est crue maîtresse absolue, ne doit-elle pas avouer que, pour consolider son propre pouvoir, elle n'a rien de mieux à faire que d'adhérer à cet ordre universel et préexistant?

---

1. *Traité de Morale*, Ire partie, t. 13.

Bref, Malebranche a su voir partout de la finalité ; et quant à la spontanéité, il l'a sauvée par sa théorie de la liberté immanente. C'est ce qui fait qu'en dépit de ses épigrammes et de ses sarcasmes, en dépit de l'interprétation qu'on a souvent donnée de ses théories, il a mieux réussi que Descartes à laisser la porte entr'ouverte à un retour de la philosophie aristotélicienne ou thomiste. En cela comme en tant d'autres parties de la métaphysique, il a devancé, il a préparé Leibniz qui d'ailleurs, nous le savons tous, a si profondément étudié ses moindres idées.

Ami de la subordination harmonieuse des trois règnes dans l'ordre de la connaissance aussi bien que dans l'ordre de l'existence, il n'eût assurément pas concédé à Auguste Comte que la pensée humaine dût renoncer à la théologie en passant à la métaphysique, ni sacrifier la métaphysique en constituant la science positive. Le fondateur même du « positivisme », observerait-il, s'arrange finalement pour subordonner la science des faits bruts à la science des ensembles sociaux, c'est-à-dire tendant à une fin commune, puis, pour subordonner la sociologie à la morale et enfin la morale à la religion ; à ses yeux, cette subordination, non point passagère, mais constante, peut même seule consacrer le caractère *positif* de la science, sortie de la période *négative* et destructive qui résultait de « l'analyse anarchiste ». Si donc Malebranche revenait aujourd'hui au milieu de nous, il admettrait parfaitement que la science sociale a dû tout d'abord se réduire à peu près tout entière à la vertu de l'obéissance : c'est ce qu'il a dit lui-même en plus d'une rencontre ; mais il se rappellerait plus volontiers encore les principes qu'il a posés dans son *Traité de Morale* pour subordonner le gouvernement des sociétés à la direction de « lois naturelles » bien connues, puis à l'intelligence éclairée des principes de la raison, puis enfin à la pratique cordiale de l'amour demandé à tous pour tous par les préceptes évangéliques.

Supposons maintenant qu'il assiste au développement de ces sciences qui prennent certains groupes de phénomènes comme autant de mécanismes dont on peut démonter les ressorts ; il les verrait avec la plus grande faveur, en homme à qui sans doute il en coûterait de rétablir au début la spontanéité de l'action dans la vie et qui persisterait à se contenter de mouvements une fois donnés. Il applaudirait donc aux calculs donnant à l'économie politique une sorte de préambule mathématique, et il serait également heureux de constater que cette science, inconnue de son temps, se complète par des recherches sur le mécanisme de l'imitation, sur les effets de l'imagination à tous ses degrés, sur l'esclavage où elle peut se laisser enchaîner par cette série de phénomènes allant de la fausse nouvelle ou de la réclame jusqu'à l'hypnotisme, sur la psychologie collective de ces foules entraînées où le corps parle au corps pour l'abattre ou l'exalter, sur cette partie enfin où la psychophysiologie — qui indubitablement relève de lui — essaie de nous expliquer par des actions et réactions inconscientes une multitude de faits de la vie individuelle ou collective. Mais tout en considérant comme un progrès de soumettre à la méthode cartésienne des phénomènes encore inexpliqués, il maintiendrait que la science proprement dite ne dispense pas plus de la métaphysique que celle-ci n'a pu détruire la religion, par conséquent la théologie ; et que, pour respecter les différences qui les distinguent, il suffit de réserver à l'une et à l'autre les domaines voisins qui leur sont propres. Il maintiendrait énergiquement que si l'idéal qui nous touche et nous émeut, dégage en nous, par la seule présence de son idée, ce qu'il y a de meilleur dans notre nature, cet idéal est lui-même, nécessairement, une réalité puissante et aimante. Avant tout, dirait-il, vivons d'accord avec elle dans le gouvernement de notre âme, dans l'aménagement de la société, dans l'usage équitablement partagé des biens que chacun de ses membres produit ; et le reste, c'est-à-dire la possession indéfiniment croissante de ce mécanisme dans lequel elle s'est révélée et qu'elle a mis à notre disposition, nous sera donné par surcroît.

FIN.

BIBLIOGRAPHIE

Indépendamment des chapitres consacrés à Malebranche dans les histoires de la philosophie en général (Brücker, Ritter, Weber) ou de la philosophie du xviie siècle et de l'École cartésienne (Damiron, V. Cousin, F. Bouillier, Bordas-Demoulin, Renouvier), il faut citer :

Le cardinal Gerdil. — *Défense du sentiment de Malebranche sur la nature et l'origine des idées*. Turin, 1748, in-4°; autre édition à Bologne, 1787.

Abbé Blampignon. — *Étude sur Malebranche* d'après des documents manuscrits, suivie d'une correspondance inédite in-8°. Paris, A. Durand, 1862.

Ollé-Laprune. — *La philosophie de Malebranche*, 2 vol. in-8°. Paris, Ladrage, 1870.

Paul Janet. — *Rapport* (sur le concours dans lequel le précédent ouvrage fut couronné). Comptes rendus de l'Académie des sciences morales et politiques, avril 1889.

E. Grimm. — *Malebranches Erkenntnisstheorie u. deren Verh. zur Erk. des Descartes* (dans Zeitschrift. phil. u. phil. Krit. 1877).

S. Turbiglio. — *Le antitesi fra il medioevo e l'eta moderna, nella storia della filosofia in ispecie sulla doctrina morale di Malebranche*, in-8°. Roma, 1877.

P. Stang. — *Ueber die Sinne nach Malebranche*. Posen, 1882.

S. Lechalas. — *L'œuvre scientifique de Malebranche* (Revue Philosophique de 1884).

Em. Farny. — *Étude sur la morale de Malebranche*, in-8°. Chaux-de-Fonds, 1886.

G. Lyon. — *L'Idéalisme en Angleterre au XVIIIe siècle*, in-8°. Paris, Alcan, 1889.

Novaro. — *Die philosophie des Malebranches*. Berlin, 1899.

F. Pillon. — *L'Évolution historique de l'Idéalisme*, dans l'Année philosophique de 1893-1894-1896.

TABLE DES MATIÈRES

Avant-propos... VII

CHAPITRE PREMIER

L'HOMME ET SON MILIEU............................

I. Famille de Malebranche. — Malebranche écolier. — A la Sorbonne.
II. A l'Oratoire. — Ses amitiés; le P. Lami, le P. Poisson. — Richard Simon et Launoi.
III. Étude de saint Augustin. — La lecture du *Traité de l'Homme*, de Descartes. — Deux philosophies à concilier. — Quatre années de méditation. — Publication de la *Recherche de la Vérité*.
IV. Succès du livre. — Les *Méditations chrétiennes*. — Les *Méditations pour l'humilité et la pénitence*.
V. Les querelles de Malebranche et d'Arnauld. — Le *Traité de la Nature et de la Grâce*. — Les inquiétudes de Bossuet : son hostilité. — Épisodes de la double lutte.
VI. Apogée du génie de Malebranche. — Les *Entretiens métaphysiques*. — Les épreuves du côté des théologiens. L'Index. — Rapports avec Leibniz. — Polémique avec Régis. — Dernières polémiques avec Arnauld. — Derniers ouvrages. — *Entretiens d'un philosophe chrétien et d'un philosophe chinois*. — *Traité de l'amour de Dieu*. — *Réflexions sur la prémotion physique*.
VII. Les derniers moments et la mort. — Caractère, habitudes d'esprit, style de Malebranche.

CHAPITRE II

LE MÉTAPHYSICIEN................................... 55

(LE MONDE DIVIN LE MONDE DES ESPRITS.

LE MONDE DES CORPS).

I. La métaphysique, fondement de toutes les études de Malebranche. — L'Être sans restriction. — Partout l'infini et son idée.

II. L'infini et Dieu. Démonstration de l'existence de Dieu. — Identité de l'infini et du parfait.
III. Les possibles en Dieu et leurs rapports. — L'ordre immuable et nécessaire. — Descartes, Leibniz, Malebranche. — Dieu ne crée pas les vérités, il les voit en lui-même. — Les Idées.
IV. Comment tout est en Dieu. — Attributs absolus, attributs relatifs. — La représentation; sens du mot. — La question de l'étendue intelligible et son importance.
V. Arnauld reproche à Malebranche de mettre en Dieu l'étendue corporelle : réponse de Malebranche. — Dortous de Mairan lui reproche de ne pas admettre une seule et unique étendue, infinie et éternelle, comme celle de Spinoza ; réponse de Malebranche.
VI. La création. — Dieu fait tout. — Il fait tout pour sa gloire. — Il fait tout par des voies simples. — De la nature imaginaire des philosophes. — L'optimisme. — Esthétique et métaphysique.
VII. Les théories de la vision en Dieu et des causes occasionnelles. — Principe commun : Dieu seul agit sur nous, Dieu seul agit pour nous. — Il n'y a rien dans la créature qui soit efficace. Il n'y a rien en Dieu qui soit impuissant. — L'incompréhensibilité du mode de l'action divine. — Qu'est-ce que voir les corps? Idée et perception.
VIII. L'action de Dieu sur nos inclinations. — Origine, fin, nature de nos inclinations dites naturelles.
IX. Les deux aspects de la théorie des causes occasionnelles. — Ce n'est pas Dieu qui concourt à l'action de l'homme : c'est l'homme qui concourt à l'action divine.
X. L'action divine fait tout dans le monde par figure et par mouvement. — Le mécanisme universel. — Mécanisme et finalité. — Le monde de la vie.
XI. Génération spontanée et transformisme niés par Malebranche. — La question de l'existence réelle des corps. — Cette existence est-elle nécessaire et prouvée? — L'idéalisme. — Hésitations et arrière-pensées.
XII. L'âme : son infinité inconnue. — Son action n'est pas transitive, mais elle est immanente.
XIII. L'immanence suffit à la liberté. — Nous n'agissons pas *physiquement;* mais nous déterminons et obligeons Dieu à agir pour nous conformément à nos désirs : donc nous sommes responsables de l'emploi de l'action mise par Dieu à notre service. — L'homme et le prêtre dans la vie mortelle. Dieu a voulu obéir à l'un comme à l'autre.

CHAPITRE III

LE THÉOLOGIEN PHILOSOPHE........................ 149

I. Le mélange de la métaphysique et de la théologie dans Malebranche;

opinion d'un contemporain. — Les trois stades de l'apologétique. — Le troisième stade, de « l'intelligence », est sous la dépendance de la Raison : c'est à elle à décider et à régner. — La religion, Raison incarnée.

II. Les mystères. — Efforts particuliers pour expliquer l'Incarnation. Elle était nécessaire pour que le monde fût digne de Dieu.

III. La Providence. — Distinction de la loi et du décret. — Théorie des voies générales. — L'ordre de la nature et l'ordre de la grâce y sont également soumis.

IV. La question des miracles. Embarras de Malebranche. — Ses explications.

V. Le question de la prédestination. — Explication congruiste.

VI. Rapport des théories précédentes avec le problème de la liberté. La solution est nettement favorable à la liberté. — Liberté et libre-arbitre. — Malebranche constamment opposé au jansénisme — Il y voit très bien une forme du calvinisme.

VII. Jansénisme et quiétisme. — Malebranche les combat l'un et l'autre.

VIII. Comment la théologie a tout à la fois fortifié et préservé l'indépendance et l'originalité philosophique de Malebranche. .

CHAPITRE IV

LE PSYCHOLOGUE................................. 207

I. Entre la métaphysique et le mécanisme où est la place de la psychologie ? L'action immanente. — La question des facultés. — La solution est-elle phénoméniste, du moins en ce qui concerne l'homme ? — Éléments fournis par l'étude de la mémoire et de l'habitude.

II. L'âme et la pensée. — L'entendement. — L'imagination. — Les sens. — Ordre à adopter dans la recherche des causes d'erreur. — Ordre à adopter dans l'étude des sources de la vérité.

III. En quoi consiste le rôle vrai des sens ? — Les sens et l'instinct. — — L'instinct dans la bête et l'instinct dans l'homme.

IV. L'imagination. — L'imagination passive et l'imagination active, ou matière et forme.

V. L'association des idées et des traces cérébrales, — des traces cérébrales entre elles. — La mémoire. — Explication toute mécaniste. — Les pensées de pure intellection.

VI. La théorie des émotions et des passions : ni purement intellectualiste ni purement somatique. — La séparation des substances n'empêche point chez Malebranche l'union des phénomènes.

VII. Partie psychologique du problème de la liberté. — L'existence du motif est une condition de la liberté, non un obstacle à la liberté. — L'inégalité de la liberté. — Combinaisons infinies des phénomènes de l'âme humaine.

CHAPITRE V

LE MORALISTE.. 239

I. Malebranche vrai fondateur de la science de la morale à son époque ; comment il distingue la base première de la morale et la construction de la morale.

II. Il trouvait la morale divisée en deux parties ; il en rétablit l'unité.

III. Il la rétablit contre les casuistes et contre les directeurs de conscience de son temps : sévérité avec laquelle il les juge.

IV. Universalité des principes de la morale : ils font partie de l'ordre immuable et nécessaire.

V. Théorie intellectualiste de la vertu. — Connaissances requises des rapports de perfection.

VI. Division des devoirs. — Société et sociétés. — La société parfaite et éternelle. — Nous n'avons qu'un maître. — Appel théorique aux droits naturels et aux lois fondamentales de l'État. — Inconséquences forcées dans la pratique, abandon provisoire de la sphère temporelle et politique.

VII. Unité plus sévèrement maintenue entre la morale et la religion, entre la justice et le mysticisme. — En quoi la morale de Malebranche se distingue de celle de Descartes et la dépasse : plus supérieure encore au stoïcisme. — La raison aimante, aimée, aimable, principe de la félicité.

CONCLUSIONS... 273

Étroite union, en Malebranche, de la métaphysique, de la science et de la théologie, sous la souveraineté de la métaphysique. — Sa doctrine est un type pur de philosophie constructive, plus une que celle de Spinoza. — Il a tenu lui-même à tempérer le mécanisme universel par l'idée de finalité. — Sa théorie de la liberté immanente a également sauvé la spontanéité dans une mesure qu'on peut trouver suffisante. — Position de sa doctrine ainsi comprise en face de la restauration de la philosophie aristotélicienne ou thomiste, — en face du positivisme. — Ce que Malebranche accepterait volontiers de la psycho-physiologie contemporaine ; ce qu'il persisterait à y ajouter.

BIBLIOGRAPHIE 291

www.ingramcontent.com/pod-product-compliance
Lightning Source LLC
Chambersburg PA
CBHW071605170426
43196CB00033B/1833